叢書パルマコン・ミクロス
pharmakon micros
m 03

コンスピリチュアリティ入門

スピリチュアルな人は陰謀論を信じやすいか

横山茂雄
竹下節子
清 義明
堀江宗正
栗田英彦
辻 隆太朗
雨宮 純

Conspiracy Theories + Spirituality = CONSPIRITUALITY

創元社

はじめに

辻 隆太朗

陰謀論の世紀？

「陰謀論」という言葉は、いつの間に日常用語として定着したのだろうか。確かなことは言えないが、二〇〇一年のアメリカ同時多発テロ事件が一つの契機ではあったのだろう。この事件はアメリカ連邦政府の自作自演だ、あるいは事前に知っていたのに見逃したのだという陰謀論を、二〇二〇年の統計調査ではアメリカの二〇%、トルコでは五五%の人々が支持している。[1]

二〇一六年のアメリカ大統領選挙では、ロシアがトランプ大統領を当選させるため様々に干渉したという、

1 "Where do people believe in conspiracy theories?" Connor Ibbetson, *YouGov*, 2021.1.18, https://yougov.co.uk/topics/international/articles-reports/2021/01/18/global-where-believe-conspiracy-theories-true

いわゆる「ロシアゲート」[2]があり、二〇二〇年の大統領選挙では逆に、トランプの当選を妨害するために選挙の不正が行われたという陰謀論が流布した。「ロシアゲート」は「事実だと証明された陰謀」の例に加わるかもしれないが、超大国のトップが影の勢力によって決められていたという筋書きはまさに陰謀論的である。

二〇一七年からは、「トランプは世界を支配するディープステートの陰謀と密かに戦っている」と主張する「Qアノン」の活動が始まった。

二〇一九年ニュージーランドのクライストチャーチ、同年アメリカのエルパソ、二〇二二年アメリカのバッファロー、それぞれの銃乱射事件の犯人は、エリート層の計画によって非白人の移民が白人社会を人口的・文化的に乗っ取ろうとしているという、フランス発の「グレート・リプレイスメント（Great Replacement）[3]」陰謀論に言及していた。

日本でも二〇一一年の東日本大震災では人工地震陰謀論が、翌二〇一二年の衆議院議員選挙では不正選挙陰謀論[4]が流れた（これ以降も、選挙のたびにささやかれている）。

二〇一九年からの新型コロナウイルス流行や、二〇二二年からのロシアによるウクライナ侵攻に伴う陰謀論[5]は、現在も進行中である。

このように見ると、二十一世紀は陰謀論とともに歩んでいるかのようだ。もちろん、陰謀論はそれ以前から世界中で見られる「文化」（あえてこう言うが）であり、突然生えてきたわけではない。それでも、陰謀論という概念がメインストリームの場で流通するようになったのは、今世紀になってからだと思われる。

そのなかでも、特に近年注目を集めているのが「コンスピリチュアリティ（conspirituality）[6]」だ。

この言葉はシャーロット・ウォード（Charlotte Ward）とデイヴィッド・ヴォアス（David Voas）が二〇一一年に提唱した概念で、「陰謀論（conspiracy theory）」と「スピリチュアリティ（spirituality）」という、二つの異なる文化的要素が組み合わされた、ハイブリッドな信念体系と定義される（詳細は拙稿「コンスピリチュアリティとは何か」を参照）。

2　ロシアゲート
アメリカ大統領選挙でドナルド・トランプ陣営が有利になるよう、ロシアが関与したとされる疑惑。二〇一六年の大統領選のときの民主党全国本部などに対するサイバー攻撃にロシアが関与したとする件や、トランプ大統領の長男が民主党のヒラリー・クリントン候補に不利な情報を得るためにロシア人弁護士と面会していた件などが挙げられている。

3　グレート・リプレイスメント
アメリカとヨーロッパで白人の人口が主に移民によって少数派に置き換えられていると主張する理論。置き換え（リプレイスメント）により、白人の社会や伝統的な（キリスト教）文化が乗っ取られることを恐れ、乗っ取りを阻止するべきだと主張する。

4　不正選挙陰謀論
投票箱すり替えや投票用紙の自動読み取り機の操作などによって与党に有利になるよう選挙結果が操作されているという説。日本では自動読み取り機のシェアが特定の一社に集中していることが根拠とされる。しかし機械の仕組みとしても投票の行程にも特定の意思を介在させることは不可能なことから、不正選挙陰謀論は否定されている。

5　ロシアによるウクライナ侵攻に伴う陰謀論
ウクライナにはアメリカの生物兵器研究所があるとする説や、プーチン大統領はネオナチに支配されたウクライナの人々を解放しているだけであり、民間人の虐殺はウクライナの自作自演だとする説など、様々なデマや陰謀論が飛び交っている。ロシアから発信された偽情報も多く含まれると思われる。

6　podcast「conspituality」を運営しているマシュー・レムスキー（Matthew Remski）によれば、conspitualityという言葉自体は二〇〇九年にカナダのラップグループ名として登場したのが初出である。
"Conspirituality Podcast" Matthew Remski, http://matthewremski.com/wordpress/what-i-do/conspirituality-podcast/

この言葉への注目が高まった理由の一つは、Qアノンによる二〇二一年のアメリカ国会議事堂襲撃事件での、「Qシャーマン」ジェイク・アンジェリ（Jake Angeli）の存在である。彼の姿は、Qアノンの陰謀論が純粋に政治的なだけではなく、何かスピリチュアルなものを含んでいることの象徴のように思われた（彼についての詳細は清義明による論考を参照。巻末の対談でも言及されている）。また新型コロナウイルスをめぐる陰謀論的言説においても、特にソーシャルメディア上で、スピリチュアルな主張との結びつきが注目されている（詳細は雨宮純による論考および清による論考を参照）。

本書はこのコンスピリチュアリティ概念について解説し、多角的に検討する、日本で初めての本格的論集である。

「陰謀論」の定義

本題に入る前に、用語の整理をしておこう。

コンスピリチュアリティを構成する「陰謀論」と「スピリチュアリティ」という二つの言葉は、どちらも広く、曖昧に使われがちな言葉である。

日常用語に厳密な定義が求められないのは当然だが、実際のところ、学術用語としても揺れはある。本書の執筆者間でも、同じ範囲を指しているとは限らない。ただ、そのコアイメージは共有されている、と言っていいだろう。

まず「陰謀論」から確認したい。

かつて筆者は陰謀論を〈①ある事象についての一般的に受け入れられた説明を拒絶し、②その事象の原因や結果を陰謀という説明に一元的に還元する、③真面目に検討するに値しない奇妙で不合理な主張とみなされる諸理論〉（『世界の陰謀論を読み解く』辻隆太朗、五頁）と定義した[7]。

これをさらに補足するならば、①は世の中の重要な出来事に見かけ通りのことは何もなく、本当の原因は常に隠されている、②は世の中の出来事は何者かの意志によってすべて計画されており、偶然は存在せず、すべての物事はつながっている、③は陰謀論という言葉は価値中立的ではあり得ず、ほぼ常に否定的レッテルとして作用する（この点については巻末対談も参照）、ということである。

どのような考えが陰謀論的と見なされているかのイメージを共有するため、陰謀論的信念の程度を測るために開発された尺度の一つ、「一般的陰謀論者信念尺度（Generic Conspiracist Beliefs Scale）」を紹介しておく[8]。

一、政府は罪のない市民や有名な公人の殺害に関与しており、それを秘密にしている。

7 『世界の陰謀論を読み解く』（辻隆太朗、講談社、二〇一二年）
8 "An examination of the factorial and convergent validity of four measures of conspiracist ideation, with recommendations for researchers" Viren Swami, David Barron, Laura Weis, Martin Voracek, Stefan Stieger, Adrian Furnham, *PLOS ONE*, 2017, https://doi.org/10.1371/journal.pone.0172617

二、政府は自国内でのテロ行為を許可または実行し、その関与を隠蔽《いんぺい》している。
三、政府は自らの犯罪行為への関与を隠すために国民を騙している。
四、国家のトップの持つ権力は、世界政治を実際に支配している、知られていない小さなグループの権力より劣っている。
五、戦争など、世界についてのすべての重要な意思決定をするのは、小さな秘密のグループである。
六、ある種の重要な出来事は、世界の出来事を密かに操る小さなグループの活動の結果である。
七、秘密組織が地球外生命体と交信しているが、その事実は一般大衆には隠されている。
八、宇宙人とのコンタクトの証拠は、一般大衆には隠されている。
九、UFOの目撃や噂は、本当の宇宙人とのコンタクトから人々の目をそらすために計画されたり、演出されたりしている。
十、ある種のウイルスや病気の蔓延《まんえん》は、ある組織の意図的で隠された活動の結果である。
十一、マインドコントロールの技術は、知らないうちに人々に使われている。
十二、新薬や新技術の実験が、一般大衆に知られることなく、また同意を得ることもなく、日常的に行われている。
十三、科学者グループが、一般大衆を欺くために証拠を操作したり、捏造《ねつぞう》したり、隠蔽したりしている。
十四、現在の産業にとって不都合な、新しい高度な技術が抑圧されている。
十五、多くの重要な情報が、私利私欲のために意図的に隠蔽されている。

「スピリチュアリティ」の定義

次に「スピリチュアリティ」である。

スピリチュアリティは陰謀論とは比べ物にならないほど、使われる頻度も高く、範囲も広い言葉である。したがって陰謀論とは比べ物にならないほど、厳密な定義づけは困難である。

本書の執筆者でもある堀江宗正は、以下のように定義している。[9]

まず心理学的な定義として、

〈スピリチュアリティとは、（1）非物質的なスピリチュアルなもの（a 生きる意味や目的、b 他者・死者・自然とのつながり、c より高い神的な力や霊）を探求している状態、それによる成長・成熟のプロセスを指し、（2）諸宗教の核心部分に当たるが、（3）個人で主観的に体験することができ、（4）組織宗教と距離を取って世俗生活のなかで探求することも可能なものとして、これまでとらえられてきた（人びとによって、またその反応を測定する心理学者によって）〉（『ポップ・スピリチュアリティ――メディア化された宗教性』堀江宗正、十五頁）

また社会学的な定義として、

9 『ポップ・スピリチュアリティ――メディア化された宗教性』（堀江宗正、岩波書店、二〇一九年）

〈(1)通常は知覚しえないが内面的に感じられるものへの信念と、(2)それを体験して変化をもたらそうとする実践の総体であり、(3)宗教文化的資源の選択的摂取、(4)個人主義や反権威主義といった態度が、程度の差はあれ、ともなうものである〉(同前、十六頁)

である。

よりイメージ優先で簡潔に述べるなら、「スピリチュアルだが宗教的ではない(Spiritual But Not Religious)」という場合の「スピリチュアル」、あるいは「宗教を信仰しないが、聖なるものや霊的なものには関心がある」という場合の「聖なるものや霊的なもの」が、本書で取り扱うスピリチュアリティの範囲だ。二〇一七年の調査ではアメリカ人の二七%が前者の、二〇一八年の調査では日本人の二二・五%が後者の質問を肯定している。[10]

本書では「ニューエイジ」という言葉も頻出する。これはスピリチュアリティの下位カテゴリーだが、あまり区別なく使われることも多い(詳細は「コンスピリチュアリティとは何か」を参照)。

これもイメージを掴むため、人々の「ニューエイジ度」を測定するニューエイジ志向尺度(New Age Orientation Scale)と、ニューエイジ実践尺度(New Age Practices Scale)を紹介しておこう。

ニューエイジ志向尺度は二十二項目の質問で、以下の十領域の程度を測るものだ。[11]

一、自分の「直感」が信頼できる（科学的知識より優れている）知識源であるとの確信。
二、科学や人間の評価などに劇的な影響を与える新しい時代が近づいていると信じる。
三、代替《だいたい》医療の有効性を信じる（通常の医療を凌駕《りょうが》する可能性がある）。
四、超心理学的現象やオカルト現象を信じる。
五、自己啓発やスピリチュアリティを重視し、それらに関する「代替」文献に関心がある。
六、疑似心理学や疑似物理学の専門用語に対する好意的な評価。
七、自然・宇宙を生あるものとして重視する。
八、（西洋の還元主義と対照的なものとして）東洋の全体性（holism）の活動や信条を重視する。
九、西洋の主流の宗教に対する批判的評価と表裏をなす、宗教的なシンクレティズムや「忘れられた」文化や伝統の実践に対する好意的評価。
十、（制度化された宗教の「教義」に同化するのとは対照的なあり方として）「新しい時代」に個人的価値を見出す「開かれた探求者」であることの重視。

---

10 『現代スピリチュアリティ文化論――ヨーガ、マインドフルネスからポジティブ心理学まで』（伊藤雅之、明石書店、二〇二一年、二十二～二十七頁）

11 "Seeking Security in the New Age: On Attachment and Emotional Compensation" Pehr Granqvist, Berit Hagekull, *The Journal for the Scientific Study of Religion*, Volume 40, Issue 3, 527-545, 2001

ニューエイジ実践尺度は十二項目からなる。(12)

一、ヨガ、太極拳、気功などの東洋的なスピリチュアリティの技法。
二、瞑想。
三、レイキ（霊気。手のひらからエネルギーを流す「手かざし」療法）。
四、代替医療（ホメオパシー、鍼灸《しんきゅう》など）。
五、指圧のようなマッサージ技術。
六、サイキックまたはスピリチュアルヒーリング。
七、リバーシング（Rebirthing：出生の記憶を再体験する呼吸法）または前世療法（出生以前まで遡《さかのぼ》る催眠療法）。
八、タロット、易、ルーンなどによる占い。
九、夢診断またはドリームワーク（セラピストが夢を診断するのではなく、自分自身で夢の内容を探索し意味を発見する営み）。
十、霊媒師、霊能者、易者に相談すること。
十一、占星術師に相談すること、または自分の占星図を読み解くこと。
十二、スピリチュアリティに関する講演やワークショップに参加すること。

本書の構成

辻隆太朗「コンスピチュアリティとは何か」は、コンスピリチュアリティについての概論である。コンスピリチュアリティの定義と具体例を紹介し、陰謀論とスピリチュアリティが結びつくとすれば、どのような理由が考え得るかについての、いくつかの議論を整理している。

雨宮純「神真都《やまと》Qと陰謀論団体とコンスピリチュアリティ」は、街頭デモやソーシャルメディア上のコミュニティの観察など「ウォッチャー」としてのフィールドワーク的な調査に基づいて、コンスピリチュアリティが金と人集めの手段として用いられている実態を論じる。

雨宮によれば、神真都Qと参政党などの団体は、陰謀論やスピリチュアリティ、あるいはその両方に基づいたストーリーを共有することで人々を動機づけ、コミュニティを構築し、コミットを深化させている。それらのストーリーは証拠を無視して根源的欲求に訴えかけ、信じたほうが希望や快楽を得られるため、事実の検証や公平公正を旨とする立場からは行えないエンパワーメントを果たせる強みがある、と指摘している。

堀江宗正「コロナ禍とコンスピリチュアリティ――コロナ死生観調査から」は、コロナ禍における陰謀論とスピリチュアリティの結びつきについての定量分析である。堀江は事例研究のみでスピリチュアリティと陰謀論の結びつきを論じることの危うさを指摘し、スピリチュアリティと陰謀論を同一視する前に定量的な調査が

12 "Empowerment in the New Age: A Motivational Study of Auto-biographical Life Stories" Miguel Farias, Mansur Lalljee, *Journal of Contemporary Religion* 21(2):241-256, 2006

必要であると述べている。

堀江の分析結果によれば、まず陰謀論の背景要因として、コロナ禍で孤独を感じていること（孤独）・自分と異なる見解に対する怒り（排他性）・ソーシャルメディア上の情報への信頼性の高さ（SNS信頼）があった。陰謀論と「スピリチュアルだが宗教的ではない（SBNR）」人々との結びつきは対照群より強く、確かに「コンスピリチュアリティ」と呼びうる人々は存在するが、SBNR全体のなかでは陰謀論者はマイノリティであった。むしろコロナ禍において陰謀論を高める要因の影響を受けていても、スピリチュアリティへの関与が陰謀論を防ぐパターンが主流であった、としている。

清義明《せい》「宗教と陰謀のブリコラージュ」は、日本のあるキリスト教系団体の陰謀論的主張や明治天皇すり替え説の一つである「田布施《たぶせ》システム」、アメリカの「Qシャーマン」ジェイク・アンジェリや極右の巣窟と見なされているSNS「Gab」などを事例として見つつ、なぜユダヤ陰謀論が在日韓国・朝鮮人や中国共産党などに接続されるような「陰謀論のブリコラージュ」が起こるのか、について考察する。清によれば、終末の日までの世界はサタンのはびこる世である、キリスト再臨後にサタンとの善と悪をかけた戦いが行われる、というキリスト教の終末論がアメリカの古層を構築しており、アメリカ発の陰謀論的世界観はこの思考フレームに基づいている。この陰謀論のアーキタイプがウイルスのように伝播《でんぱ》し変異することで、キリスト教の物語が省略され、時代や環境に応じて中身が代替可能なモジュールとして機能するのだ、ということである。

竹下節子「フランスとアングロサクソンのコンスピリチュアリティはどう異なるか」は、二十一世紀の陰謀論とスピリチュアリティは、二十世紀後半のアメリカ文化を反映している、と論じる。

移民の国であり、個人主義で、多様な共同体が互いの差異をそのままに並存するアメリカでは、自分たち以外の力に牛耳られるという陰謀論の脅威が説得力を持った。またカトリック世界では巧妙に管理されていた土着的宗教伝統を迷信として削ぎ落としたピューリタン的土壌では、実存的不安に応答する代替宗教としてスピリチュアリティが広がった。

一方で、多様性を普遍主義の理念で統合しようとする中央集権型社会のフランスでは、陰謀論もスピリチュアリティも強力なサブカルチャーとはなり得なかった。しかしグローバリゼーションが進み、アメリカのビジネスモデルがフランスの文化モデルを凌駕すると、陰謀論とスピリチュアリティもまた浸透したという。

横山茂雄と栗田英彦の巻末対談「コンスピリチュアリティは『新しい』のか？——陰謀論の現在」は、対談だけあって話題は多岐にわたる。そのなかで横山と栗田は、一九九〇年前後に共産主義陣営が崩壊して以降、対立している価値観があってどちらかを選べばいいという状況が失われたと述べる。このイデオロギー上の中心軸が失われた時代背景に対応して、例えば異教的なニューエイジと福音派キリスト教がつながるような、本来は相反する要素も同時に取り込む「ぐちゃぐちゃ化」が起こっており、これがコンスピリチュアリティの一つのキーワードだと指摘している。

また横山と栗田は、リベラル知識人層がコロナ禍において管理統制の強化を訴え、それに反対する人々のメンタリティを理解できず、啓蒙による矯正をよしとする態度に警告を発し、それに対する反発が人々を陰謀論に走らせている側面を指摘する。また、これはスピリチュアリティや陰謀論のような「周縁的」と見なされる思想を信じる人々が少なからず存在していることに対する、リベラル層の理解の浅さへの批判でもある。

以上が本書の構成である。

シャーロット・ウォードとデイヴィッド・ヴォアスは、コンスピリチュアリティを現代特有の新しい現象だと主張しているが、この概念についての評価は本書の執筆者間でも様々であり、批判的な見方も多い。

例えば堀江宗正は陰謀論とスピリチュアリティの結びつきの必然性に疑問を呈しているし、竹下節子はコンスピリチュアリティはアングロサクソン的概念であるとして文化的基盤の違いを指摘する。栗田英彦と横山茂雄はスピリチュアリティについての定義の甘さを批判する。さらに横山は、両者とも今ある現実とは「別の現実」を開示する点では共通しており、その一部が結びつくことは当たり前の現象に過ぎない、とも述べる。

このように、コンスピリチュアリティ概念の評価は定まっていない。まだ誕生から十年と少し（中学生になるかどうかだ）、注目を浴びたのはさらに近年になってからの若い概念であり、その指し示す範囲や意味内容まで含め、まだ成長の途上だからだ。

これからどのように鍛えられるか（あるいは安易な濫用《らんよう》によってスポイルされるか）によって、この概念の妥当性や有用性が決まる。本書の各論考と、それに対する読者諸氏の応答が、この概念の適切な発展に寄与することを、大いに期待したい。

コンスピリチュアリティ入門

スピリチュアルな人は陰謀論を信じやすいか

コンスピリチュアリティとは何か

辻 隆太朗

コンスピリチュアリティの定義

本稿の目的は、「コンスピリチュアリティとは何か」についての、概論の提示である。

最初に、コンスピリチュアリティの定義と、それに対する異論を確認する。次にコンスピリチュアリティと見なされる事例をいくつか紹介する。特に代表例としてデイヴィッド・アイクについて詳述する。続いて、ジャーナリスティックな関心が寄せられる、ソーシャルメディア上のコンスピリチュアリティについて見る。

そして、それらの具体例を踏まえ、陰謀論とスピリチュアリティが結びつく理由について、いくつかの議論を追う。これについては、両者を結びつける普遍的要因という観点と、時代的な特殊要因という観点に分けて考える。

最後に、まとめに代えて、コンスピリチュアリティ概念の疑問点と有用性について、筆者なりに整理する。

まず、コンスピリチュアリティ概念を提唱した、シャーロット・ウォード（Charlotte Ward）とデイヴィッド・ヴォアス（David Voas）の二〇一一年の論文から、その定義を確認しよう[1]。コンスピリチュアリティとは、陰謀論とスピリチュアリティ、特にニューエイジ思想との結合である。これを定義する信念の中核は、

一、秘密の集団が政治・社会秩序を密かに支配している、あるいは支配しようとしている

二、人類は意識の「パラダイム・シフト（社会の規範や価値観の転換）」を経験中であり、全体主義的な「新世界秩序」の脅威に対処するための最良の戦略は、目覚めた「新しいパラダイム」の世界観に則って行動することだ

という二点である。

シャーロット・ウォードとデイヴィッド・ヴォアスの主張は、以下のようなものである。陰謀論者は男性が多く、保守的で、一般に悲観的で、時事問題に関心がある。ニューエイジ思想は女性が多く、リベラルで、自意識過剰なまでに楽観的で、自己と個人的な関係に大きく焦点を置いている。この一見相容れない両者が結合しているという点において、コンスピリチュアリティは驚くべき現象であるという。

また、当該論文に直接の言及はないが、陰謀論が善悪二元論であるのに対し、ニューエイジは一元論である、と理解されることが多い。例えばジェフリー・キュービット（Geoffrey Cubitt）は陰謀論の特徴を意図主義

(intentionalism)、二元論、オカルティズムと定義し、マイケル・バーカン(Michael Barkun)は、陰謀論は世界を悪の陰謀者とその陰謀の無実の犠牲者に峻別する、と述べている。(2)

一方で、ニューエイジ思想では、万物はしばしば神として認識される究極の源からのエネルギーを分有し、それを通じて我々はその源と、またすべての存在とつながっている、あるいは、そのような特権的な焦点をも否定し、単にすべてが他のすべてとつながっている、と考える。つまり、神と被造物、物質と精神、人間と自然、また善と悪といった二元論的考え方を拒絶する、ホリスティック(holistic:全体論的)な思想である。

この、二元論と一元論の結合という点も、コンスピリチュアリティが注目される所以であろう。

ウォードとヴォアスはまた、コンスピリチュアリティは指導者となるような中心人物が定まらず、関心対象が絶えず移り変わるウェブ上での運動であり、その点で新しい現象である、とも主張する。

二人はコンスピリチュアリティを二〇〇一年以前の第一世代と、二〇〇二年以降の第二世代に区分している。

第一世代は一九九〇年初期から中期にかけオフラインで活動を開始し、その後オンラインへ進出した。

第一世代と第二世代の画期としては、以下の要因が挙げられている。二〇〇一年のアメリカ同時多発テロ事件から二〇〇三年のイラク戦争に至る一連の出来事によって、体制不信や陰謀論の浸透が加速したこと。

1 "The Emergence of Conspirituality" Charlotte Ward, David Voas, *Journal of Contemporary Religion* Volume 26, Issue 1, 2011

2 「陰謀論へのイントロダクション」(辻隆太朗)『現代思想 特集「陰謀論」の時代』(青土社、二〇二一年五月号)

二〇〇二年までにインターネットが社会に浸透したこと。[3] マヤ暦の解釈に基づく二〇一二年終末論が広まり、陰謀論的シナリオを信じる人々と転換を予期するニューエイジャーがさらに結びついたこと。

ウォードとヴォアスはコンスピリチュアリティが共有するテーマをいくつか提示している。「真実を明らかにすること（Revealing 'truth'）」「変容（Transformation）」「一体化（Unification）」である。

コンスピリチュアリティ的言説を主張する人々（本稿ではコンスピリチュアリストと呼称しておく）は内部告発者を支援し、政府に対して秘密主義をやめるよう訴え、抑圧された証拠を暴露し公表する。「真実」は単純に陰謀を暴くだけではなく、世界の真の姿（霊的な意味も含め）を明らかにすることも含まれる。真実に気づいた人間は、現状を変えるための自分の責任に「目覚め」なければならない。

世界は政治的にも霊的にも「変容」の時を迎えているが、陰謀の手に握られた世界において、例えば政治的な抗議行動といった伝統的な変革手段、つまり「古いパラダイム」は有効ではない。必要なのは自分自身が「変わる」こと、「この世で見たいと願う変化に、自分自身がなる」ことだという。[4] 具体的には、〈テレビや化学添加物をやめ、消費主義を拒否し、地球の変化を予測することによって「マインドコントロールマトリックス」から脱却すること〉（Charlotte Ward & David Voas, "The Emergence of Conspirituality"）などである。

「一体化」は、断片的な陰謀の証拠の点を結んで大きなひとつの真実を見ること、ソーシャルメディア等を通じて世界的に連携して陰謀に立ち向かうこと、またニューエイジの概念であるワンネス（oneness）、つまり自分も世界もひとつなのだ、ということも含む。

ウォードとヴォアスによれば、陰謀論とスピリチュアリティとの結合がもたらす利益は、前者の悲観主義が後者の楽観主義で和らげられることである。陰謀論はその性質上、世界を操作する陰謀集団は強大で、通常の政治的・社会的手段での抵抗は絶望的なものにならざるを得ない。その点について、スピリチュアリティは「パラダイム・シフト」という逆転手段を提供するという。

また、コンスピリチュアリティは前述のように、近年になって急速に成長したウェブ上のムーブメントとされているが、ウォードとヴォアスによれば、成功要因はその柔軟性にある。

〈参加条件はなく、関与は自由で、ユーザー主導である。定期的にプログラムを聴いたり、新着情報のページを見たり、カンファレンスに参加したりすることで、顧客（クライアント）は、（コンスピリチュアリティの）より広いグループに加わることになる。参加の程度は、ゆるやかにでも、熱心にでも、当人の意志次第である。供給者（プロバイダー）は顧客に自分自身で調査することを求め、顧客は自身の信念の基準値に応じて情報を受容したり、拒絶したり、順応させたりする以外には、何も強要されない。顧客の信念の、あらゆる度合や濃

3　アメリカでは二〇〇〇年にはインターネットの普及率五〇％を越え、一九九九年にブログサービスが、二〇〇二～五年にかけてソーシャル・ネットワーキング・サービス（ＳＮＳ）が開始された。日本でも一九九九年五月に「2ちゃんねる」開設、二〇〇〇年頃から常時接続サービスが開始されている。総務省資料では二〇〇一年からがweb2.0時代とされている（『令和元年版情報通信白書』総務省、二〇一九年、https://www.soumu.go.jp/johotsusintokei/whitepaper/ja/r01/html/nd111120.html）。

4　“You must be the change you want to see in the world.” ニューエイジ界隈でよく引用される「ガンジーの名言」だが、実際の発言ではないようだ。“Gandhi Didn't Actually Ever Say, “Be the Change You Want to See in the World.” Here's the Real Quote…” Christian Soschner, *Curated Stories from ILLUMINATION*, 2021.4.4., https://medium.com/illumination-curated/gandhi-didnt-actually-ever-say-be-the-change-you-want-to-see-in-the-world-d65b92cf5db

淡に合わせることができるのだ〉（同前）

コンスピリチュアリティに出会う人々は、ネットをサーフし、個々の受け入れたい範囲でその主張を〈「買い物」する。それは「ウェブの可能性」を最大限に活用したエンターテイメント性の高いもの〉（同前）でもある、という。

コンスピリチュアリティへの異論

シャーロット・ウォードとデイヴィッド・ヴォアスの主張に対しては、いくつかの異論が提出されている。例えばジュールス・エヴァンス（Jules Evans）は〈私が言いたいのは、ニューエイジと過激な陰謀論が現在重なり合っていても、戸惑う必要はないということだ。以前にも同じようなことがあった〉（Jules Evans, "Nazi Hippies: When the New Age and Far Right Overlap"）と述べ、ナチスが占星術、ダウジング、反ワクチンやホメオパシーなどの代替医療、自然崇拝、ヨガ、チベット仏教、神智学等々の、現在のニューエイジ思想と同様のものに傾倒していたことを指摘する。(5)

コンスピリチュアリティ概念への批判で最も重要なのは、イーギル・アスプレム（Egil Asprem）とアスビョルン・ディレンダル（Asbjørn Dyrendal）によるものだ。彼らはコンスピリチュアリティが潜在的に有用な分析カテゴリーであることに同意しつつ、それが新しい現象であるということと、驚くべき現象であるということに異議を唱えている。[6]

彼らは第一に、ウォードとヴォアスが論文中で扱う「ニューエイジ」と「陰謀論」の範囲が定まっていないことを指摘する。

ウーター・J・ハーネフラーフ（Wouter J. Hanegraaff）の定義に従えば、狭義のニューエイジは第二次世界大戦後の初期の運動を指す。これはヘレナ・P・ブラヴァツキー（Helena Petrovna Blavatsky）が設立した神智学協会の流れを汲み、人類の進化による新しい「水瓶座の時代（The Age of Aquarius）」の到来を期する、千年王国[7]主義的なものである。一方、広義のニューエイジは一九六〇年代以降に広がった、精神性を探求する幅広いカウンターカルチャー全般を指す。

コンスピリチュアリティの定義二（人類は意識の「パラダイム・シフト」を経験中であり、「新世界秩序」の脅威への対処法は「新しいパラダイム」に則って行動することだ）の傾向に合致するのは狭義のニューエイジだが、「女性的でリベラル」といった性別や政治志向などの人口統計学的特徴は、広義のニューエイジに基

5　神智学
一八七五年にヘレナ・P・ブラヴァツキーがH・S・オルコットとニューヨークに神智学協会を設立したのを契機に、この派の教義を神智学と呼ぶようになった。神智学では、太古にあった秘教的知識を復興し、霊性を開発することで、人類が進化することを提唱している。

6　"Conspirituality Reconsidered: How Surprising and How New is the Confluence of Spirituality and Conspiracy Theory?" Egil Asprem, Asbjørn Dyrendal, *Journal of Contemporary Religion*, 30:3, 2015

7　千年王国
キリスト教の終末論の一形態で、最後の審判の前に、キリストが再臨して地上に王国を打ち立てる。この王国は千年続くとする。その期間を〈至福千年〉ともいい、その教説を千年王国説という。

づいている。

アスプレムとディレンダルは、千年王国主義のニューエイジャーと「スピリチュアル・スーパーマーケット」のニューエイジャーは同じではなく、前者は後者の部分集合であるに過ぎない、と述べる。陰謀論についても、ウォードとヴォアスの想定する「男性的・保守的」な陰謀論者像は、ミリシア（武装した右派の市民集団）やサバイバリスト（ディストピア的な未来に備える生存主義者）が武装して反キリストの連邦主義と戦うという、アメリカの「典型的」なそれである。しかし、このような陰謀論と右派の結びつきは、陰謀論的思考の本質ではなく、歴史的に偶発的な社会的・言説的形成の結果かもしれない、と指摘している。

実際、アメリカ研究を専門とするアニカ・ティエム（Annika Thiem）によれば、ジャーナリストのフィールドワークや人文科学の質的研究では、男性は女性よりも陰謀論を信じやすいと主張されることが多いが、心理学や政治学のほとんどの量的研究では、性別が陰謀論の信念に影響を与えるという証拠は見つかっていない。[8] 政治的傾向についても、例えばヤン・ヴィレム・ファン・プローイヤン（Jan-Willem van Prooijen）らの研究では、左右ともに政治的に極端な人ほど陰謀論を支持することが示され、グラフはやや「右」肩上がりのU字型であり、陰謀論者＝保守的とのステレオタイプは支持されていない。[9]

イーギル・アスプレムとアスビョルン・ディレンダルは第二に、陰謀論とスピリチュアリティの結合は、カルト的環境（詳細は後述）の力学の予測可能な結果であるため驚くべきものではなく、また陰謀論はエソテリズム（Western esotericism：西洋秘教）の伝統と密接に絡み合っているため新しい現象でもない、と述べる。

エソテリズムとはヘルメス主義、グノーシス主義、ネオプラトン主義、薔薇十字団、神智学などの、正統なユダヤ・キリスト教思想とも啓蒙主義とも異なる思想的潮流であり、現在のオルタナティブ・スピリチュアリティの源泉のひとつである。その核心は「真の知恵」の起源をゾロアスター、オルフェウス、[10]ヘルメス・トリスメギストス[11]などの異教的「古代の賢者」に求めるところにある。エソテリズムの潮流はキリスト教的新プラトン主義[12]を成立させたが、それは常に異端視される危険性をはらんだものだった。さらに近代になると、それらの「知恵」は単なる誤謬《ごびゅう》となり、古代の賢者は古代の愚者となった、とアスプレムとディレンダルは述べている。

8 "Conspiracy Theories and Gender and Sexuality" Annika Thiem, *Routledge Handbook of Conspiracy Theories*, Michael Butter, Peter Knight [eds], Routledge, 2020

9 "Political Extremism Predicts Belief in Conspiracy Theories" Jan-Willem van Prooijen, André P. M. Krouwel, and Thomas V. Pollet, *Social Psychological and Personality Science*, 2015, Volume 6, Issue 5

10 オルフェウス
ギリシア神話に登場する吟遊詩人であり、竪琴《たてごと》の名手。死んだ妻エウリュディケを連れ戻そうとして冥界《めいかい》に下ったが、地上に戻るときに「後ろを振り返ってはならない」という冥界の王ハデスと交わした約束を破ったため、連れ戻せなかった。

11 ヘルメス・トリスメギストス
「非常に偉大なヘルメス」という意味の名前がついたヘレニズムの神格。ギリシア神話のヘルメスと古代エジプトの知恵の神トートとが、エジプトのヘレニズム的環境の中で習合して生まれた。錬金術や占星術、魔術などの祖とされる。

12 キリスト教的新プラトン主義
新プラトン主義は「万物は一者から流出したもの」と考える秘教思想。万物は高次で精神的な世界から低次で物質的な世界へ段階的に流出し、現在の世界へ至る。悪は実在ではなく、この流出の結果としての善の欠如と見なされる。また、万物は最終的に一者に還流する、瞑想や神秘体験によってより高次の世界に遡ることができる、世界と調和した魂はより高次の世界に還流できる、とも考えられた。「一者」を神と解釈することでキリスト教と結びつき、キリスト教神学に大きな影響を与えた。

十九世紀のオカルト復興においてエソテリズムの知恵は再び注目を浴びたが、それはすでに「拒絶された知識」、つまり何が正当な知識かを定義する認識論的権威（この場合はキリスト教と近代科学）から否定された知識となっていた。したがってオカルティストたちは自らを、古代の真なる解放の知恵を抑圧せんとするエスタブリッシュメントへの抵抗者、と任ずるようになった。

アスプレムとディレンダルによれば、『シオン賢者の議定書』[13]に代表される近代の陰謀論は、十九世紀のオカルト復興と同時期に出現しただけでなく、そのネットワークによって広められもした。彼らは現在のコンスピリチュアリティと相似する一例として、当時のフランスのオカルト定期刊行物『L'Echo du Merveilleux（メルヴェイユの反響の意）』の論説を紹介している。そこでは、現在の社会の危機はユダヤ人の国際的陰謀によるものであり、この問題は唯物論から唯心論への「シフト」を通じて、ホリスティックに、スピリチュアルに対処すべきもの、と論じられているという。

また、陰謀論の古典を残した戦間期の女性陰謀論者、クリスティーナ・ストダード（Christina M Stoddard、筆名Inquire Within）、ネスタ・ヘレン・ウェブスター（Nesta Helen Webster）、エディス・スター・ミラー（Edith Starr Miller、筆名レディ・クイーンボロー［Lady Queenborough］）も、様々にオカルトネットワークに関わっていた。

さらに、エソテリズムにおける「マスター」あるいは「秘密の首領（The Secret Chief）」の概念は、陰謀論に非常に親和的である、という。これは歴史の舞台裏で秘密の首領が「正しい糸」を引いて出来事を指揮しているという考え方であり、いわばポジティブな陰謀論だ。また、秘密の首領へのアクセス権は、秘匿された情報源を独占することであり、メンバーに対するカリスマ的権威の源となった。エソテリズムの集団内では、誰が本物の隠れたマスターにアクセスできるかということが、しばしば争いの種となった。

このような「マスター」の概念は、エソテリズムの部外者が、あるいは集団内の競争相手が反転することによって、正真正銘の陰謀論に変わる。彼らがアクセスしていると称する「マスター」は邪悪な偽物《にせもの》であり、実はメンバーを操って世の中を悪しき方向に導こうとしているのだ（そして、それを見抜くことができる私こそが、本物の「マスター」――真の知識への特権的アクセス権者なのだ）、という具合である。

以上のように、陰謀論とスピリチュアリティは当初から表裏一体である。そうであれば「コンスピリチュアリティ」は、陰謀論とスピリチュアリティという別々の文化圏の合併を意味するのではなく、後になって（部分的に）分離したそれらの、共通の起源を示すかもしれない、とアスプレムとディレンダルは指摘している。

コンスピリチュアリティの具体例

ここからは、コンスピリチュアリティの具体的事例をいくつか確認しておきたい。

シャーロット・ウォードとデイヴィッド・ヴォアスは、コンスピリチュアリティ第一世代の例として、デイ

---

13 『シオン賢者の議定書』
ユダヤ陰謀説の主要な「論拠」とされ、世界を席巻した偽文書。二十世紀初頭にユダヤ人がキリスト教世界を転覆する世界征服の陰謀論を企んでいることを示す証拠として、帝政ロシアの秘密警察によって偽造されたものとされる。

ヴィッド・アイク（David Icke）[14]、デイヴィッド・ウィルコック（David Wilcock）[15]、スティーヴン・グリア（Steven Greer）[16]を、第二世代としてジョン・パーキンス（John Perkins）[17]とプロジェクト・キャメロット（Project Camelot）[18]を挙げている。

デイヴィッド・アイクについては後ほど詳しく見るとして、デイヴィッド・ウィルコックはワンダラー（地球のスピリチュアルな発展のために人間の体に転生した異星人）であり、エドガー・ケイシー（ニューエイジ運動に大きな影響を与えたスピリチュアリスト、予言者）の生まれ変わりであり、ハイヤー・セルフ（永遠で全能な高次元の自己）とのコンタクトを達成した、と称する人物である。

ウィルコックはマヤ文明の暦が大きな区切りを迎える二〇一二年十二月二十一日に世界がリセットされるという終末論に依拠して、この二〇一二年は世界の段階が上昇する黄金時代の到来を意味するが、それが破滅的な地球の変化をもたらすと誤解したイルミナティが世界的な独裁体制の構築を進めている、と主張した。また地球では善意ある異星人と悪意ある異星人が争っており、イルミナティを操っているのは後者のオリオン人だとしている。[19]彼の著作の多くはサイト上で無料公開されている。

スティーヴン・グリアは、ＵＦＯ関連の真実の暴露を目指す「ディスクロージャー・プロジェクト」の設立者である。権力者は宇宙人の存在や、それと関連するフリーエネルギーや反重力装置などを含む技術を隠蔽している、それらを公表しさえすれば世界の疫病、貧困、環境問題などは簡単に解決する、と彼は主張する。

ただしグリアの異星人は、霊的指導を授けるニューエイジの「マスター」とほぼ同じものだ。進化した異星人文明は神や宇宙と一体化した高次の意識状態に到達しており、時間的・空間的・物質的束縛からも自由である。異星人は地球人類が相互確証破壊を越えて平和的な文明に移行することを望んでいる。グリアがこれを知っているのは、彼自身が瞑想によりそのような異星人と同じ境地に達し、交流を結んでいるからである。

しかし世界の政治経済を支配する影のグループは、情報を操作し異星人に対する恐怖と憎悪を人々に植え付けている、という。アブダクション（異星人による誘拐）は、影のグループが製造したニセのＵＦＯと異星人によるものだ。その目的は異星人という想像上の「脅威」を煽《あお》ることで軍需産業の利益を拡大し、恐怖によって世界をまとめ、支配することである。

解決策は我々、異星人、無機物も含むすべてが、無限で永遠で普遍的なひとつの意識の一部で、究極的には同じひとつの存在だという「ワンネス」へと目覚めることであり、それによって普遍的な平和が確立される、とグリアは述べている。[20]

二〇一三年には、彼の著作『Hidden Truth, Forbidden Knowledge』をベースにした映画『ＳＩＲＩＵＳ』

---

14 DAVID ICKE https://davidicke.com/
15 DIVINE COSMOS https://divinecosmos.com/
16 Sirius Disclosure https://siriusdisclosure.com/
17 John Perkins https://johnperkins.org/
18 PROJECT CAMELOT https://projectcamelotportal.com/
19 *UFOs, Conspiracy Theories and the New Age: Millennial Conspiracism*, David G. Robertson, Bloomsbury Academic, 2016, p.169-200
20 *Hidden Truth: Forbidden Knowledge*, Steven M. Greer, Cross ng Point, 2006

が、クラウドファンディングによって制作された。[21]

ジョン・パーキンスは、自らがその陰謀に参画した「エコノミック・ヒットマン」であったという告白形式で、アメリカの経済的世界支配を告発した。[22] その手法は、発展途上国に世界銀行や関連組織から巨額の開発融資を受け入れさせ、アメリカの企業と契約を結ばせ、返済不能な負債を背負わせて、アメリカの支配下に閉じ込める、というものだ。

パーキンスは、世界は一九九〇年代後半に著しい転換期を迎える、ということがほぼすべての文化圏で予言されていると述べ、このような搾取のシステムを変えるため、人類が真の意味で目覚めることを主張する。パーキンスは中南米のシャーマニズムに傾倒しており、この「告白」以前の出版物はすべてそれに関するものだった。またパーキンスは、「AWAKEN（覚醒）、TRANSFORM（変容）、SUSTAIN（持続）」を標語として、先住民族の知恵に学び自然と調和した循環型経済「ライフ・エコノミー」を目指す「Dream Change」というプロジェクトも運営している。[23]

「プロジェクト・キャメロット」は〈さまざまの研究者たち、活動家たち、そして〝内部告発者たち〟が、あらゆる種類のメディアを通して真実を世の中に伝えることができるように、その媒体手段を提供する〉という謳《うた》い文句のプラットフォームであり、〈地球外生命体の、地球への訪問と地球人とのコンタクト／タイム・トラベル／マインド・コントロール／極秘機密とされている最先端テクノロジー／フリー・エネルギー／この時代に起こるかもしれない地球の変動／人類全体をコントロールしようという、ある暴露された計画〉等についての、多数の動画群がメインコンテンツである。[24] デイヴィッド・アイク、デイヴィッド・ウィルコック、スティーヴン・グリアの動画も掲載されている。

その他、「ＭＩＳＡ（Movement for Spiritual Integration into the Absolute）」というルーマニアのヨガ団体も、コンスピリチュアリティの事例として挙げられることがある。創設者のグレゴリアン・ビーボラル（Gregorian Bivolaru）は、チャウシェスク政権下の厳しい制限のなかヨガを学び、政権崩壊翌年の一九九〇年にＭＩＳＡを設立。その教えはエソテリズムと東洋の思想を接《つ》ぎ木するニューエイジ運動の傾向に倣うもので、中心は性愛を肯定的に評価するタントリズムである。

ＭＩＳＡはすぐに成功し、ヨーロッパを中心に世界中に支部ができたが、同時に「カルト」としてルーマニア当局とメディアからの激しい追及を受けた。ビーボラルは政治難民としてスウェーデンに移住したが、二〇一六年ルーマニア当局の要請を受けフランス滞在中に逮捕。翌年仮釈放されると国外逃亡し、二〇二一年現在、国際手配中である。ただしルーマニアでのＭＩＳＡへの攻撃については、チャウシェスク時代の影響が残る治安当局の政治的弾圧という側面が指摘されており、起訴された多数の罪状のうち有罪とされたのは生徒

---

21 KICKSTARTER https://www.kickstarter.com/projects/26136016/sirius

22 *Confessions of an Economic Hit Man*, John Perkins, Berrett-Koehler Publishers, 2004（『エコノミック・ヒットマン　途上国を食い物にするアメリカ』古草秀子訳、東洋経済新報社、二〇〇七年）ジョン・パーキンスを陰謀論者として数えることには少なからず異論があると思われるが、その主張の信ぴょう性は強く疑問視されている。例えば以下の記事を参照。"Economic Hit Man" Maureen Tkacik, *Boston magazine*, 2006.5.15, https://www.bostonmagazine.com/2006/05/15/economic-hit-man/

23 Dream Change　https://www.dreamchange.org/

24 「ミッション・ステートメント」『プロジェクト キャメロット』https://projectcamelot.org/lang/ja/mission_ja.html

との性的関係一件のみである。[25]

ＭＩＳＡの公式サイトには「フリーメーソンの正体を暴く（UNMASKING FREEMASONRY）」というカテゴリーがあり、「ヨガ」や「健康」カテゴリーより更新頻度が高い。サイト内の新着情報は、新型コロナウイルス関連のものを含む陰謀論の記事が多くを占めている。[26] ビーボラルは自身の逮捕を、ヨガの教えを広め、また陰謀の真実を暴く彼に対する〈イルミナティと一緒に活動するフリーメーソンの裏の命令〉によるものと主張している。[27]

ＭＩＳＡから連想される事例として、オウム真理教もコンスピリチュアリティと見なしてよいかもしれない。オウム真理教はヨガ、ヒンドゥー教、仏教などをベースとした教義に、前世、超能力、ノストラダムスの大予言など、様々な要素を取り入れていた。教祖の麻原彰晃自身もオカルト雑誌『ムー』や『トワイライトゾーン』に寄稿している。

オウム真理教は、多くの成就者（悟りに至った者）を生み出し全世界をその神聖なヴァイブレーションで包むことで世界は救済できる、という救済思想を持っていた。しかし、一九九〇年に麻原が衆議院選挙に立候補し落選したことを契機に、少数のエリートが人類を奴隷化し世界統一政府の樹立をもくろんでいるとする、いわゆる「新世界秩序」陰謀論を盛んに唱え、一般社会への敵対姿勢を強めていった。[28]

オウム真理教とオカルト業界に接点があったことや、望ましい未来と現実の乖離《かいり》を契機に陰謀論に傾斜したことなどは、後ほど述べるスピリチュアリティと陰謀論が結合する要因に、当てはめて考えることができるように思われる。

デイヴィッド・アイク――コンスピリチュアリストの典型として

コンスピリチュアリティの典型例としてしばしば言及されるのが、爬虫類型異星人（レプティリアン）の陰謀を主張するデイヴィッド・アイクである。[29]

アイクは一九五二年イングランドのレスター生まれ、一九六七年からプロサッカー選手（ゴールキーパー）としてコヴェントリー・シティとヘレフォード・ユナイテッド（現・ヘレフォード）でプレイし、一九七三年に関節炎の悪化により引退。その後、地元ジャーナリズムでのいくつかの仕事を経て一九七六年からBBCテレビの職を得た。

一九八一年に全国放送のニュース番組『Newsnight』、八二年に代表的スポーツ番組『Grandstand』、八三年にはBBC初のモーニングショー『Breakfast Time』と、スポーツ・ジャーナリストとしての活動を重ね、

25 "THE RADICAL AESTHETICS OF THE MOVEMENT FOR SPIRITUAL INTEGRATION INTO THE ABSOLUTE (MISA)." Introvigne, Massimo, PierLuigi Zoccatelli and Raffaella Di Marzio, 2017

26 yogaesoteric https://yogaesoteric.net/

27 "A personal message from yoga teacher Gregorian Bivolaru" yogaesoteric 2016.11.22., https://yogaesoteric.net/en/a-personal-message-from-yoga-teacher-gregorian-bivolaru/

28 「オウム真理教と陰謀論」（辻隆太朗）『情報時代のオウム真理教』（井上順孝編、春秋社、二〇一一年）

29 以降のアイクの経歴はおもにRobertson op.cit., p.121-168による。

全国的な知名度を獲得した。また八八年から緑の党（一九八五年設立。九〇年にスコットランド緑の党と北アイルランド緑の党が分離し、現在はイングランド・ウェールズ緑の党）で政治活動を行い、党の代表的なスポークスパーソンに選ばれている。

しかし一九九〇年にはBBCを解雇される。本人の言によれば、同年サッチャー政権が導入したCommunity Charge（「Poll Tax：人頭税」とも呼ばれる）の支払いを拒否したことが原因であるという(30)。緑の党での活動も九一年に休止した。

この時期のアイクは、関節炎の治癒と緑の政治への関心からニューエイジ運動に傾倒し、一九九〇年から霊能者ベティ・シャイン（Betty Shine）と交流、また一九九一年ペルーに渡航し神秘体験を得る。それらによってアイクは、過去の偉人が次元上昇（アセンション）を果たした存在である「アセンデッド・マスター」から啓示を受け、自らが世界を変えるメッセンジャーであること、地震や噴火などの予言、ブラヴァツキーやアリス・ベイリー（Alice Ann Bailey）の神智学の線に沿った世界理解を得る。

一九九一年の著書『Truth Vibrations』の副題、「テレビの有名人から世界の先見者へ（From TV Celebrity to World Visionary）」はデイヴィッド・アイクの転身をよく物語っている。アイクの主張はタブロイド紙などで取り上げられ、特に九一年四月二十九日、BBCゴールデンタイム番組『Wogan』のインタビュー出演では世間から嘲笑を浴び、彼の名声はいったん地に堕ちた。

この時期のアイクは明らかに千年王国主義的なニューエイジャーであり、異星人を人類を導く存在と捉え、〈私たちがこれらの力を打ち破り、水瓶座の時代へと大きく進化するのを助けるために、異星人が大量に地球に到着している〉（*Truth Vibrations*, David Icke, p.117）と述べている。

一九九四年以降、アイクの主張は陰謀論に傾き、一九九九年『The Biggest Secret』（邦訳『大いなる秘密』）においてレプティリアン説を発表し、再び世間の注目を浴びるようになった。

デイヴィッド・アイクのレプティリアン説

『The Biggest Secret』でのデイヴィッド・アイクの主張は概略以下の通りである。[31]
何百万年も前から地球には様々な異星人種が高度な文明を築いていた。古代シュメール文書において「アヌンナキ」と呼ばれる爬虫類型異星人もそのひとつで、彼らは約四十五万年前に、りゅう座から渡来した。紀元前四八〇〇年頃、金星の大接近による大洪水によって超古代文明は滅び、その直後からアヌンナキ＝レプティリアンの地球征服計画が本格的に開始された。計画の駒として、レプティリアンと人間、特に白人との混血種が遺伝子操作によって生み出された。この混血種のことをアイクは「アーリア人」と呼ぶが、これがヨーロッパの王侯貴族を含む白人エリートの正体である。彼らは爬虫類人の姿に「シェイプ・シフト」することができる。

30 *Human Race Get Off Your Knees: The Lion Sleeps No More*, David Icke, David Icke Books, 2010, p.30-32
31 『大いなる秘密 上「爬虫類人」〔レプティリアン〕』（デーヴィッド・アイク、太田龍監訳、三交社、二〇〇〇）、『大いなる秘密 下「世界超黒幕」』（デーヴィッド・アイク、太田龍監訳、三交社、二〇〇〇）

レプティリアンたちは地球の地下世界に潜んでいるが、その意識は「低層四次元」に存在しており、そこから混血種たちに取り憑《つ》いて操っている。彼らの栄養源は恐れ・敵意・罪悪感など「低い波動」の感情エネルギーや性エネルギーであり、そのために戦争、虐殺、性的倒錯などが奨励される。世の権力者たちは日常的に子供の生贄《いけにえ》や性的虐待を伴う儀式を行っているが、それはレプティリアンにエネルギーを供給するためであり、また低い波動のエネルギーで人間の思考と感情に悪影響を与えるためでもある。

レプティリアンは世界支配のため、大洪水直後のバビロンで「バビロニアン・ブラザーフッド」という秘密結社のネットワークを作った。フリーメーソンやイルミナティ等々の秘密結社は「ブラザーフッド」の現代的な一部に過ぎない。ヒンドゥー教、キリスト教、ユダヤ教、イスラム教などの大宗教もすべて同じ起源である。現代の公式の「科学」も、宗教が衰退し始めた頃に新たに作り出された「精神監獄」である。

これら各種秘密結社、銀行、企業、政党、シンクタンクなどは、究極的には同じ組織であり、互いに絡み合って巨大なクモの巣を形成している。それらの組織の下部構成員は何も知らされておらず、位階が上がるに従って陰謀の真実が開示される。相応《ふさわ》しくない人物は途中で弾かれ、地位と権力は得られない。したがって権力者たちのほとんどがレプティリアンの手先なのは当然のことである。

レプティリアンが世界支配の手段としてもくろんでいるのは世界統一政府の樹立であり、人々はマイクロチップを埋め込まれ、中央コンピューターで管理される。そして彼らの計画は今まさに最終段階に入っている。

今日、レプティリアンが計画を急速に推し進めようとしているのは、マヤ暦に予言された二〇一二年に、世界に決定的変革が訪れることを知っているからである。銀河の中心からエネルギーが放たれ、心を開いてそれを受け入れた人間の意識状態を高く変化させるのだ。エネルギーの高まりを受け、目覚め始める人も増えてきている。

デイヴィッド・アイクによれば、あらゆる存在を形成するのは同一のエネルギーであり、その組み合わせによって動物、植物、水、空気、人の身体、人の心、あらゆるものになる。すべてはすべてとつながっており、我々はそれらにアクセスし、あらゆる存在の根源たる究極の意識に近づく能力を持っている。

つまり我々と世界は究極的には同一の存在であり、したがって好ましくない現実を作り出しているのは我々自身である。我々の意識が変われば、世界も変わる。レプティリアンも我々もあらゆる存在の一部である。

〈だから、戦争や争いや介入操作などいろいろなことがあっても、私はレプティリアンを憎みはしない。私は彼らを愛したいと思う。なぜなら、それこそが彼らが何よりも必要としているものだからだ。彼らの行動はすべて、自身を愛せないことから発している。あるがままの自分を愛して初めて、あるがままの他者を愛することができるようになる。……彼らが自分を愛することさえできれば、悪夢は終わる（彼らの悪夢も）〉（『大いなる秘密 下：世界超黒幕』デーヴィッド・アイク、太田龍監訳、五一三頁。……は筆者による省略）

以上で明らかなように、アイクの主張はシャーロット・ウォードとデイヴィッド・ヴォアスのコンスピリチュアリティ定義に沿ったものだ。というよりも、コンスピリチュアリティ概念は明らかにアイクの主張を念頭に提唱されている、とイーギル・アスプレムとアスビョルン・ディレンダルは指摘している。[32]

また、アスプレムとディレンダルが指摘する、エソテリズム的要素の陰謀論への転嫁も容易に見て取れる。一九九四年以降のアイクはニューエイジを否定し、以下のように「秘密の首領」テーマは反転されている（……は筆者による省略）。

〈私は、「偉大なる白きブラザーフッドのマスターたち」に対しては、充分な用心が必要であろうと考えている。実のところ私は、「マスター」という言葉にはうんざりしているのである。……「マスターたち」という概念は、既存の宗教や科学から離れた人々を、マインドコントロール下につなぎとどめておくための手段なのである〉（『大いなる秘密 上：爬虫類人』デーヴィッド・アイク、太田龍監訳、五四九－五五〇頁）

デイヴィッド・G・ロバートソン（David G. Robertson）はアイクの思想を、一九九九年以前のニューエイジ的な初期と、一九九九年以降の陰謀主義的な中期、そして高い幻覚作用を持つ南米先住民族の伝統薬アヤワスカをブラジルで体験したことを契機とする、二〇〇三年以降の後期に分けている。そして後期のアイクは千年王国的展望と陰謀論的主張の調和を試み、人類とレプティリアンはともにひとつの大きな存在の一部であることを強調している、とする。[33] だが、すでに見た通り、この視点はロバートソンの言う中期の時点でも存在している。

レプティリアン説の来歴

デイヴィッド・アイクの主張は彼のオリジナルではなく、先行するサブカルチャー市場の豊富な素材に支えられたものである。古代シュメールのアヌンナキは異星人であり、現生人類は彼らの遺伝子操作によって誕生したという主張の原点は、ゼカリア・シッチン（Zecharia Sitchin）『The 12th Planet』（一九七六年、邦訳『シュメールの宇宙から飛来した神々1 THE 12TH PLANET 地球人類を誕生させた遺伝子超実験』二〇一七年）である。ただし、シッチンはアヌンナキを爬虫類人とは見なしていない。

またウィリアム・ブラムリー（William Bramley）『The Gods of Eden』（一九八九年、邦訳『エデンの神々――陰謀論を超えた、神話・歴史のダークサイド』二〇一〇年）を代表例として、超古代に飛来し文明を作った異星人（ブラムリーは「カストディアン」と呼ぶ）が人類を家畜として創造し、支配し続けているというテーマも既知のものだった。いわゆる「古代宇宙飛行士説」はニューエイジ業界で人気があったため、ニューエイジと陰謀論の架け橋となった、とデイヴィッド・G・ロバートソンは指摘している。[34]

人類と変わらぬ容姿の友好的な異星人の正体は、地球支配をもくろむ爬虫類型異星人だったという筋書きのテレビシリーズ『V』（一九八三年）や、人間に擬態した異星人がマスメディアを通して人々をマインドコント

32 Asprem and Dyrendal op.cit.
33 Robertson op.cit.
34 Ibid.

ロールしているという映画『ゼイリブ』（一九八八年）などのヒットに見られるように、一九八〇年〜九〇年代には、変身する異星人の地球侵略というテーマは大衆文化にも浸透していた。

マイケル・バーカンの指摘によれば、地底の爬虫類人／爬虫類型異星人テーマの重要な起源は、一九二九年にファンタジー雑誌『ウィアード・テイルズ』誌で発表された『影の王国（The Shadow Kingdom）』（邦訳『失われた者たちの谷〜ハワード怪奇傑作集』二〇一五年）と、一九四五年〜四八年にかけてSF雑誌『アメージング・ストーリーズ』に掲載されたいわゆる「シェイヴァー・ミステリー」という、ふたつの「パルプ小説」である。[35]

『影の王国』はロバート・E・ハワード（Robert Ervin Howard）が「英雄コナン」シリーズ以前に発表した作品で、アトランティス大陸のヴァルシア王国を舞台に蛇人間との闘いを描いている。この蛇人間は人類以前に文明を築いていた蛇頭人身の古代種族で、人間に変身することができ、王国の要人になり替わり影で操っていた。しかし人間には発音できるが彼らには発音できない言葉があり、それにより化けの皮を剥がされる。この「ヴァルーシアの蛇人間」は、ロバート・E・ハワードと、クラーク・アシュトン・スミス（Clark Ashton Smith）、H・P・ラヴクラフト（Howard Phillips Lovecraft）の交流から、後にクトゥルフ神話に組み込まれた。[36]

「シェイヴァー・ミステリー」は、『アメージング・ストーリーズ』編集長レイモンド・A・パーマー（Raymond Arthur Palmer）の後援を受けた、リチャード・S・シェイヴァー（Richard Sharpe Shaver）の作品で、内容は以下のようなものだ。アトランティス大陸とレムリア大陸で繁栄していた異星人たちは、やがて有害な太陽光線から逃れるため地下都市に移住したが、最終的に地球を捨て別の惑星に逃れた。残された地下都市には、有害なエネルギーを浴びて変異した悪意に満ちた存在「デロ（Dero）」が住みつき、古代の光線装置を使って地上に災厄《さいやく》――悪夢、狂気、誘拐、飛行機事故、災害等々――をふりまいている。「シェイヴァー・ミステリー」は『Life』誌で特集が組まれるほど大きな反響を呼び、一九四七年のケネス・アーノルド事件以降はUFO神話とも結びついたという。テーブルトークRPG『ダンジョンズ&ドラゴンズ』シリーズに登場するモンスター「デロ（Derro）」も、おそらく「シェイヴァー・ミステリー」が元ネタだろう。[37]

これらが元となり、一九五〇年代には爬虫類人と地下世界のテーマは一般的になったのである。バーカンによれば、神智学系団体「ブラザーフッド・オブ・ホワイトテンプル（Brotherhood of White Temple）」の創始者モーリス・ドリール（Maurice Doreal）は、一九四〇年代半ばから一九五三年にかけての著作で、「史実」として蛇人間に言及している。また、アセンデッド・マスターの集団である「グレート・ホワイト・ロッジ」の導きにより「発見」した、超古代文書『エメラルド・タブレット』の「翻訳」の中で、

35 『現代アメリカの陰謀論――黙示録・秘密結社・ユダヤ人・異星人』（マイケル・バーカン、林和彦訳、三交社、二〇〇四年、一六九～一九〇頁）
36 『クトゥルフ神話ハンドブック』（朱鷺田祐介、新紀元社、二〇〇四年、一五五頁）
37 「モンスター・マニュアルⅢ モンスター図鑑 デロ」『ダンジョンズ&ドラゴンズ 日本語版』（ホビージャパン）https://hobbyjapan.co.jp/dd_old/news/4th_mm3/1104_01.htm

ドリールは以下のように書いている（……は筆者による省略[38]）。

〈アトランティス大陸が存在するはるか昔、闇に分け入り、闇の魔法を使い、我々の下にある大いなる深淵から存在を呼び出した者たちがいた。……彼らは形を持たず、別の波動を持ち、地球の子らには見えないところに存在していた。血によってのみ、彼らは存在を形成することができた。ただ、人間を通してのみ、彼らはこの世に生きることができた。過去に彼らは「マスター」に打ち負かされ、彼らはアトランティスで影として生きていた。しかし、人知れぬ空間や次元に潜んでいる者たちもいた。彼らはアトランティスで影として生きていた。しかし、時折、人間の中に姿を現した。……魅惑の力が解かれたときは蛇の頭が見えたが、人間の中の人間に見えた。彼らは人のような形をとって評議会に忍び込んだ。その術で王国の長を倒し、その姿で人を支配した。

……彼らは影の王国から人間を滅ぼし、その座を支配することを求めた。

……彼ら（筆者注：「マスター」）は人間のもとに来て、その秘密を、人間だけが発音することのできる言葉を教えた。それから、彼らは蛇からヴェールを取り去り、彼を人の中から追い出した。しかし、用心せよ。蛇はまだ、時として世界に開かれる場所に住んでいる。人知れず彼らはあなたたちの中を歩き、儀式が行われた場所に現れる。時が過ぎれば、彼らは再び人の姿を持つようになる。

……影の王国を求めるな、必ず悪が現れるからだ。光明の主人だけが、恐怖の影を征服することができるからである。兄弟よ、恐怖は大きな障害であることを知れ。光明の中ですべての主人となれ、影はすぐに消える。汝らよ、わが知恵に耳を傾けよ、光の声は明瞭である。影の谷を求めるな、そうすれば、光はただ現れる〉

(*The Emerald Tablets of Thoth the Atlantean*, Maurice Doreal, Tablet 8)

この記述とロバート・E・ハワードの作品、またデイヴィッド・アイクの主張との相似は一見して明らかだろう。

なお、二〇一三年アメリカでの、いくつかの陰謀論的言説についての統計調査では、〈シェイプ・シフトするレプティリアンが人間の姿になり、政治的権力を得て社会を操り、この世界を支配していると思いますか〉という質問に対し、四%が「そう思う」と答えている。同調査の質問中では最も低率だが、二〇一三年時点のアメリカ人口が約三・一六億人なので、約一二〇〇万人は信じていることになる。[39]

コンスピリチュアリティとソーシャルメディア

コンスピリチュアリティという文脈でジャーナリスティックな注目を集めているのは、新型コロナウイルス

38 *The Emerald Tablets of Thoth the Atlantean*, Maurice Doreal, Independently published, 2022
この『エメラルドタブレット』は、ヘルメス・トリスメギストス著とされる有名なそれとは別物である。ドリールの主張では、エメラルドタブレットの著者は、一般的には古代エジプトの神として知られるトートである。彼は実はアトランティスの王であり、アトランティスの水没後、エジプトを植民地として文明を築いた。中南米もアトランティスの植民地であり、マヤの大神殿に遺された石板をドリールは「発見」し「翻訳」した。ドリールによれば、こちらがオリジナルであり、ヘルメスのそれは後世の劣化版である。

39 "Democrats and Republicans differ on conspiracy theory beliefs" Tom Jensen, *Public Policy POLLING*, 2013.4.2., https://www.publicpolicypolling.com/polls/democrats-and-republicans-differ-on-conspiracy-theory-beliefs/

流行以降の、ソーシャルメディア・インフルエンサーと陰謀論の結びつきだ。例えば*Los Angeles Times*二〇二一年六月二十三日の記事は〈カリフォルニアのヨガ、ウェルネス、スピリチュアリティのコミュニティはQアノンの問題を抱えている〉という見出しで、一般的には右翼グループに関連付けられてきた陰謀論が、ヨガや瞑想、その他のウェルネス業界に広まっている、と述べている。[40]

また別の記事では、マシュー・レムスキーが事態を以下のようにまとめている。[41]

〈そしてFacebook自体がこのメインストリーム化の重要な媒介であり、ママブロガー、自然療法家、ローフード主義者、ヨガ・セレブリティ、自己啓発コーチ、マルチ商法の代理人、代替療法のリバタリアンなどの勧誘を円滑にした。Facebookのアルゴリズムが彼/彼女らを集め、Qアノンの包括的な陰謀論が、監視国家、テクノグローバリズム、企業メディア、大手製薬会社、企業的大規模農業、医療侵害、子供の性的虐待に対する彼/彼女らの不満と調和した。フォロワーの中には、最初はワクチンについて懸念していたものの、吸血鬼のような児童虐待の話に夢中になった者もいる。また、クリスタルや霊とのチャネリングに夢中になっていた人々は、トランプが「ライトワーカー」(善とポジティブを導く一種のスピリチュアルな癒し手または戦士)であると信じるようになった。彼らは#savethechildren(子供たちを救え)を望んでいたが、ピザゲートについて投稿することになった。彼らは、オルタナティブなニュースのために訪れたが、熱狂的な夢を見るために留《とど》まった。このような「ソフトQ」ユーザーは、Qの信奉者が自称するような筋金入りの「デジタル兵士」であるとは、自分のことを認識しないだろう。そして、だからこそ、彼らはQの戦争を回避し、生き延びることになる〉（"At This Point, Can QAnon Really Be Banned?", Matthew Remski, *GEN*）

媒体の固有名詞は状況に応じて、YouTube、Twitter、Instagram、Telegram等々に置換すべきだろうが、これらの記事の焦点は主にソーシャルメディア上で、ヨガ、代替医療、スピリチュアルな話題などへの関心を通じて、陰謀論に無縁だった人々――想定されるステレオタイプは比較的裕福でリベラルな白人女性――が、Qアノンや新型コロナウイルス関連の陰謀論に引き込まれている、というものである。

Facebookのサービス開始は二〇〇四年、Twitterは二〇〇六年、Instagramは二〇一〇年。コンスピリチュアリティ概念が提唱された二〇一一年時点では、ソーシャルメディアの隆盛は今日ほどではなく、ウェルネス・インフルエンサーと陰謀論の結合は、おそらく考慮されていなかった。しかしながらこのふたつの結合は、おおむねポジティブでリベラルと見なされ、またスピリチュアリティに関係する領域が陰謀論と結びついたという（主にウェブ上での）現象であるという点で、コンスピリチュアリティの定義に当てはまる。

また現在の状況は、デイヴィッド・アイクたちのようなすでに「定評」ある陰謀論者とは異なり、「普通」の人々が陰謀論者となる過程――スピリチュアリティが陰謀論を採用する、あるいは陰謀論がスピリチュアリ

40 "California's yoga, wellness and spirituality community has a QAnon problem" Laura J. Nelson, *Los Angels Times*, 2021.6.23., https://www.latimes.com/california/story/2021-06-23/covid-adds-to-california-yoga-wellness-QAnon-problem

41 "At This Point, Can QAnon Really Be Banned?" Matthew Remski, *GEN*, 2020.10.8., https://gen.medium.com/at-this-point-can-QAnon-really-be-banned-d6bc069c57bf

ティを取り込む過程を、社会背景を踏まえて同時代的に観察しているということでもある。なぜ、あるいはどのように、この事態が進行したのか。そしてどう解釈すべきか。それへの回答が、コンスピリチュアリティ概念の有効性の試金石となるかもしれない。

なお、ここで厳密な定義を論じるつもりはないが、「ウェルネス」とは一九六一年にハルバート・ダン（Halbert L. Dunn）が提唱し、六〇～七〇年代にカリフォルニアを中心に発展した概念である。それは単に病気ではないという受動的な「健康」（ヘルス）と対比され、スピリチュアルな側面も含む多元的な「良き人生」を自己の選択と責任において追求する、能動的な自己実現の実践とされる。国際ウェルネス協会（Global Wellness Institute）は、ウェルネスを〈ホリスティックな健康状態をもたらす活動、選択、ライフスタイルを能動的に追求すること〉と定義している[42]。

発祥の年代と地域からも想定されるように、ウェルネスはニューエイジ運動とも重なり合っている。ウェルネス系という言葉で示される範囲は、ヨガ、ライフスタイル、自己啓発、代替医療などが幅広く含まれることが多い。本稿もそうした通例に従う。

クリスティアン・ノースロップ――コンスピリチュアリティ・インフルエンサーの具体例として

アメリカの非営利団体「デジタルヘイト対策センター（Center for Countering Digital Hate）」は、二〇二一年二月一日から三月十六日の間にFacebookとTwitterで八十一万二千回投稿・共有された反ワクチンのコンテンツを分析した結果、六五％が特定の十二人に起因することを見出し、彼／彼女たちを「偽情報の十二人（Disinformation Dozen）」と名付けた。[43]

そのうちの一人、クリスティアン・ノースロップ（Christiane Northrup）は、コンスピリチュアリティの事例としてよく取り上げられる。元産婦人科医の彼女は、標準的な医学的アドバイスとともに代替医療や疑似科学的なアドバイス（チャクラ、占星術、風水、タロット等）を人々に提供してきた。例えば、不眠症にはカフェインを避け、定期的な運動をし、風水に従って寝室の鏡を覆うべきだ。甲状腺機能不全は言いたくてたまらない言葉を飲み込んだせいで喉にエネルギーが滞った結果として発症する、など。[44]

以下のようなスピリチュアルな主張もある。自己愛、自身、自尊心が健康や幸福につながる。我々の本質は地球の生命の一部である身体を管理するために一時的に宿った魂である。[45] 瞑想によって自己をオープンにし、何が起こっても愛するという意志を持つことで、ハイヤー・セルフからのメッセージを受け取ることができる。不安や恐怖は低周波の感情であり、４３２Hz（８Hz）の自然な周波数にチューニングされた音楽や、自然界の

42 Global Wellness Institute https://globalwellnessinstitute.org/

43 "THE DISINFORMATION DOZEN" Center for Countering Digital Hate Ltd, 2021.3.24., https://counterhate.com/research/the-disinformation-dozen

44 "Christiane Northrup, MD: Science Tainted with Strange Beliefs" Harriet Hall, *Science-Based Medicine*, 2008.5.27., https://sciencebasedmedicine.org/christiane-northrup-md-science-tainted-with-strange-beliefs/

45 "Get Well, Be Well, And Stay Well" Christiane Northrup, *HUFFPOST*, 2009.7.19 https://www.huffpost.com/entry/get-well-be-well-and-stay_b_215762

ヒーリングサウンドを聴くことで周波数を上げることができる、[46]など。
いずれにせよノースロップは、標準医療の分野からは批判を受けつつも、〈心、体、感情、スピリットの統一を含む女性の健康とウェルネスの分野における先見的なパイオニア、第一人者〉として人気を博し、『リーダーズ・ダイジェスト』の「アメリカで最も信頼される百人」（二〇一三年）や、『ワトキンス・マインド・ボディ・スピリット・マガジン（Watkins Mind Body Spirit magazine）』による、最もスピリチュアルな影響力を持つ存命人物を選ぶ「ワトキンス・スピリチュアル一〇〇リスト」（二〇二〇〜二〇二二年連続）にも選ばれている。[47]
また、〈正直なところ、私は、政府や教会、その他モーニングアフターピルに反対するすべての人々が、医療や妊娠に関する決定を、本当に正しい決定を下せる唯一の人、つまり女性自身と医療従事者に任せてくれればいいと思っている〉といった女性の選択権を擁護する主張からみると、リベラル志向の人物でもあったのだろう。[48]
Twitterで十万以上、Facebookで五十万以上のフォロワーを持つノースロップの投稿は、二〇二〇年三月頃から新型コロナウイルス関連の陰謀論を取り上げ、Qアノンの動画やミームを共有するようになった。新型コロナウイルス流行とワクチン強制は人為的な陰謀であり、ワクチンやマスクは有害である、といった内容の動画『プランデミック（Plandemic）』が二〇二〇年五月四日に公開されると、ノースロップは翌五日Facebookでこれを共有し、動画の拡散に重要な役割を果たした。[49]二〇二〇年七月七日にはハリウッドと小児性愛組織の関係を主張する動画『Out of the Shadows』も共有している。

クリスティアン・ノースロップはFacebookの「The Great Awakening」（大覚醒。この言葉自体がQアノンのミームのひとつ）というタイトルの動画シリーズの中で、〈一歩踏み出して、Qについて調べてみてほしいと、個人的に願っている。あなたの自由、主権、健康に関するすべてのことが、最近では右翼の陰謀のように見える〉と述べている。(50)

二〇二一年にはノースロップの住むメイン州に、ワクチン義務化、ソーシャル・ディスタンス、マスク着用を含む公衆衛生対策の撤廃を求め〈奪われた自由を回復するために働きながら、憲法上の自由の継続的な侵害に立ち向かう(51)〉ための団体「Maine Stands Up」を共同設立し、「医療の自由」に賛同する共和党員を支援し

---

46 "11 Simple Ways to Take Care of Your Soul" Christiane Northrup *Christiane Northrup, M.D.*, 2021.8.3 https://www.drnorthrup.com/10-simple-ways-to-take-care-of-your-soul/

47 Christiane Northrup, M.D. https://www.drnorthrup.com/about/
※『ワトキンス・マインド・ボディ・スピリット・マガジン』の出版元Watkins Booksは、ブラヴァツキーの友人だったジョン・ワトキンスが創業した、スピリチュアル系の専門書店である（https://www.watkinsbooks.com/history-of-watkins）。

48 "Ella, Week After Birth Control Pill: A Boon for European Women, But Will It Make It to America?" Christiane Northrup, *HUFFPOST*, 2010.6.15., https://www.huffpost.com/entry/ella-week-after-birth-con_b_611895

49 "How the 'Plandemic' Movie and Its Falsehoods Spread Widely Online" Sheera Frenkel, Ben Decker and Davey Alba, *New York Times*, 2020.5.21., https://www.nytimes.com/2020/05/20/technology/plandemic-movie-youtube-facebook-coronavirus.html

50 "Dr. No" Nathan Bernard and Andy O'Brien, *Mainer*, 2020.11.9., https://mainernews.com/dr-no/

51 Maine Stands Up https://www.mainestandsup.org/about

ているようだ[52]。

同団体の二〇二二年三月二十一日のブログ記事は、〈メイン州に潜入するディープステート〉というタイトルで、以下のように述べる[53]。

〈ほとんどのメイン州民は、ここメイン州にディープステートの根がどれほど深いか、まったく知らない。クラウス・シュワブ（筆者注：Klaus Schwab. 世界経済フォーラムの主催者）と世界経済フォーラムの仲間は、ヤング・グローバル・リーダーを養成し、ほとんどすべての国でその使命を遂行している。……彼らはグレートリセットの背後にいるグループであり、私たちの市民的自由と医療の自由を終わらせるものだ〉（"Deep State Infiltrators of Maine", Maine Stands Up）

「信頼できる隣人」としてのインフルエンサー

ウェルネス系のインフルエンサーおよびフォロワーが陰謀論を受け入れる素地として最もよく指摘されるのは、主流の権威への反発である[54]。西洋医学が信頼できないから代替医療を求め、近代科学主義に満足できないからスピリチュアルなものに惹かれる。メインストリームに不信感を持っているからこそ、人々はオルタナティブを求めるのだろう。

規制あるいは「領域侵犯」への反発もウェルネス業界の共通項だ。代替医療やマルチ商法などでは、自分たちの商品は革命的で「効きすぎる」ため、政府や業界から押さえつけられているのだ、といった論法が従来からある。その他のウェルネス／スピリチュアル業界にしても、個人の選択、自由、責任を重んじる、リバタリアニズム的な市場である。自己責任で好きでやっているのだし、そちらに強制しているわけでもないのだから、こちらにも干渉しないでほしい、といった主張が典型的だ。

社会学者のステファン・アリス・ベイカー（Stephanie Alice Baker）は〈ウェルネスのインフルエンサーたちはQアノンのような極右的過激主義を共有していないかもしれないが、どちらのグループも服従、統制、監視を推し進めているように見える制度的権威——政府、製薬、ワクチン産業——に対する疑念によって結ばれ〉、〈権威主義的な支配に対する深刻な懸念と、強制的なワクチンプログラム、ロックダウン、マスク着用などを通じて市民の自由を抑制しようとする政府の試みに対する恐怖を抱いており〉、それが陰謀論的思考に

52 "Opinion: QAnon conspiracist Christiane Northrup jumps into GOP primaries" Andy O'Brien, *Maine Beacon*, 2022.6.6., https://mainebeacon.com/opinion-qanon-conspiracist-christiane-northrup-jumps-into-gop-primaries/

53 "Deep State Infiltrators of Maine" *Maine Stands Up* https://www.mainestandsup.org/news/2022/03/21/deep-state-infiltrators-of-maine
"The pandemic has provided fertile conditions for conspiracy theories and "conspirituality" in Australia" Anna Halafoff, Enqi Weng, Cristina Rocha, Andrew Singleton, Alexandra Roginski, and Emily Marriott, *ABC* 2020.10.13., https://www.abc.net.au/religion/covid-conspiracies-and-conspirituality/12760976

54 "Wellness Influencers Are Calling Out QAnon Conspiracy Theorists for Spreading Lies" EJ Dickson, *Rolling Stone*, 2020.9.15., https://www.rollingstone.com/culture/culture-news/qanon-wellness-influencers-seane-corn-yoga-1059856/
"Why are women more hesitant to get the Covid-19 vaccine?" Conor Gallagher, *The Irish Times*, 2021.5.8., https://www.irishtimes.com/news/health/why-are-women-more-hesitant-to-get-the-covid-19-vaccine-1.4558428

転化する、と述べている。[55]

このような、主流の科学や医学に不信感を抱く人々が情報を求める先がソーシャルメディア、ということになる。実際、新型コロナウイルス流行第一波の時期に行われた調査では、ソーシャルメディアの利用が通常より六一％増加したという。[56]

政府や公的機関、あるいはテレビや新聞など従来の情報源が信じられなくなったとき、信用できる情報を求める方法のひとつは、「以前から信頼している人」の話を聞くことである。ソーシャルメディア・インフルエンサーは、そのような存在としてフォロワーに認知され、また自身をそのようにブランディングしている。人々はオンラインで親しくフォローしている有名人に対して個人的なつながりの感情を抱き、「信頼できる」「信用できる」と見なす傾向がある、という調査結果もある。[57]

ベイカーは新型コロナウイルスについての誤った情報を流すウェルネス・インフルエンサーを「オルト・ヘルス・インフルエンサー（Alt. Health Influencers）」と名付け、その分析から三つの共通テーマを見出した。一、マイクロ・セレブリティ、二、迫害されるヒーロー、三、モラル・マトリックスを通り抜ける旅への参加要請、である。[58]

「マイクロ・セレブリティ」とは、テレサ・ザンフト（Theresa Senft）がカムガール（Camgirls. インターネット上で自分の生活を公開する若い女性）を研究する上で提唱した概念で、動画、ブログ、ソーシャルメディアなどを駆使して自らをブランディングし、ニッチなフォロワーコミュニティを形成し、ウェブ上でセレブリティの地位を獲得するスタイルのことである。[59]

マイクロ・セレブリティの重要な特徴は、芸能人など一般的な有名人とは対照的な、フォロワーとの近くて相互的な関係、あるいはそう思わせる演出である。彼／彼女らはソーシャルメディア上で個人的な関心事をフォロワーと共有し、私生活にアクセスできる（ように思える）写真や動画を載せる。フォロワーを友人、家族、あるいは何か特別な名称で呼び、絵文字や記号を使う。そうした演出で親しみやすさを強調し、自分たちを対等な立場と位置づけることでフォロワーの信頼を獲得する。

また主流メディアと異なり一般ユーザーに自己発信能力が与えられるソーシャルメディアでは、（実際には一方的にコメントを書き込むだけだとしても）直接的なコミュニケーションをしている感覚を持つことができる。つまり実際には隔絶した一方的関係であるにもかかわらず、対面関係のような錯覚を与える「パラソーシャル関係（parasocial relationship）」を意図的に演出しているのである。その結果、インフルエンサーの情

---

55 “Alt. Health Influencers: how wellness culture and web culture have been weaponised to promote conspiracy theories and far-right extremism during the COVID-19 pandemic” Stephanie Alice Baker, *European Journal of Cultural Studies*, Volume 25, Issue 1, 2022

56 ただしウェブ閲覧は七〇%、テレビ視聴も六三%増加しており、ソーシャルメディアが突出しているわけではない。“COVID-19 Barometer: Consumer attitudes, media habits and expectations” *KANTAR*, 2020.4.3., https://www.kantar.com/Inspiration/Coronavirus/COVID-19-Barometer-Consumer-attitudes-media-habits-and-expectations

57 “Parasocial Interaction in the Digital Age: An Examination of Relationship Building and the Effectiveness of YouTube Celebrities” Leslie Rasmussen, *THE JOURNAL OF SOCIAL MEDIA IN SOCIETY*, 2018, VOL. 7 NO. 1

58 Baker op.cit.

59 “Microcelebrity and the Branded Self” Theresa M. Senft, *A Companion to New Media Dynamics*, John Hartley AM, Jean Burgess, Axel Bruns eds, Wiley-Blackwell, 2013

報は信頼できる友人からの個人的なアドバイスとしてフォロワーに受け入れられ、共有される。

加えて、マイクロ・セレブリティは主流メディアから距離を置くことで、組織的権威の影響外にいると認識させ、自らを代替的な信用できる選択肢として提示する。特に「検閲」の告発は、セルフ・ブランディングにとって重要であり、ベイカーの指摘する「迫害されるヒーロー」の主要な要素となる。

彼／彼女らは自らを真実・自由・正義を守る発言者として位置づけ、投稿が削除されたりアカウントが凍結されたりすると、それを不当な迫害として描く。そして特定のプラットフォームで活動が困難になると、より規制のゆるい他のプラットフォームや自らのサイトなどへの大移動《エクソダス》をフォロワーに促す。そのようにして、ついてきたフォロワーたちのコミュニティは強固となり、固定客化する。

「モラル・マトリックスを通り抜ける旅への参加要請」という言葉はややわかりにくいが、フォロワーに示す指針についての話である。一般的なウェルネス・インフルエンサーは、苦痛と不幸から成功と幸福へ至るための自己啓発的な精神の「旅」を勧める。また、ネガティブな思考を逆転させ人生を「リセット」するのである、とか、特定の食品を「純粋」、その他の食品を「不純」と見なし、クリーンな食事とライフスタイルへの「改心」を求めるなどといった指針も示される。こうしたウェルネスの言説には、純粋さと道徳的正しさという基調がある、とベイカーは指摘する。

それらの実践の中には、ジュールス・エヴァンスが指摘するように、精神的なエリート主義あるいはナルシシズム――私たちはより高い意識を持っている、本質を理解している、というプライド――も含まれているように思われる。(60)

オルト・ヘルス・インフルエンサーが示すのも、こうした要素を押さえ、それを求めるフォロワーの願望をくすぐるものである。彼／彼女らは「不純」な主流の権威と対峙《たいじ》する正義と真実の存在、秘密の知識への特権的アクセス権者として自己を権威化する。そして精神的「グル」として、「レッド・ピルを飲む（Take the red pill）」「ウサギの穴に入る（Down the rabbit hole）」[61]、「自分で調べる（Do your research）」といった表現でフォロワーたちを目覚めの旅に導く。

「目覚めていない」人々は、例えば「Sheeple（Sheep＋Peopleで、羊の群れのように盲目的で従順な人々）」などと呼ばれ、憐れまれる。「目覚めた」フォロワーたちは、世界の不正や悪を一掃するための行動を動機付けられる――「正しい」情報を共有・拡散する、個人の良心に従ってマスクやワクチンを拒否する、インフルエンサーの講演を聴く、お勧めの商品を購入する、など。

ステファン・アリス・ベイカーは〈(ウェルネス・インフルエンサーは) ソーシャルメディアの参加型機能を利用して、自己発見、自己実現、スピリチュアルな覚醒のためのゲーム感覚を伴った旅を通じて、これらの原則を守ろうとするフォロワーを動員し、悪と腐敗に対する戦いに主体的かつ協力して参加しているかのよう

60 "'Conspirituality' Explains Why the Wellness World Fell for QAnon" Shayla Love, *Vice*, 2020.12.17., https://www.vice.com/en/article/93wq73/conspirituality-explains-why-the-wellness-world-fell-for-qanon

61 「レッド・ピルを飲む」「ウサギの穴に入る」
「レッド・ピルを飲む」も「ウサギの穴に入る」も一九九九年の映画『マトリックス』に由来する表現で、赤い薬（レッド・ピル）を飲んだり、ウサギの穴に入ると、「安定した生活を失ったり人生が根底から覆るとしても真実を知る」ことになる。なお、「ウサギの穴」はルイス・キャロル『不思議の国のアリス』の中で、アリスが不思議の国に行く通路となったウサギ穴から来ている。

な幻想を与えている〉[62]とまとめている。

コンスピリチュアリティの経済的動機

インフルエンサーの陰謀論的言説に関して考慮すべき点は、その経済的動機である。デジタルヘイト対策センターの調査によると、前出の「偽情報の十二人」は少なくとも計三千六百万ドル（約四十億円）の収益を上げているという。[63] クリスティアン・ノースロップは『プランデミック』へのリンク投稿後の数週間で、Facebookのフォロワーを十万人以上増やした。これは、彼女が販売する商品の見込み顧客が十万人以上増えたということでもある。[64]

Qアノンを含む陰謀論を調査するポッドキャスト「Qアノン・アノニマス」のホストであるトラヴィス・ビュー（Travis View）は、Qアノンのコミュニティは新進気鋭のインフルエンサーのための「ソーシャルメディア・チートコード（ソーシャルメディアのズルい裏技）」のようなものだと述べている。[65]

オーストラリアの研究プロジェクト「(Con)spirituality in Australia Project」による論文はコンスピリチュアリティの中心となる十の重要な信念を挙げているが、そのうちのひとつは「コンスピリチュアリティの販売(Selling (Con)spirituality)」である。

それによれば、新型コロナウイルス流行下のウェルネス産業の多くは大きな経済的損失を被り、雇用状況も不安定である。その打開策のひとつとして、陰謀論を利用して注目を集め、インフルエンサーとしての知名度を獲得することで、収益化が図られている。陰謀論とそれに関連する商品やサービスは、世界的な反ワクチン産業と密接につながり、それ自体が新しい産業となっている、とのことである。[66]

ソーシャルメディア研究者のキャサリン・アーチャー（Catherine Archer）らは、災害が資本主義経済の影響力と利益拡大に利用されるというナオミ・クライン（Naomi Klein）の災害資本主義の概念を援用し、以下のように述べている。一部のインフルエンサーたちは世界的な危機を受け入れて、社会の不安定さと混乱に乗じて、自らのパワーとリーチを高めている。それも短期的な日和見《ひよりみ》主義ではなく、戦略的に自らを信頼できる情報（および娯楽）源として位置づけ、混乱する人々と信頼を失った権威の間の空白に入り込んでいる。そしてこの災害を議題設定の機会として利用し、注目を集め、影響力を高め、将来の商業的成功に備えるため、あえて論議を呼ぶ危険な情報――つまり偽情報や陰謀論――を喧伝《けんでん》する者もいる。[67]

---

62 Baker op.cit.

63 「「反ワクチン」が産業に　収益40億円、雇用も生み出す―ＮＧＯ」『Medical Tribune』二〇二一年八月十二日、https://medical-tribune.co.jp/news/2021/0812537944/

64 Love op.cit.

65 "THE WOMEN MAKING CONSPIRACY THEORIES BEAUTIFUL" Kaitlyn Tiffany, *The Atlantic*, 2020.8.18., https://www.theatlantic.com/technology/archive/2020/08/how-instagram-aesthetics-repackage-qanon/615364/

66 "Selling (Con)spirituality and COVID-19 in Australia" Anna Halafoff, Emily Marriott, Ruth Fitzpatrick and Enqi Weng, *Journal for the Academic Study of Religion*, 2022, Vol. 35 Issue 2

67 "Capitalising on chaos – exploring the impact and future of social media influencer engagement during the early stages of a global pandemic" Catherine Archer, Katharina Wolf, and Joseph Nalloor, *Media International Australia*, 2020, Volume 178, Issue 1

従来の陰謀論研究においても、「陰謀論興行主（conspiracy entrepreneur）」という用語が存在するように、陰謀論を信じているというよりも、耳目を集める手段として利用する人々の存在、またマーケットとしての陰謀論業界の存在が無視されていたわけではない。先にコンスピリチュアリティの具体例として紹介した人々や団体も皆、自らのサイトで書籍などの商品を販売し、講演会などのイベント開催で収益をあげている。しかし管見の限り、この点についての研究はまだ少ない。

陰謀論を唱える人々――例えばデイヴィッド・アイク――が本当に陰謀論を信じているのか、それともビジネスとして行っているだけなのかを識別することが困難であることや、従来の研究が心理学分野に偏っていたことなど、事情はある。しかしコンスピリチュアリティという概念によって、個人化・商業化しているスピリチュアル業界や、フォロワー数が一種の通貨であるようなソーシャルメディア業界と陰謀論の結合に対して注目が集まったことは、この方面での研究が進む可能性を拓くかもしれない。

陰謀論的思考とスピリチュアルな思考の共通点

ここからは、ニューエイジ／スピリチュアリティと陰謀論が結び合わされるのはなぜか、についての議論を追う。

まず、「すべてはつながっている」というホリスティックな思想は、ニューエイジと陰謀論に共通する原則である。制度的権威への不信や、自分たちは「現実」の幻想を見抜き、秘密の真実にアクセスした精神的エリートであるという考えなども同様だ。

したがって、陰謀論に惹かれる人々と、スピリチュアリティに惹かれる人々には、共通する心理的特性があることが予想される。

例えば、心理学者のミゲル・ファリアス（Miguel Farias）らは、統合失調型パーソナリティ（schizotypy）を病理ではなく人格の一側面として理解するモデルに従って調査を行い、ニューエイジの実践や信条と、統合失調型パーソナリティを特徴づける認知的傾向との間に有意な相関があることを示した。特に、「魔術的思考（magical thinking）」と「薄い境界線」がニューエイジの実践と信念の最良の性格的予測因子であったという。「魔術的思考」とは、実際には関係のない出来事の間にもっともらしい因果関係を見出してしまう傾向のことである。偶然の一致に必然的因果関係を見出す（自分が落下する夢を見たから飛行機事故が起きた）、AとBの間に類似点があることをもって両者に何らかの関係があると考える（数字の「四」は「死」と音が同じなので不吉だ）、など。「薄い境界線」については、思考と感情が混ざり合い、出来事同士の関連付けが流動的で、感情の面で過敏で、特に白昼夢や空想の影響を受けやすく、透視などの異常な体験を報告する傾向、と説明されている。[68]

一方で、陰謀論的思考と統合失調型パーソナリティとの関連を示した研究も複数ある。ケヴィン・バロン（Kevin Barron）らはそれらの先行研究を受けて、統合失調型パーソナリティの尺度のうち、魔術的思考が陰

68 “Personality and cognitive predictors of New Agepractices and beliefs” Miguel Farias, Gordon Claridge, Mansur Lalljee, *Personality and Individual Differences*, 2005, Volume 39, Issue 5

謀論的思考の最も強い予測因子であることを示した[69]。

アスビョルン・ディレンダルも複数の心理学研究の結果を引きながら、以下のように論じている。存在しないところに何らかの意思を検知してしまう傾向や目的論的思考は、陰謀論的思考の一般的な予測因子であり、全体論的（holistic）、直感的（intuitive）、象徴的（symbolic）、魔術的思考とも相関している。これらはすべて、物事を意味のあるパターンで関連していると見る傾向、つまり「すべてはつながっている」という考えに関連する。スピリチュアリティの認知スタイルも同様に、全体論的、直感的、魔術的、象徴的思考によって特徴付けられるので、両者の合流に不思議はない、ということだ[70]。

陰謀論とスピリチュアリティが共有する文化的基盤

陰謀論とスピリチュアリティが心理的特性以上に共有すると見なされているのは、「カルト的環境（Cultic Milieu）」という文化的基盤だ。これは、社会学者コリン・キャンベル（Colin Campbell）が一九七二年に提唱した概念である。

ここでいうカルトは、反社会的な宗教団体という日本での一般的意味とは異なり、チャーチ／セクト／カルトという宗教学上の分類である。不正確さを承知で簡単に説明すると、チャーチは制度的に公認された主流派、セクトはそれに対抗する分派あるいは新規の小集団、カルトはさらに逸脱的で泡沫的な群れである。セクトもカルトも、チャーチから見れば小規模で異端的な点で同じだが、セクトが集団主義的、排他的で、組織と信仰の面で安定しており、長期間存続するのに対し、カルトは個人主義的で、構造的に不安定で、短命である。

マイケル・バーカンの説明を借りれば、〈彼（コリン・キャンベル）の用いたカルトとは、多くが支配的な文化から外れた信念体系に基づいた、メンバーにほとんどなにも求めない組織性のゆるい宗教集団の意味であった。セクトと異なってカルトは、指導者、教義、人物などの観点で既存の宗教組織と対立して離脱した集団ではない〉（『現代アメリカの陰謀論』マイケル・バーカン、四十四頁）[71]。

このようなカルト集団は、絶えず分裂と崩壊を繰り返している。にもかかわらず、常に新しい集団がその代わりに生まれてくるのはなぜなのか。

キャンベルの理解では、個々のカルト集団の維持には役立たないが、次々に生み出されるのには非常に役立つ材料がそろった環境が、安定して存在している。個別のカルト集団が一過性の現象であるのに対して、そのようなカルト的環境は社会の不変の特徴なのだという。

そこはオカルト、魔術、スピリチュアリズム、心霊現象、神秘主義、異星人古代文明、代替医療など、逸脱した信念体系とそれに関連する集団、制度、個人、メディアがすべて含まれる文化的アンダーグラウンドである。カルト的環境は、その多様性にもかかわらず、ある程度の統一性を保っている。なぜなら、カルト的環境の

---

69 “Associations between schizotypy and belief in conspiracist ideation” David Barron, Kevin Morgan, Tony Towell, Boris Altemeyer, Viren Swami, *Personality and Individual Differences*, 2014, Volume 70

70 “Conspiracy Theory and Religion” Asbjørn Dyrendal, *Routledge Handbook of Conspiracy Theories*, Michael Butter, Peter Knight (eds), Routledge, 2020

71 バーカン、前掲書

中の多様な信念は、すべて文化的正統派から逸脱・有害なものと見なされる点で一致しているからだ。したがって正統派への反発と「迫害」への抵抗を共有する。

また、人々は主に個人的な体験によってカルト的環境に惹きつけられ、「スピリチュアル・マーケット」でよりよいものを意欲的に探し求める。教義的要素や組織構造はゆるく流動的で、コミュニケーション方法（雑誌、講演会、フェスなど）も、同様にオープンで流動的である傾向がある。その結果、個人は様々な運動や信念の間を容易に動き回ることができる。このようなことからカルト的環境は、多様で流動的でありながら、その成員に帰属意識を生み出す。

ランカスター大学教授のクリストファー・パートリッジ（Christopher Partridge）は、特にインターネットの出現は、共同体感覚を助長し、神秘的なネットワークや組織の出現を促進し加速させている、と述べている。また彼は、現在のこの「環境」を示す形容詞としては「カルト的」よりも「オカルト的」のほうが正確だとして、カルト的環境を拡張した「オカルチャー（occulture）」という概念を提唱している。[72]

西洋のオカルチャーには、チャネリング、幽体離脱、風水、終末予言、アーサー王伝説、疑似科学、UFO……等々と、「逸脱した」思想や実践が手当たり次第に詰め込まれている。パートリッジによれば、〈オカルチャーは、スピリチュアルなブリコラージュ職人のための素材が揃うインターネット空間のようなものであり、そこから魅力的なものやインスピレーションを受けるものをダウンロードすることができる〉（*The Re-Enchantment of the West Volume* I, Christopher Partridge, p.85）。例えば、人々が興味があるのは仏教そのものではなく、仏教の原理や要素であり、それだけを取り出し、他の要素と融合させる。そのため、非連続的な信念体系の間に連続性が作り出されることもあるという。

カルト的環境と言うにしろオカルチャーと言うにしろ、陰謀論とスピリチュアリティはこのような環境に同居している。そのため、環境内を移動する情報と人々の中で混ざり合い、「エスタブリッシュメント」の言説に対する共通の反発によって結合され得る、と考えることができるだろう。

さらに、バーカンは、カルト的環境の限界は対象を宗教活動に限定しているところにあり、幅広い現象を包含するよう拡張しなければならないとして、「烙印を押された知識」という概念を提唱している。[73] その定義は〈その知識や主張の真偽が、知識と誤謬を区別する伝統的な組織——大学や科学者たちの共同体など——から無視されているにもかかわらず、主張者たちは証明されたものとみなす知識や主張〉（『現代アメリカの陰謀論』マイケル・バーカン、四十六頁）である。

烙印を押された知識は、さらに五つに分けられる。

一、アトランティスの古代の知恵のように、かつては知られていたとされる「忘却された知識」

二、錬金術のように、かつては認められていたが、取って代わられた「廃棄された知識」

三、民間療法のように、正統性の権威が低い「無視された知識」

四、UFOアブダクションのように、当初から虚偽として「拒絶された知識」

72 *The Re-Enchantment of the West Volume I*, Christopher Partridge, T & T Clark, 2004, p.62-86

73 バーカン、前掲書、三十〜六十三頁

五、真に正しいが、何らかの意図・目的のため当局によって「抑圧された知識」

一から四は、容易に五に吸収される。それらの知識を正しいと信じる人々にとって、にもかかわらず社会から拒否されたり無視されたりするのは、それが可能な何者かによって密かに抑圧されているから以外にあり得ないからだ。

陰謀論は、それ自体が、真実が知られないよう意図的に抑圧された知識のひとつであり、同時にあらゆる烙印を押された知識がなぜ抑圧されるのかの説明として機能する。そして正しいから、不都合だから抑圧されているのだという論法によって、烙印それ自体が正しさの証明にもなる。

スピリチュアリティは、主流の認識論的権威から忘却されたか、廃棄されたか、無視されたか、拒絶された知識である。であれば、なんらかのきっかけがあれば——例えば約束されたパラダイム・シフトが到来しなかったら、いかにも「不自然」な「疫病」が蔓延して生活が一変したら、あるいは敬して遠ざけていた主流派が向こうから近づいてきて、こちらの自由を侵されたように感じたら——陰謀論の手を取って、自らの権利と正当性のために戦おうという気になるかもしれない。

ニューエイジの神義論としてのコンスピリチュアリティ

コンスピリチュアリティが新しい現象なのであれば、陰謀論とスピリチュアリティの結びつきには、両者が普遍的に共有する心理的・文化的要因だけでなく、今この時代ならではの要因が強く関わっているはずである。
デイヴィッド・G・ロバートソンやアスビョルン・ディレンダルは、陰謀論はニューエイジの失敗を説明し、原因を外部に求めることでニューエイジャー自身の罪を免除する、一種の神義《しんぎ》論（悪の存在が神の全能と善と正義に矛盾するものでないと弁証しようとする議論）として機能したのではないかと指摘している。(74)

ニューエイジの代表的著作『The Aquarian Conspiracy』（邦訳『アクエリアン革命——'80年代を変革する「透明の知性」』）において、マリリン・ファーガソンは、「覚醒」した個人の協働が社会の「パラダイム・シフト」を導く、「良性の陰謀」について述べている。(75)

〈リーダー不在だが強力なネットワークが、アメリカに急進的な変化をもたらそうとしている。そのメンバーは、西洋思想のある重要な要素と決別し、歴史との連続性さえも断ち切ったかもしれない。このネットワークは「水瓶座の陰謀」である。……改革よりも広く、革命よりも深く、新しい人類の課題を求めるこの良性の陰謀は、歴史上最も急速な文化の再編成を引き起こした。私たちに襲いかかる戦慄すべき、取り返しのつかない大転換は、新しい政治的、宗教的、哲学的なシステムではない。それは新しい心であり、画期的な科学と最古の思想からの洞察をその枠組みに集めた驚くべき世界観の台頭なのである〉（*The Aquarian Conspiracy*, Marilyn Ferguson, p.23）

74　Robertson op.cit., Dyrendal op.cit.
75　*The Aquarian Conspiracy: Personal and Social Transformation in the 1980s*, Marilyn Ferguson, Routledge & Kegan Paul, 1981

この発言に代表されるように、ニューエイジは新しい時代の到来を期するポジティブな思想運動だった。しかし一九九〇年代になると、そのような社会的変化が起こっていないことが明白になった。〈それに反するあらゆる証拠を前にして、それにもかかわらず、全面的な幸福の新時代が到来しつつあるのだ、という信念を維持し続けることはできなかったのである〉（"*After the New Age: Is There a Next Age?*", Massimo Introvigne）[76]ということだろう。

そして、このような「失敗」が顕わになった一九九〇年代から、ニューエイジ界隈には陰謀論が蔓延するようになった。例えばコンスピリチュアリティの嚆矢《こうし》としてシャーロット・ウォードとデイヴィッド・ヴォアスが例として挙げる雑誌『Nexus』は、一九八六年の創刊当初はニューエイジ、健康、第三世界の問題に関心を持つグリーン・オルタナティブ誌だったが、一九九〇年にダンカン・M・ローズ（Duncan M. Roads）がオーナー兼編集者に変わって以降、ニューエイジのコンテンツとともに陰謀論的な内容を掲載するようになったという。[77]

二元論を拒絶するニューエイジの思想では、「悪」は「善」の対立存在ではなく、より大きな全体性の不可欠な一部である。つまり、否定し排除すべき存在ではなく、愛し、調和させるべき存在である。

しかし輝かしいニューエイジが訪れそうもないことが明白になると、何がそれを妨げているのかの説明が求められるようになった。失敗の原因を、自分たち自身の世界観や運動の欠陥によるものと認めることを拒絶するならば、外的要因に求める必要がある。そのような外的要因は、「善」なる意志を踏みにじる「悪」か、「真実」を闇に葬ろうとする「虚偽」か、どう呼ぶにせよ否定し排除すべき存在であらざるを得ない。そして、そのような悪の所在を提供してくれる論理が、陰謀論だったということである。

「真実（Truth）」よりも「真実感（Truthiness）」を求めて

アメリカのコメディアン、スティーヴン・コルベール（Stephen Colbert）が二〇〇五年に生み出した造語「トゥルーシネス（Truthiness）」は、翌二〇〇六年にアメリカ方言学会（American Dialect Society）や辞書出版会社Merriam-Websterの「流行語大賞（Word of the Year）」に選ばれた。定訳はまだ無いようなので「真実感」とでもしておくが、その意味は「事実や証拠ではなく、真実であるという感情や真実であってほしいという願望によって主張される、正しさもしくはもっともらしさの性質」である。[78] 流行語がその時代精神を反映しているとすれば、オックスフォード英語辞典が二〇一六年の流行語大賞に選んだ「ポスト真実（Post-truth）」とともに、現代社会は「真実」の客観性が揺らぎ、より主観的な取捨選択に依存する社会となった、という感覚が（それこそ主観的な「真実」として）広がっている、とは言えるだろうか。

76 "After the New Age: Is There a Next Age?" Massimo Introvigne, *New Age Religion and Globalization*, Mikael Rothstein, Aarhus University Press, 2001

77 *Black Sun: Aryan Cults, Esoteric Nazism, and the Politics of Identity*, Nicholas Goodrick-Clarke, NYU Press, 2002, p.289-302

78 Dictionary by Merriam-Webster https://www.merriam-webster.com/dictionary/truthiness

マイケル・バーカンの「烙印を押された知識」で見たように、陰謀論とスピリチュアリティは、何が正しい知識かについて、主流の認識論的権威と対抗関係にある。デイヴィッド・G・ロバートソンは、コンスピリチュアリティと類似した「千年王国型陰謀主義（millennial conspiracism）」という概念を提示し、その特徴を認識論的戦略、つまりどのような方法で正しさを訴えるか、という点から論じている[79]。

まず、ロバートソンは、認識論的戦略を「伝統（tradition）」「科学（science）」「経験（experience）」「交信（channelling）」「統合（synthetic）」の五つに大別する。「伝統」は社会的制度・伝統・歴史などに基づく正しさ、「科学」はそのまま科学的正しさである。「経験」は個人の体験に訴えること。UFOを見た、この薬は効いた、などである。「交信」は神、霊、異星人など上位存在あるいは仲介的存在から偽りのない情報が直接伝達されること。「統合」は情報の断片をつなぎ合わせ全体像を明らかにすることだが、証拠や論理に基づいてというよりも、直観的な正しさの確信によるものだ。ロバートソンは社会の主流派から正当性を認められていない後三者を対抗的認識論的戦略と呼んでいる。

千年王国型陰謀主義は、未来のシナリオとして陰謀の完成によるバッドエンドを想定せざるを得ない終末論的（apocalyptic）な陰謀論と、救済によるハッピーエンドを提示する千年王国的（millennial）な宗教的言説という、二つの形式の結合、と定義される。コンスピリチュアリティとやや異なるのは、ニューエイジの言説は陰謀論と結合する千年王国的な語りの唯一の例ではないとして、陰謀論と結合する思想の範囲を広くとっている点である。

このような千年王国型陰謀主義の語りでは、陰謀集団が人類奴隷化計画を進める一方で、それに気づく個人が増え始めているとする。その数が臨界に達したとき、「ゲシュタルト・シフト」(80)が起こり、大衆は自らを解放する手段に気づくというのである。

つまり〈この言説によれば、世界は見かけとは違うという「真実」に多くの人々が「目覚め」れば、陰謀家たちを克服することができる。言い換えれば、知識(あるいは少なくともある種の知識)は、個人を変容させ、場合によっては解放することができるものとして構築されている〉(*UFOs, Conspiracy Theories and the New Age: Millennial Conspiracism*, p.16)。

これは主流の認識論的権威に対する挑戦である。〈千年王国型陰謀主義者は経済資本ではなく認識資本の支配によって定義される対抗的エリートとして自らを構築〉(同前、二十六頁)し、そのために彼らは「伝統」と「科学」も選択的に利用しつつ、対抗的認識論的戦略を自らの武器として活用する。それによって(エソテリズムの「マスター」をめぐる争いに類似して)、主流の権威が真実への特権的アクセス権を持っていることを否定し、自分たちこそが、より多くの、より希少な、より上位の真実の所有者であることを人々に訴える。何が正しい知識なのかを判定する権威は自分たちにこそある、ということである。

「真実感」に関する話を、もう少し進めたい。

---

79 Robertson op.cit., p.14-54

80 ゲシュタルト・シフト
ゲシュタルト理論に基づき、経験の解釈が別のものに変わること。物理現象の知覚が変化することにかぎらず、人間の経験に関する知的、感情的、精神的な領域で変化した場合もゲシュタルト・シフトは発生する可能性がある。

先述の五つの認識論的戦略のなかで、本稿の文脈で最も重要なのは「経験」だ。スピリチュアリティの根幹は、個人の神秘的体験である。そしてQアノンやソーシャルメディアの陰謀論的コミュニティを貫くものは個人主義と自己責任（と、同じ陣営の仲間であることによる共同体感覚）だ。多くのものが個人の選択に委ねられる現代の消費社会において、重視されるのは客観的論証よりも個人の感覚に基づく「真実感」である、と言ってよいかもしれない。

陰謀論に傾倒したソーシャルメディア・インフルエンサーやその支持者についての記事は、以下のような記述に事欠かない。コロラド州の「ラブ・ハズ・ウォン（Love Has Won）」という団体のメンバーはソーシャルメディアに〈要するに、この惑星は何千年も前に暗黒種に征服され、我々はちょうどその精神的奴隷化から逃れるために人類の進化のターニングポイントに当たっているということです〉と投稿し、自分は陰謀論を売り込んでいるわけではなく、〈真実を共有し、他の人々がそれに共鳴するかしないかを任せる〉のだと述べる。[81]

ハッシュタグ#WWG1WGAを添えてQアノンの主張に賛同するライフスタイル・インフルエンサーのジェイリン・シュレーダー（Jalynn Schroeder）は、〈私は何か物事をシェアするとき、それが事実や真実なのだ、としているわけではないことを、はっきりさせている。私のフォロワー含めすべての人は、自分自身で調べ（do their own research）、自分自身の個人的な結論に至る必要がある〉と取材に答えている。[82]

Qアノン・カレン（Karen）として知られたメリッサ・レイン・ライブリー（Melissa Rein Lively）は、ウイルスについての陰謀論的主張を真実だと確信したときの心情を、こう述懐する。それは衝撃的で、恐ろしく、そして〈奇妙に心地よいことでした。私が知っていると感じていたことは真実であり、他の人たちも同じことを知っていたのです。私が見た「真実」は腹立たしく、他の人が「目覚める」のを助けなければならないと感じました[83]〉。

“Do your research（自分で調べる）”や“This resonates with me（心に響く）”はＱアノンの重要なキーワードである[84]。正しい知識の主張をするために、科学や伝統に依拠する必要はない。それらの主張はＳＮＳ等で共有され、参加者各人によって正当化あるいは批判される。

クリストファー・パートリッジによれば、ニューエイジの観点から見ると、客観性は幻影であり、真実は何らかの形での解釈を経ることなしに伝えることはできない。したがって、個人的な経験の即時性が重要となる。外的な真実は、内なる自己に響く場合にのみ受け入れられるべきである。この考えを先に進めると、合理主義や知識主義に貫かれた世界の前提を根本的に問い直すこととなる[85]。

同様に、社会学者のジャロン・ハランバム（Jaron Harambam）によれば、陰謀論は現代社会における知

---

81 The rise of “‘conspirituality’: When ‘spiritual’ people embrace conspiracy theories, it can spell trouble” Alex McKeen, *TRONTO STAR*, 2021.2.27., https://www.thestar.com/news/insight/2021/02/27/the-rise-of-conspirituality-when-spiritual-people-embrace-conspiracy-theories-it-can-spell-trouble.html

82 “A Wave Of Radicalized Influencers Is Mainstreaming COVID-19 Conspiracy Theories” Jesselyn Cook, *HUFFPOST*, 2020.5.19., https://www.huffpost.com/entry/radicalized-influencers-coronavirus-conspiracy-theories_n_5ec3fc10c5b6297713ce66ff

83 “The dark side of wellness: the overlap between spiritual thinking and far-right conspiracies” Eva Wiseman, *The Guardian*, 2021.10.17., https://www.theguardian.com/lifeandstyle/2021/oct/17/eva-wiseman-conspirituality-the-dark-side-of-wellness-how-it-all-got-so-toxic

84 “Conspirituality-to-QAnon（CS-to-Q）Keywords and Phrases” *Conspirituality*, https://conspirituality.net/keywords-and-phrases/

85 Partridge op.cit.

識と真実をめぐる広範な社会的対立を表している。[86] 陰謀論者は、世界に関する知識は決して中立的、客観的なものではなく、特定の場所と時間における、特定の人々による産物であることを強調する。権力者たちは自己の利益に見合った現実を作り出すことができるはずなので、公式の説明は信用に価しない。〈極端な言い方をすれば、私たちが現実として体験している世界は、こうした公式の物語の蓄積によって作り上げられた、すべてを包み込むような幻想である〉（*The Truth Is Out There: Conspiracy culture in an age of epistemic instability*, Jaron Harambam, p.246）ということである。

この前提の上で、陰謀論者の採る道は二通りある、とハランバムは言う。一方では、それでも確固たる調査と論理によって幻想を暴き、本当の真実を開示することができると考える、真実は我々を自由にするのだ、というアプローチ。この点で陰謀論文化は近代の先鋭化を象徴している。他方で、陰謀文化はポストモダンの具体化でもある、と彼は言う。陰謀論者は、恣意的に構築されたものとしての真実を脱構築し、作成者とその意図を問う。そして、確固たる真実を追究する代わりに、〈ローゼナウの言葉を借りれば、「感情、感覚、直感、個人的経験、慣習、形而上学、伝統、宇宙論、神話、宗教的感情、神秘的経験など、近代が脇に置いたすべてのもの」（1992：6）で構成される、他の知る方法を優先させる。冷たい事実だけでなく知ることの温かな土台に基づく、より魅力的で清新な現実あるいは真実を、異なる知の方法と形態から、彼らはブリコラージュすることができる。真実は正しいものではなく、正しいと感じられるものでなければならない〉（同前、二五五頁）

この理解に従えば、コンスピリチュアリティは後者（ポストモダンの具体化）の道を進むものであり、それは認識論的権威が揺らいだ時代の、極めて現代的な現象と捉えることができるだろう。

何がコンスピリチュアリティか

まとめると、ニューエイジ／スピリチュアリティと陰謀論をつなぐものとして想定されたのは、以下の諸点である。

まず、相互に関係のない出来事の間に、存在しない因果関係を見出してしまいがちな「魔術的思考」に代表される、それぞれの志向に導きやすい心理的特性が共通していること。次に、主流の認識論的権威からは相手にされない逸脱した知識であるという点で、両者は同じ「カルト的環境」内の隣人であり、その環境内での往来が容易であること。そしてニューエイジ／スピリチュアリティ側で、ポジティブさを保ちがたい事態に陥《おちい》ったときに、その犯人探しとして陰謀論が手近であること。また陰謀論側にとって、主流の認識論的権威への対抗手段として、主流の権威が使用せず、また人々の主観的な「真実感」に訴えることのできる認識論的戦略、つまり主流の権威と同じ土俵に立たずに済むスピリチュアルな論理が有用であること。

筆者の考える限りでは、「コンスピリチュアリティ」で最も問題となるのは、「スピリチュアリティ」の範囲

86 *The Truth Is Out There: Conspiracy culture in an age of epistemic instability*, Jaron Harambam, Erasmus University, 2017, p.236-257

であるように思われる。シャーロット・ウォードとデイヴィッド・ヴォアスの定義では、スピリチュアリティはニューエイジのことである。しかし広義のニューエイジの範囲は曖昧であり、特に日本ではスピリチュアリティとほぼ重なり合っている。そうであれば、スピリチュアルな要素を含む陰謀論は、すべてコンスピリチュアリティと見なしてよいのか。

実際、ジャーナリスティックな場面でコンスピリチュアリティと結びつけて言及されるのは、Qアノンとソーシャルメディアのウェルネス・インフルエンサーが主である。特に後者には、狭義のニューエイジに見られるような千年王国主義的な主張は薄いのではないだろうか。

スピリチュアルな陰謀論すなわちコンスピリチュアリティなのであれば、両者の結合に不思議さはない。イーギル・アスプレムとアスビョルン・ディレンダルが論じたように、近代の陰謀論は当初からエソテリズム的伝統とつながっていた。またカルト的環境の議論で見たように、両者は主流の認識論的権威から否定された知識として、同じカテゴリーの住人である。

日本的に言えば、どちらも雑誌『ムー』的なものであり、そもそもスピリチュアルと陰謀論を厳然と区別する必要性を感じない人も多いだろう。この路線で考えるのであれば、コンスピリチュアリティは新しくも、驚くべきことでもない、というアスプレムとディレンダルの指摘は正当である。

しかし彼らの別の指摘、コンスピリチュアリティ定義におけるニューエイジの範囲の揺らぎについては、再考すべきところがあると思われる。彼らの指摘とはややずれるが、スピリチュアリティ全般とではなく、あくまでニューエイジとの結合がコンスピリチュアリティなのであれば、概念の独自性は保たれる。

コンスピリチュアリティのそもそもの独自性は、一元論的で楽観的なニューエイジと、二元論的で悲観的な陰謀論という、一見相容れない両者の結合、というところにあった。この点において、ニューエイジの社会的側面、つまりポジティブな社会改良志向という要素は不可欠であろうと思われる。ウェルネス・インフルエンサーも、そうした傾向はある程度共有している。こうしたポジティブさを引きずり倒したのは何か、という議論は可能であろう。

またウォードとヴォアスの定義には、ウェブ文化を背景とした新しい現象である、という点も含まれるべきである。ウェブ文化が社会にどのような変化をもたらし、それがどうニューエイジ（あるいはスピリチュアリティ）と陰謀論に影響したのか、そうした影響が両者の結合をどの程度後押ししたのか（あるいはしなかったのか）。この点で、支配的な認識論的権威の信頼性の低下、経験的・直観的な認識論的戦略の価値の上昇などの論点は注目に値する。

現状で観察されるかぎりの事例では、コンスピリチュアリティはニューエイジ／スピリチュアリティが陰謀論に傾斜する、という形式が主であるように思われる。しかし、陰謀論が状況に適応するため、対抗的認識論的戦略を得手とするニューエイジ／スピリチュアリティを取り込んだ、という形式もあり得るかもしれない。

いずれにせよ、コンスピリチュアリティという概念の精緻化は必要なものの、有用な可能性を持っているとは言えるだろう。

神真都《やまと》Qと陰謀論団体とコンスピリチュアリティ

雨宮 純

年明けに突如現れた大規模反ワクチンデモ

渋谷区役所前交差点から、代々木公園のケヤキ並木に沿って伸びる長蛇の列。先頭から最後尾まで歩くのに二分を要し、なおも人の数は増え続ける。多くの人が「Q」の形を描く龍のトレードマークをプリントした紙を持っており、中には米国国旗を手にしたり、赤いMAGA（Make America Great Again）キャップをかぶっている人もいる。

やがてこの人々は赤いジャケットを着た男を先頭にデモ行進を開始し、

「マスクを外せ！」

「ワクチン反対！」

と声を上げた。先頭の男は拡声器を持ち、

「渋谷の皆さんご存知ですか。ディープ・ステートという奴らが子供をさらっているんです！」

と演説を始めた……。

これは、二〇二二年一月九日に行われた、反ワクチン陰謀論団体「神真都Q」の第一回デモを取材した際に筆者が見た光景だ。このデモは集まった人数があまりに多いために二百人から三百人ごとに班分けが行われ、その数は六個に及んだ。全体の参加者数は千二百人から千五百人程度といったところである。

神真都Qとは何か

このデモを主催していた神真都Qとは、その名前に「Q」が付いているところから推測できる通り、QアノンのD日本支部を自称する反ワクチン陰謀論団体である。団体名は「ヤマトキュー」と読む。

二〇二一年十月頃から形を成し始めたこの団体の母体は、陰謀論インフルエンサーのフォロワーたちである。新型コロナ禍では陰謀論を使ってユーチューブやツイッターのフォロワーを集める陰謀論インフルエンサーが台頭した。神真都Qの中心人物は、そうした陰謀論インフルエンサーの「甲」や「甲兄」(本名：村井大介)、「イチベイ」(本名：倉岡宏行)であり、例えばワクチン会場襲撃により逮捕されたイチベイは、「アドレノクロム（注：人間の脳から抽出される若返り物質と言われる）が切れたために顔が崩れた政治家や芸能人、またはエイリアンが、ゴムマスクをかぶって人前に出ている」というゴム人間陰謀論でよく知られる存在だった。

この「イチベイ」の他、同じく陰謀論インフルエンサー「甲」のフォロワーたちを指す言葉として二〇二一年十月に生まれたのが「大和Q」という言葉であり、これは後に甲によって発信された「神真都Q」という表記に変化し現在に至っている。

こうして名前を与えられ、一体感を持ったイチベイや甲のフォロワーたちは、同じく陰謀論インフルエンサーであり、ツイッター上でも甲やイチベイと交流のあった「+1℃」が十一月に始めた「大和十五万人覚醒プロジェクト」(以下、覚醒プロジェクト)に参加していった。

このプロジェクトは、後述するスピリチュアルな陰謀論をベースにラインのオープンチャット[1]へ参加を呼びかけていた。この教義とも言える陰謀論を動画で解説していたのは甲やイチベイであり、二人はこのプロジェクトの中心人物として、フォロワーたちをオープンチャットへ送り込んでいった。

覚醒プロジェクトは大きな盛り上がりを見せ、十二月十二日までには全国九ブロックのオープンチャットが開設されていた。参加人数はかなりのもので、活動が下火になった現在でも、関東ブロックのオープンチャットだけでその人数は千人を超えている(二〇二二年九月十一日現在)。

しかし、人数が集まっただけでは世界は変えられない。そこで企画されたのが神真都Qデモだった。十二月二十六日、甲によって「神真都覚醒、神真都共和国建国」が宣言され、その統括リーダーとしてイチベイが推薦された。[2]まるで自分たちだけの理想国家を作るかのような言い回しだ。

実際、イチベイが投稿した、デモの参加を呼びかける画像には「2022.1.Q 14:00討ち入り」と書かれており、[3]現体制を転覆させることで世界を変えるような雰囲気がうかがえる。このように世界の変革を期待させる雰囲気作りが功を奏してか、非常に短期間で都道府県別にオープンチャットが作られ、東京のオープンチャットだけで千五百人に迫る人数が登録していた。

こうして二〇二二年一月九日に行われたのが冒頭に記載したデモである。このときデモが行われたのは東京だけではなく、筆者が確認しただけで北海道、秋田、広島、熊本と、この時点で全国的な運動に発展していた。その後もこのデモは続き、二週間に一度のペースで全国的に実施されるようになった。

読売新聞の報道によれば、一月に開催されたデモには全国で約六千人が参加していたという。[4] 政治団体として見た場合も、これだけの人数を全国的に動員できる団体は稀なのではないだろうか。

大規模デモの定期化に成功した神真都Qはその後、コミューンと見られる「エデン村」を全国に作るための視察や懇親会(視察を報告するイチベイの動画には、実際に会員から提供されたという建物が映っていた[5])、住所や氏名、身分証明書などの個人情報をアップロードすることで登録できる会員制度(年会費三千六百円、入会金九百円)と、矢継ぎ早に新施策を打っていった。

「会員制度を持つ数千人の反ワクチン・陰謀論団体が、全国にコミューンを作ろうとしている」ということで、

1 ラインのオープンチャット　LINEの友達になっていなくてもトークをしたり、情報をキャッチできるサービス。
2 https://twitter.com/TENmamoruKOU/status/1475069800695369733 閲覧日 2022-10-04
3 https://www.facebook.com/permalink.php?story_fbid=pfbid0nH6i7BLyYri24j6YoYH6NYEceHr9foeYBuhrgXpt8dt372mcwXf9v92m8h5Qzgul&id=100034909382070 閲覧日 2022-10-04
4 「反ワクチン団体『神真都Q会』、警察が動向注視…『闇の政府が支配』Qアノンの陰謀論拡散 - 読売新聞オンライン」(https://www.yomiuri.co.jp/national/20220508-OYT1T50019/ 閲覧日 2022-10-04)
5 「神真都Qエデン村興し」(https://www.youtube.com/watch?v=3UngErKT8rM)

もともと反ワクチン団体や新宗教団体、政治団体などを観察していた「ウォッチャー」の間では危険視する向きがあったものの、明確な違法行為を行っているわけではないために一般メディアでの報道はなく、あくまでネットのごく一部で知られている程度の存在だった。

しかしその後、ウォッチャーたちの懸念は的中することになる。神真都Qは二〇二二年三月からワクチン接種会場へ押し入り、スタッフや医師に詰め寄ったり、時には実力行使に出るというワクチン接種の妨害行為を行い始めたのだ。

神真都Qオープンチャットにアップロードされた、静岡県のワクチン接種会場での妨害行為を記録した映像には、六十代に見える男性がスタッフに体当たりする様子が記録されていた[6]。

その後も神真都Qは東京ドーム接種会場、新宿区の接種会場、渋谷区のクリニックと襲撃を繰り返したが、勢いがあったのもそこまでだった。四月七日に渋谷区のクリニックに侵入したために会員四名が現行犯逮捕されたのを皮切りに、四月九日には警視庁公安部による東京都港区の事務所(当時)の家宅捜索が行われ、さらには四月二十日にリーダーであるイチベイも逮捕された(この五名については二〇二二年十二月二十二日に東京地裁から執行猶予三年、懲役十ヶ月〜一年六ヶ月の有罪判決が言い渡された)。

この騒動で神真都Qの勢力は一気に衰え、毎日何百という投稿が行われていたオープンチャットの投稿も目に見えて減った。

一部で「神真都Qについて報道をすると、かえって彼らが調子づくのではないか」という声があったが、日々観察していた筆者の感覚では逆であり、逮捕報道にうろたえた会員が一斉に引いていったように見える。

ほとんどの会員は政治運動に参加したことがなく、自分たちの活動が、逮捕や警視庁公安部からの監視につながるということにリアリティを感じないまま加わっていたというのが本当のところなのではないだろうか。

会員の逮捕が続いた後に神真都Qのデモは一時停止され、五月に復活したものの、もはやかつての勢いはなかった。

そして六月、イチベイと並んで神真都Qのリーダーを務める「甲兄」（甲の兄という設定の人物だが、ほとんどのウォッチャーはいまだ姿を見せていない甲と同一人物と見ている）によって株式会社の設立が発表されると、「なぜ会員に相談もなく株式会社を設立するのか。今の経済システムはディープ・ステートが作ったものではないのか」という疑念を会員に抱かせることになり、それをきっかけとして、前々から不透明であった寄付金の行方や用途に対する疑問が噴出した。

さらには「寄付金が幹部の個人的な用途に流用されているのではないか」と疑う声も上がり、離反者が続出した。神真都Qの活動の実務を担っていた執行部のメンバーも甲兄に対する不満がかなり溜まっていたようで、執行部からの退会も相次いだ。

そして二〇二二年十一月には甲兄こと村井大介が生活保護の不正受給で逮捕された。村井は神真都Qで約七千二百万円もの寄付金を集め、そのうち約六百二十万円を引っ越しに伴う家電製品の購入に使っていた。

このように神真都Qでは内部でのトラブルが続いており、一時の勢いからすると見る影もないような状態になっている。

---

6 https://twitter.com/a24874 98/status/1501828443180191745, https://twitter.com/nocult_/status/1501793097499705344 閲覧日 2022-10-05

神真都Qの「教義」とコンスピリチュアリティ

ここまでの説明では極端な陰謀論を唱える団体といった印象しか持たれないかもしれないが、神真都Qの陰謀論には宗教的な「教義」とも呼べるスピリチュアルな世界観が存在する。勢力としては衰えているとはいえ、一時は全国規模のデモを繰り返せるほどまでに会員を集めることに成功した神真都Qの教義とは、どのようなものなのだろうか。

神真都Qには明文化された教義は存在しないものの、その世界観の基本は覚醒プロジェクトと同様であり、会員が使う用語も共通している。

その内容は、覚醒プロジェクト発足時にイチベイがアップロードしていた動画「覚醒セクション」（ユーチューブ動画は削除済み）で説明されているため、ここではその主張を要約する（一部の内容をイチベイも参加した書籍『銀河連合GOMQ』から補足）。

〈太古の昔、光と闇の銀河戦争から逃れてきた宇宙人が、地球を支配しにやってきた。彼らはNAA（Negative Alien Agenda）遺伝子を持つNAA血族であり、ムー、レムリア、アトランティスといった超古代文明を破壊し尽くし、大和民族やシリウス、プレアデスなどの種族を洗脳支配する体制を整えた。

NAA血族の支配は今も続いており、イルミナティの中でNAAイルミナティという勢力を作り、世界の謀報機関や政府、軍、中央銀行、さらには個人を洗脳支配しているのである。しかし、その支配も終わる時がきた。今こそYAP遺伝子[7]を引き継ぐ大和民族が立ち上がり、NAA血族による洗脳支配を打ち破る時なのである。

ここで、覚醒とは精神的なものを指すだけではない。我々の遺伝子の一部はイルミナティによって眠らされているが、精神の覚醒によりその遺伝子も覚醒し、真の力が目覚めるのである。

この計画を実現するには人口の三十七パーセントの覚醒者、一パーセントの高次覚醒者を必要とする。この計画が成功した暁には、我々は新地球へ帰還することが可能になる〉

陰謀論と聞いて、アポロ月面着陸虚構説や不正選挙陰謀論といった「宇宙人の出てこない」陰謀論を思い浮かべる方が読むと面食らうはずだ。ところが実は、昨今の陰謀論に宇宙人が登場するのは珍しくない。スピリチュアル色が薄いものでも、「エリア51やダルシー（米国ニューメキシコ州にある街）の地下には宇宙人の秘密基地がある」「米国政府は極秘裏に宇宙人とコンタクトしており、それを隠蔽《いんぺい》している」といった陰謀論は定番といってよい。このようなUFO陰謀論は、特に一九八〇年代から「政府の極秘文書の暴露」という形

7　YAP遺伝子　YAP（Y-chromosome Alu Polymorphism）とは、Y染色体（男性が持つ性染色体）にAluというDNA配列が挿入されている変異を指す。YAPはY染色体上の変異によって人類をグループ分けした場合（Y染色体ハプログループ）のハプログループDEという集団に特徴的な変異で、このグループには日本やチベット、アフリカの人々などが所属する。ここまでは分子人類学の研究成果である。ところがYAPの「日本人やチベット人に見られる」という特徴が民族意識を刺激したのか、オカルト・スピリチュアルの世界では神の遺伝子や親切遺伝子、エイリアンに由来する遺伝子などという設定が付加され、「YAPを持つ日本民族は優れている」というナショナリズムに接続している。

で流布し始めた。

そこには米国人の大量誘拐やマインドコントロール装置の埋め込み、政府内の極秘組織といった他の陰謀論とも相性のよい設定が含まれていたため、やがてUFO陰謀論は新世界秩序陰謀論（世界を支配するパワーエリートたちが、民衆を強力にコントロールする統一世界政府を樹立しようとしているという陰謀論）とも合体した。UFO陰謀論は荒唐無稽《こうとうむけい》に見える一方、サブカルチャーを通じて非常によく知られた「UFO」を含むため、陰謀論への入り口を増やす役割を担った。

陰謀論の研究で知られる政治学者のマイケル・バーカンは、「新世界秩序を最も劇的に普及させたのは、じつは（中略）何百万もの人びとを包含するUFO共同体という米国文化だったのである」と指摘している。[8]

オカルトやスピリチュアルに関心のある方であれば、神真都Qの教義が、どこかで聞いたような話の組み合わせであることに気づくだろう。太古の昔にやってきた宇宙人と言えばエーリッヒ・フォン・デニケンやゼカリア・シッチンに代表される古代宇宙飛行士説[9]、一定数の人々の意識が変わることで世界が変わる発想と言えば自己啓発本にも流用される百匹目の猿[10]や、スピリチュアルでよく行われる集団瞑想の発想である。

YAP遺伝子も、宇宙人や龍神が持つ優れた遺伝子としてオカルト・スピリチュアルの世界では以前から言われてきた話である（YAPという遺伝子変異自体は存在するが、もちろん科学の世界では宇宙人や龍神への言及はない）。実際、神真都Q会員の投稿ではしばしば「神真都龍神YAP民族」という言葉が見られる。

神真都Qの教義は、シャーロット・ウォードとデヴィッド・ヴォアスが"The Emergence of Conspirituality"の中でコンスピリチュアリティの特徴として挙げた二つの中心的信念に合致している。それはすなわち次の二点である。

1. 秘密組織が密かに政治・社会秩序をコントロールしている、あるいはしようとしている。
2. 人類は「パラダイムシフト」へと向かっており、1の解決策は目覚めた「新しい世界観」に沿って行動することである。

一番目の特徴はイルミナティが世界を支配しているという部分がそのまま当てはまり、二番目についても一定数の「覚醒者」が生まれることでNAAイルミナティを打ち破り、新たな地球に帰還するという部分が該当する。

また、神真都Qの教義は「世界を支配している秘密の集団が存在する」(=陰謀論)、「その正体は太古の昔にやってきた悪の宇宙人である」(=スピリチュアル)という構図になっており、陰謀論とスピリチュアルが自然に結合している。

そもそも"The Emergence of Conspirituality"ではコンスピリチュアリティ第一世代としてデイヴィッド・

8 『現代アメリカの陰謀論』125頁

9 古代宇宙飛行士説　古代に宇宙人が地球に飛来して人間を創造し、超古代文明を授けたとする説。

10 百匹目の猿　宮崎県串間市の幸島《こうじま》に棲息するニホンザルの一頭がサツマイモを洗って食べることを覚えたのをきっかけに、同じ行動をとる猿の数が閾値(仮に100匹)を超えたときその行動が群れ全体に広がり、さらに幸島から200キロ以上も離れた大分県高崎山の猿の群れでも突然この行動が見られるようになったという。生物学者のライアル・ワトソンが創作した架空の物語とされる。

アイクの爬虫類型宇宙人（レプティリアン）陰謀論を挙げているが、神真都Q会員の投稿には頻繁に「レプ＝レプティリアン」が見られ、さらに「警察官はレプティリアンであり、松ヤニによって退治することができる」というおそらくは独自の説も生み出していた（その実践として、新宿のデモではレプティリアンでないことを証明するために松ヤニを指に付ける「松ヤニチェック」が行われていた）。つまり、その世界観にはコンスピリチュアリティの典型である爬虫類型宇宙人陰謀論も織り込まれているのである。

このように、当然ではあるが神真都Qの教義は完全なオリジナルではない。多くの要素が使い古されたオカルトやスピリチュアルである。そして、神真都Qの中心人物である甲兄がたびたび引用し、教義を借用したのではないかと考えられている人物がいる。リサ・レニーというスピリチュアリストである。

例えば他ではほとんど耳にしない「NAA」という言葉は、彼女が運営している用語集サイトに掲載されている。それは「Negative Alien Agenda」または「Negative Aliens Archon Group」の略であると解説があり、「人類の生命力を消費する、遺伝子的に爬虫類ベースの支配者により作られたもので、マインドコントロールやAIを通じて、この惑星を別の種の計画に奉仕するよう強制する」とある。[11] このNAAという存在が人類をマインドコントロールしているという発想は神真都Qと共通している。

さらに同じウェブサイトには「銀河戦争」という項目もあり、その端緒である「ライラン戦争」では、他者への奉仕の心を持つライラン-エロヒムヒューマノイド種族と、利己的で反キリスト的なレプティリアン、すなわちネガティブ・エイリアンとの戦争が起きた結果、地球上にマインドコントロールが広められたと記載されている。[12]

これは銀河戦争に参加したＮＡＡ種族が、地球上でマインドコントロールを通じて人間を支配してきたという神真都Ｑの教義を思わせる。さらに、イチベイが動画の中で「遺伝子の図」として提示した画像は、リサ・レニーのウェブサイトにある「十二ツリーグリッド」なる図と同一であり、[13] ＤＮＡの話につなげるのも同様である。またイチベイが動画の最初に名乗っていた「神真都ソフィア・クリストス」に含まれる「ソフィア・クリストス」という言葉も、彼女のサイトで「クリストス・ソフィア」という言葉が解説されており、前後を入れ替えたものである。[14]

リサ・レニーの主張を読んでいると独特の単語が頻出するため、彼女だけが唱えている独自の世界観に思えてくる。しかしその中心は「善と悪の宇宙人が銀河戦争を繰り広げている」というものであり、ＵＦＯ陰謀論では珍しいものではない。

例えば二〇一二年頃から活動しているＵＦＯ陰謀論グループ、「ＣＯＢＲＡ」には一四〇億年前から始まる壮大な年表が存在しており、そこでは善悪の宇宙人による銀河戦争が延々と繰り広げられている。[15]

ここまで見てきたように、神真都Ｑの教義は、おそらくはリサ・レニーのコンスピリチュアリティをベース

---

11 「NAA – ASCENSION GLOSSARY」（https://ascensionglossary.com/index.php/NAA 閲覧日 2022-10-05）
12 「Lyran Wars – ASCENSION GLOSSARY」（https://ascensionglossary.com/index.php/Lyran_Wars 閲覧日 2022-10-05）
13 「12 Tree Grid – ASCENSION GLOSSARY」（https://ascensionglossary.com/index.php/12_Tree_Grid 閲覧日 2022-10-05）
14 「Christos-Sophia – ASCENSION GLOSSARY」（https://ascensionglossary.com/index.php/Christos-Sophia 閲覧日 2022-10-05）
15 「コブラによる地球解放年表」（https://prepareforchange-japan.blogspot.com/p/blog-page_56.html 閲覧日 2022-10-15）

に、ＹＡＰ遺伝子や龍神天皇、世界天皇（詳細な説明はされないものの、神真都Ｑには龍神天皇、世界天皇という、現在の天皇を超える存在が設定されている）のような日本的オカルト・スピリチュアルを折衷したものだろう。

スピリチュアル・陰謀論ビジネスと神真都Ｑ

前述した通り、神真都Ｑの母体は陰謀論インフルエンサーのフォロワーたちであり、数万の潜在会員層が存在していた。したがって、神真都Ｑについては「急成長した」というより、もともと存在していた集団がその姿を現したというほうが実態に近い。そして、そのような集団はスピリチュアルビジネスによる人集めの結果生まれたとも言える（スピリチュアルビジネスについては『スピリチュアル市場の研究』有元裕美子、『霊と金』櫻井義秀等が詳しい）。

神真都Ｑの中でもイチベイはユーチューブ動画や書籍発行、オフラインイベント開催などでファンを集めており、スピリチュアルや陰謀論をビジネスにつなげていた。そして、ここで鍵となるもう一人の人物が登場する。同じく陰謀論インフルエンサーとして活動する「ジョウスター」である。

ジョウスターが二〇二一年に刊行した『世界怪物大作戦Ｑ』にはイチベイのインタビューが掲載されており、そこではイチベイがユーチューブで活動するまでの経緯が語られている。かつて俳優として活動していたイチベイは、その後別のビジネスを始めたものの（インタビューでは語られていないが、彼は俳優時代にプロデューサーを刺し、殺人未遂で逮捕されている)[16]、十五億円の借金を抱えてしまった。

彼は再度俳優を志し劇団を立ち上げたものの、新型コロナウイルスの流行で活動できなくなってしまう。そこでイチベイが活動の場として選んだのがユーチューブだった。彼が語るところによれば、当初は時代劇の絵に音声を入れて作った作品をアップロードしていたものの、それでは動画製作にコストがかかるため、陰謀論の話題に切り替えたという。

この本のインタビュー記事の冒頭には「『ゴム人間』ネタでバズって一躍人気者に」と見出しが打たれており、イチベイ自身も「視聴者がゴム人間を求めているようで、どうしてもゴム人間の話題に戻されてしまう」「ゴム需要が凄かった。自宅からここに来るまでに二人に声を掛けられた」「(ゴム人間の話をするために顔写真を使う場合に、目の部分をぼかせば著作権としては問題ないと)教えていただいて助かった」とうれしそうに語っている。

これについてジョウスターは、「僕はYouTubeのコンサルも行っていますが、一兵衛さんは、まさにコンサルのしがいがあった1つのケーススタディです(笑)。……一兵衛さんはそこ(注:ゴム人間)にフォーカスを当てたことでヒットを飛ばした、という感じですね。とにかく、今となっては、収益も上がっているでしょうから、借金も返せるぞ!という感じじゃないですか?」と語り、イチベイも「人生ってこんなに変わるんだと自分で驚いています(笑)」と返している。

---

16 「《神真都Qリーダー逮捕》「焼き鳥屋で客に上段回し蹴り…」過去には殺人未遂の前科も 逮捕の反ワクチン団体リーダー(43)が振りかざした"一方的な正義"の行方 - 文春オンライン」(https://bunshun.jp/articles/-/53723?page=2 閲覧日 2022-10-06)

このインタビューからは、人生において様々な失敗や苦難を経験し窮地に立たされた人間が、先輩陰謀論インフルエンサーの指導を受け、ユーチューブに活路を見出そうとした経緯が見て取れる。つまり、陰謀論について盛んに発信するというイチベイの行動は、(金銭的見返りとは関係なく) 真実を世界に広めるためというより、当初からビジネスと密接に結びついていた。実際に、それは一時期ではあるが成功した。

イチベイはその後、『THE X-MAN FILE Q』『銀河連合GOMQ』といった書籍にジョウスターと登場し、サイン会やオフ会、セミナーといったイベントを開催していった。(17)

ジョウスターがアップロードしていたイベントの様子はいずれも百～二百人程度の収容人数ながらほぼ満席であり、イベントによってはS席が九九九九円というものもあった。一部では有名と言える程度のファンを抱えていたことがうかがえる。(18)

また、書籍『銀河連合GOMQ』の表紙写真ではジョウスターではなくイチベイが中心に写っており、タイトルも「GOMQ」と、彼が人気を博すきっかけとなったゴム人間を思わせるものになっていることから、出版社としてもイチベイ人気の活用を試みたように見える作りとなっていた。

そして彼らの周囲には、より長く活動してきたコンスピリチュアリティ系の人物の姿もあった。佐野美代子である。佐野は引き寄せ自己啓発書として爆発的に売れた『ザ・シークレット』の共同翻訳者として著名なスピリチュアル系の著述家・翻訳者だが、二〇二一年十二月二十八日に新橋ニッショーホールで行われた「CBIマッシブアウェイクニング2021 in TOKYO」というイベントではイチベイやジョウスターと共に登壇し、会場チケットを完売させていた。

イチベイは神真都Qの第一回デモに佐野美代子を呼ぶと投稿しており、結局彼女のデモ参加は実現できなかったものの、佐野はブログでデモをねぎらう投稿を行っていた。(19)

興味深いのはその後に続く部分で、「箱から出る！自由と解放！洗脳を解く！ＷＷ１ＷＧＡ（注：ＷＷＧ１ＷＧＡの誤記と考えられる）、世界の仲間と一緒に！私たちの敵は、遺伝子操作の実験段階の液体を勧めている闇側の人々。不正選挙、人身売買、子供の誘拐、各地で戦争やテロ事件、気象操作など起こして来た闇側の人たち。彼らの人口削減や監視社会などのアジェンダに従わないようにしましょう」と書かれているのである。

この箇所に不正選挙や気象操作といった典型的な陰謀論が含まれることや、Ｑアノンで使われるＷＷＧ１ＷＧＡ（Where We Go One, We Go All、我々は一致団結し共に進む）という略語が見られることからもわかる通り、佐野美代子は書籍やブログでＱアノンに関連した陰謀論を発信するようになっている。その内容には「愛と光の時代」やスピリチュアルな意味での次元、宇宙人などが登場し、コンスピリチュアリティとして捉えられるものとなっている。

17 「〈イベント〉 2021.12.28（火） ＣＢ－マッシブアウェイクニング２０２１ in ＴＯＫＹＯ 出演：ジョウスター、岡本一兵衛、グレゴリー・サリバン、佐野美代子 - VOICE STYLE」（https://web.archive.org/web/20211226122640/https://voicestyle.net/well-being/archives/h4xxNE9YpE 2021-12-26のアーカイブ）

18 「年末イベント3連ちゃん JOSTAR『超満員大感謝ありがとう』ラストもよろしくお願いします。 ― ジョウスターブログ」（https://ameblo.jp/joahstar/entry-12716777724.html 閲覧日 2022-10-06）

19 「海外に近づいていく全国デモ - 佐野美代子オフィシャルブログ」（https://ameblo.jp/sano-miyoko/entry-12720834072.html 閲覧日 2022-10-15）

ここまで見てきたようなジョウスターやイチベイが登場する書籍やイベントは、いずれもある出版社が出版・主催していたものだ。その出版社とはVOICEである。VOICEと言えば、宇宙人や高次元意識と交信する「チャネリング」では日本で最も有名と言えるであろう「バシャール」関連の書籍を出版してきた会社だ。バシャールとは、チャネラーのダリル・アンカが交信する宇宙生命体であり、「ワクワクすることをしよう」という自己啓発的メッセージで精神世界ブームの時代に一世を風靡《ふうび》した。VOICEは現在もスピリチュアル系の書籍を主力としており、このような出版社が仕掛けたのがジョウスターやイチベイのビジネスだったのである。

筆者はジョウスターがアップロードしているイベント写真を見てきたが、いずれも参加者のほとんどが中高年の女性だった。これはスピリチュアルや陰謀論を絡めたファンビジネスと見ることができる。

神真都Qが全国規模のデモを開催できた背景には、アイドルの言葉を純真な心で受け止める、多数のファンの存在があったのではないだろうか。イチベイやジョウスターは陰謀論を売りにした一種のアイドルであり、ファンにとっては彼らが陰謀論によって成長していくのを見ることが快楽になる。

元役者で容姿がよいイチベイや、陰謀論インフルエンサーの先駆けとして人気があるジョウスターを「推し」、近づきたい欲望が真っ先に来るため、陰謀論について厳密に検証したり、批判的に捉える思考は働きづらい。

ファンとしてはむしろ、積極的に拡散してその物語に貢献したくなるはずだ。すると拡散してしまっている手前、さらに否定はしづらくなる。そして、イベントに行けばアイドルに近づけると共に仲間に会うことができ、ファンコミュニティに所属している実感が得られる。

デモの主催をすれば、さらには幹部となればもっとアイドルに近づくことができる。デモの主催や参加はある種の「推し活」であり、政治活動という意識は薄かったのではないか。

ローカライズと時勢を捉えることに成功した神真都Q

もともと日本では二〇一九年から、ＱＡＪＦ（Q Army Japan Flynn）というＱアノングループが活動しており、神真都Ｑが活動を開始する前は、「日本のＱアノン」と言えば彼らを指すことが多かった。実際に、「日本のＱアノン」ということで雑誌の取材も受けている。[20]

ＱＡＪＦは「Ｅｒｉ」と名乗る女性を中心としたグループであり、彼女はＱが米国の匿名掲示板である4chanや8chanに残した投稿（Ｑドロップと呼ばれる）を日本語に翻訳していた人物だ。ＱＡＪＦはＱアノンの「正典」たるＱドロップを中心に据えており、「悪の宇宙人によるマインドコントロール」が中心の神真都Ｑよりも「本家」に近いと言える（ただしＥｒｉはニューエイジを批判しながらも古代宇宙飛行士説や霊的な体、超能力の発揮などに言及しており、スピリチュアル要素がまったくないわけではない）。[21]

20 「トップ　ニュース　トランプを熱烈に支持する日本人たち。熱いエールを送る理由とは - 日刊SPA!」（https://nikkan-spa.jp/1718831 閲覧日2022-10-04）
21 Q4966「DNAを守れ/アセンションだ」の意味についての考察（前編）[https://eriqmapjapan.substack.com/p/q4966dna]
Q4966「DNAを守れ/アセンションだ」の意味についての考察（後編）[https://eriqmapjapan.substack.com/p/q4966dna-551]

筆者が神真都Q関連の投稿を見ていても、イチベイや甲といった中心人物ですらQドロップに言及することはなく、「Qアノンの日本支部」を名乗るわりにはQドロップを読んだことがないように見える。これがQAJFからすると邪道に見えたようで、神真都Qが活動を開始した際、QAJFのウェブサイトでは神真都Qをディープ・ステートと疑う投稿がなされていた。

そのQAJFは、二〇二一年一月六日に起きた米連邦議会議事堂襲撃事件の余波を受けて主要メンバーのツイッターアカウントが一斉に凍結され（これはQAJFのウェブサイトにも記載されている）[22]、その後も活動はしているものの勢いを失ってしまった。それと入れ替わるかのように成長したのが神真都Qの母集団だった。

実は甲のツイッターアカウントが作成されたのは二〇二一年八月で、イチベイにしても「人気のユーチューブサブチャンネルを開設したのは二〇二一年一月」と語っている。つまりイチベイや甲はこの年にコンスピリチュアリティで支持者を増やしていったのである。

また、先述したように神真都Qでは「正典」であるQドロップや、それが投稿された4chanや8chanへの言及が行われることはない。ドナルド・トランプの神格化は見られるものの、デモやツイッター、ラインオープンチャットで目立つのは反ワクチンや「龍神YAP遺伝子」、「龍神天皇」といった日本的なオカルト・スピリチュアルである。

日本語に訳したとしてもQドロップは謎めいた短文形式でわかりづらく、さらに4chanや8chanといった海外の匿名掲示板と聞いてピンとくる日本人はごく一部である。「大和民族はYAP遺伝子という神の遺伝子を持つ特殊な民族であり、世界を救う使命がある」という形でナショナリズムと接続した日本的オカルトを配置してローカライズを行い、新型コロナワクチンへの疑問を入り口として用意したのが、神真都Qが大勢の会員を集められた理由ではないだろうか。

このように反ワクチン団体の中でも圧倒的な規模の運動を生み出した神真都Qが、会員を獲得する経路は以下の通りである。

1. SNSの陰謀論インフルエンサーを通じて会員候補となる支持者を獲得する。
2. ラインオープンチャットという手軽な参加手段を用意する。
3. 「他では話せない陰謀論を、気兼ねなく話せる仲間がいる」居場所として機能させ、仲間意識を醸成する。
4. 「覚醒者の増加による世界の変革」というビジョンを示すことで、「世界を変えられる」希望を持たせる。
5. デモやイベントへの参加を通じて会員の人生と団体の物語をリンクさせ、さらに深くコミットさせる。

以上のように、オープンチャットへの参加⇩会員登録⇩デモへの参加⇩デモの運営と、会員としてのステップアップ方法を用意することでコミットの深化を狙う戦略となっており、これは後述する参政党とも共通している。

参政党の話に移る前に、新型コロナ禍で発生した様々な陰謀論集団を紹介したい。

22 「History – QAJFオフィシャルウェブサイト」(https://qajf.netlify.app/history/ 閲覧日 2022-10-04)

陰謀論的要素を持つ神真都Q以外の集団

日本での新型コロナ禍が始まった二〇二〇年以降は、神真都Q以外にも陰謀論の要素を含んだ主張を掲げる様々な集団が現れた。Qアノン系では二〇二〇年の十一月から、二〇二〇年米国大統領選不正選挙説を訴え、トランプを支持すると共に、中国共産党をメディア工作の主体として敵視するデモや街宣が繰り返し行われた。

このデモの中心勢力は、旧統一教会分派のサンクチュアリ協会と幸福の科学という保守系の宗教団体であり、そこに法輪功や新中国連邦（米国に亡命した実業家である郭文貴とトランプ元側近のスティーブ・バノンが設立した団体で、反中国共産党運動を展開している）が合流していた。この集団はQアノンというよりは反中国共産党を目的にして集まっている節があり、先にも触れたQAJFに比べるとやはり亜流、または政治的主張を行うための便乗組という印象が否めない。

日本のQアノンを追う人々の間では「Jアノン」と呼ばれ、QAJFに続く日本Qアノン運動の第二波と見なされている。

二〇二一年二月に新型コロナワクチン接種が始まってからは、反ワクチン団体の活動も活発になった。その中には陰謀論的な主張を行う団体も多い。例えば二〇二〇年の東京都知事選にも候補者を立てた政治団体の「国民主権党」は、「ワクチンは危険」「マスクを外そう」と主張し、(23) 二〇二一年八月からは渋谷駅前にノーマスクで集まる「クラスターフェス」を繰り返し行っていた。

さらに同じく八月にはノーマスクデモを行いながら全国を回る「サマーツアー」[24]、九月には同様の「オータムツアー」[25]を行い、全国に足を伸ばしていた。党首の平塚正幸は「コロナ騒動を作ったのはウイルスではなくメディアと政府」[26]「マスクは奴隷の象徴であり、マスクを推進するのは支配者が我々をコントロールするため」[27]と主張していた。

そもそも平塚正幸は「さゆふらっとまうんど」という名前で活動していた配信者であり、主に「支配者層が大衆をコントロールしている」[28]という発想に基づく陰謀論を主張している人物であった。つまり国民主権党という政治団体の立ち上げには陰謀論の要素が深く関わっており、反ワクチンやノーマスクもその延長にあると言える。

反ワクチン団体はこの他にも存在するが、筆者が見た限りではいずれも多かれ少なかれ陰謀論的な要素を含んだ言説を唱えている。例えば国民主権党のボランティアだった人物が設立した「日本と子どもの未来を考え

23 「プロポーズ、ワクチン反対、全県ディズニー化…千葉県知事選『カオス』な政見放送　どこまで許される?」（東京新聞Web、https://www.tokyo-np.co.jp/article/92453 閲覧日 2022-10-07）
24 https://twitter.com/kokumin_syuken2/status/1428767979047559170 閲覧日2022-10-04
25 https://twitter.com/kokumin_syuken2/status/1440966313245625856 閲覧日 2022-10-04
26 https://mainichi.jp/articles/20200816/k00/00m/040/125000c 閲覧日 2022-10-04
27 https://www.nicovideo.jp/watch/sm41101911 閲覧日 2022-10-04
28 「【NO 207】「支配層と大衆の間に人工知能を置いた統治システムを構築する」それが孫正義に与えられた役割である」（https://www.youtube.com/watch?v=xBESjS02umk 閲覧日 2022-10-04）

る会」は、一、二ヶ月に一度程度のペースでデモや街宣を行っている。

この団体のウェブサイトを見ると、設立者が「コロナ茶番」を知るきっかけのエピソードとして「四月下旬頃、ドクター・シバ（注：不正選挙説も主張している米国の反ワクチン活動家）の動画を見た。ワクチンにマイクロチップを入れるための茶番と理解した」とあり、[29] また講演会の告知画像には「我々は、数十年、数百年にわたり、知覚を誘導され、限定され、恐れさせられ、『これが当たり前』と信じ込まされてきました。その姿は、あたかも羊の群れのようです。コロナ騒ぎの大成功は、計画の一つに過ぎず、連中は今後もあらゆる方策で、人類の『家畜化』を進めていくでしょう」とある。[30] こちらも国民主権党と同様、支配者による大衆コントロールという発想が根底にあることがわかる。

三浦春馬さんの死は不審死であると主張し、再捜査を要求するデモ隊

また、Ｑアノンや反ワクチン団体以外にも、思わぬところから陰謀論が広まり、全国的な活動に発展した団体が現れた。それが三浦春馬さんの死に関わる陰謀論である。二〇二〇年七月に亡くなった人気俳優、三浦春馬さんに関しては、死亡報道が行われた当日から陰謀論が投稿され、「ＣＩＡによる犯行」「自殺ではなく他殺

であり、所属事務所のアミューズやマスコミがその真相を隠している」「同じ年に芦名星さんや竹内結子さんといった有名女優も自殺しているのはおかしい。関係があるのではないか」といった説が拡散した。

さらにはQアノン系の言説とも合流し、「ディープ・ステートの真相を知り過ぎたために消された」[31]、「アミューズのとある施設の地下が犯罪行為に使われているのではないか」[32]という話が出回るようになったことから、アミューズが法的措置を行うまでに至っている。

こうした陰謀論の中でも特に「三浦春馬さんは自殺ではなく、死の真相は他にあるため再捜査すべき」と主張する人々は活動が活発であり、筆者が確認しただけでも北海道、福井、埼玉、東京、大阪、京都、福岡、沖縄と全国的にビラ配りやデモを実施している。この他にも再捜査を求めて警視庁を囲む活動[33]や、株主総会前での街宣[34]も行われており、かなりの行動力を発揮している。

さらにこの運動は、政治運動との関わりも見せている。NHK党の幹事長兼つばさの党代表の黒川敦彦が三

29 「ニコミ会代表きぃ - 日本と子どもの未来を考える会」(https://nikomikai.net/members/kii 閲覧日 2022-10-05)
30 「2022/10/23(日) 字幕大王講演会『知覚の限定と支配、羊からの脱却』- 日本と子供の未来を考える会」(https://nikomikai.net/post-1694 閲覧日 2022-10-05)
31 https://twitter.com/_9105294027642/status/1301964750419496960 閲覧日2022-10-05
32 「三浦春馬さんの死から2年、アミューズが『ネット中傷』『陰謀論』と本気で戦うワケ - 弁護士ドットコムニュース」https://www.bengo4.com/c_23/n_14738/ 閲覧日2022-10-05)
33 https://twitter.com/62tFp/status/1521110974467477505 閲覧日2022-10-08
34 https://twitter.com/62tFp/status/1540885006360256513閲覧日2022-10-08

浦春馬さん不審死説に関心を持ったことから二〇二二年九月三日に行われた三浦春馬デモに参加し[35]、その後の九月十日に行われたつばさの党主催の反統一教会デモに三浦春馬系の人々が合流した[36]。反統一教会デモでは、つばさの党から「新しい国民の運動」という政治運動の開始が発表され、連絡手段としてラインオープンチャットが作成された。

筆者はこのオープンチャットに登録しているが、ここにも三浦春馬さん不審死説界隈の人々が参加しているのを確認している。政治団体側は支持者を増やすことができ、不審死説団体側は自分たちの信念を政治の力で実現する期待が持てるという、相互に利用しあう関係が見て取れる。

ここまで見てきた団体ではスピリチュアル色が見られないが、神真都Qと同様にコンスピリチュアリティを唱える活動も発生した。

二〇二二年五月のことだ。筆者の調査用アカウントのタイムラインに、「セーラームーン・プロジェクト」という文字列が流れてきた。貼ってあるリンクにアクセスしてみると、武内直子原作の国民的人気作品であるセーラームーンの画像をふんだんに使い、「波動ワーク」や「波動論ｚｏｏｍセミナー」などのスピリチュアルビジネスを行っているウェブサイトが現れた[37]。

セーラームーン、セーラーマーキュリーといったセーラー戦士に複数のヒーラー（ライトワーカーという記載もあった）が割り当てられ、「音魂を使ったアヌンナキ理論」、「レイキと言霊氣功をミックスしたオリジナル宇宙ヒーリング」などを担当しているという。当然ながら著作者に無許可で利用していると見られる。

このウェブサイトにはさらに「二〇四〇年から来た未来人」も登場しており、「レプやE．T．との交渉術」、「宇宙人との戦話」、「人口削減（遺伝子選別）をする真の理由」などという記載があることから、神真都Qと同じく宇宙人が登場するコンスピリチュアリティな世界観を持っていることが見て取れた。

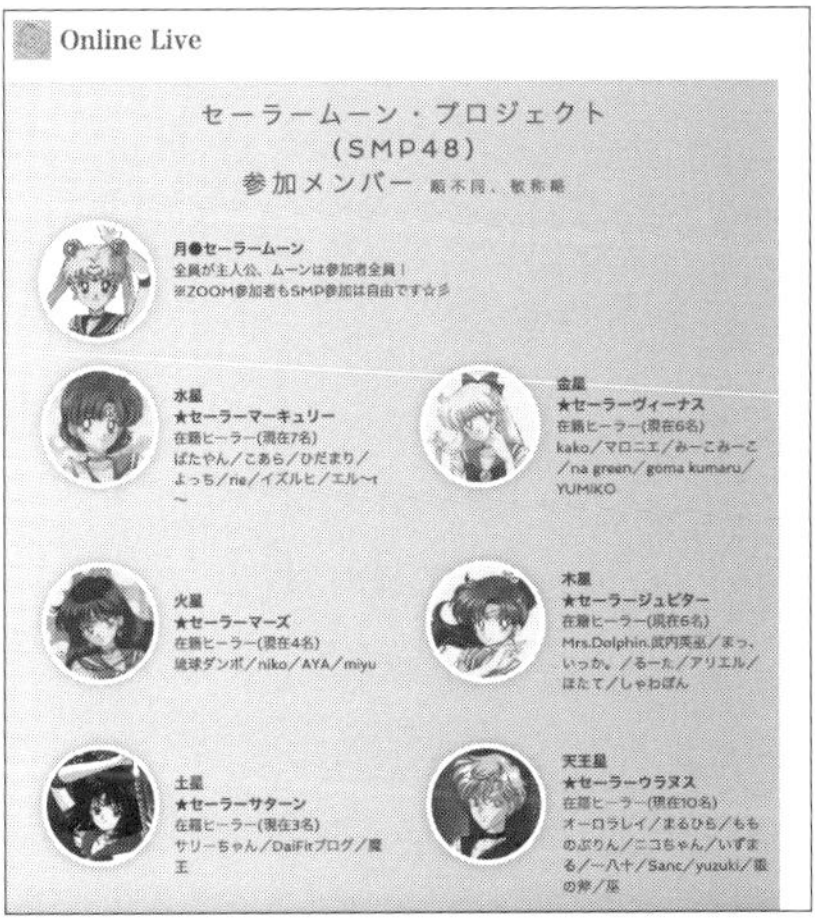

セーラームーンの画像を無断使用したと思われる「セーラームーンプロジェクト」の画面

このプロジェクトを主催していたのが、フォロワー数万のアカウントをいくつも運用する陰謀論インフルエンサー、「巫《かんなぎ》」（『とりまロンメル』とも）である。巫は以前から、「アセンションが起きる[38]」「ワクチンは低次元の人間を高次元へ導くための試練[39]」「ドラコニアンは日本人の祖先たる本天皇家で、レプティリアンは地球支配の悪役である悪魔崇拝ディープステート[40]」といった、スピリチュアル色が極めて強い陰謀論を発信していることでウォッチャーの間でも知られた存在だった。

35 https://twitter.com/democracymonst/status/1565940386773626880閲覧日2022-10-08
36 【閲覧注意】統一教会本部を陰謀論集団が包囲」（https://www.youtube.com/watch?v=CstSDJt_tc 閲覧日 2022-10-08）
37 「セーラームーン・プロジェクト」（https://www.ascension2040.online/ 閲覧日2022-10-08）
38 https://twitter.com/everyloto/status/1521306934556561408閲覧日2022-10-08
39 https://twitter.com/everyloto/status/1398104349021073411閲覧日2022-10-08
40 https://twitter.com/everyloto/status/1394883214737510407閲覧日2022-10-08

このアカウントの特徴は、先にも挙げた例のようにビジネス色が強いことだ。巫はセーラームーン・プロジェクトの他にも、「ZIPANGプロジェクト」なるプロジェクトと会員制のウェブサイトを立ち上げている。これは「ライトワーカー／スターシードとして必要不可欠な『スキル・知恵・未来の仲間』を創る場」と銘打たれているが、その中心は「世界初、副作用のない体内浸透鎮痛剤&波動アップ」を謳った「素粒子クリーム」の代理店販売権と、金の価格と連動するという仮想通貨「ZIPANG GOLD」の販売である。[41]

素粒子クリームには「国家機密非公開技術（デクラス）」と銘打たれており、この「デクラス」という言葉は陰謀論における機密情報の暴露（または機密の解除）に使われる用語である。[42] つまりここでは「国家が隠す秘密の技術を活用している」という雰囲気をクリームにまとわせ、陰謀論をビジネスに活用している。さらに「金と連動する仮想通貨」も陰謀論と関連している。なぜなら、巫はネサラ／ゲサラ陰謀論を頻繁に投稿し、貴金属や仮想通貨の価値が上がると吹聴していたからである。

ここでネサラ／ゲサラ陰謀論について解説したい。この陰謀論は、「借金が帳消しになり、金銀本位性に移行し通貨評価替えが行われるなど、金融システムの大幅な変更を実現する（実質的には金融システムをリセットする）法案が存在する。しかしこの法案は闇の勢力によって封じられており、発動が遅れている。光の勢力が勝利した暁には金融リセットが実現し、貴金属や特定通貨の暴騰が起きる」というー攫千金の期待とセットになった陰謀論である。

この陰謀論の起源は九〇年代の米国にある。当時、イリノイ州のクライド・フッドという男によって九四年から開始された「オメガトラスト」という投資詐欺があった。これは「プライム銀行券」に対する極秘の投資を行うことで、わずか二七五日間で五十倍ものリターンを得ることができるというものだ。当然ながらそのような好条件の投資など存在しなかった。

後にクライド・フッドと仲間は逮捕されたが、被害者に返金請求の支援を試みた弁護士は困惑することになる。それはなぜか。

「近いうちにリターンは支払われるはずだ」と主張し、返還請求を拒否する者が次々と現れたからである。実はその裏にいたのがネサラ陰謀論の生みの親、シャイニ・グッドウィンだった。

自身もオメガに投資していた彼女は、オメガ投資家たちが集まる掲示板やメッセージグループにスピリチュアルな陰謀論を投稿し始めた。

実はシャイニ・グッドウィンが投稿を始めた当時、オメガ界隈ではすでに陰謀論が出回っていた。投資詐欺であるオメガからは、予定していたリターンが支払われることはない。すると当然ながら支払い遅延の言い訳をする必要がある。

詐欺の主犯であるクライド・フッドは弁解を続けるうちに「政府によって取引が妨害されている」という陰謀論を流すようになり、リターンを信じたい被害者がこれに飛びついたのである。

フッドが流した陰謀論に登場する黒幕は政府だったが、グッドウィンのそれは「ホワイトナイトが、オメガの邪魔をするダークアジェンダと戦っている」というスピリチュアルなものだった。ここでも神真都Qと同じ

41 https://www.facebook.com/groups/1669892603264189/posts/3056403714613064/ 閲覧日2022-10-08
42 「ＺＩＰＡＮＧプロジェクト」(https://www.ascension2041.space/ 閲覧日2022-10-09)

く、「人知れず悪事を働く勢力が存在する＝陰謀論」と、「その正体はスピリチュアルな闇の存在である＝スピリチュアル」という形で陰謀論とスピリチュアルが結合されている。

シャイニ・グッドウィンはスピリチュアルな陰謀論を投稿し続けることで支持者を増やし、やがてとある法案に目をつけた。それがネサラ（ＮＥＳＡＲＡ：National Economic Security and Recovery Act、または National Economic Stabilization and Recovery Act）だった。

これはもともと、エンジニア・コンサルタントのハーベイ・フランシス・バーナードによって考案された経済改革案であり（具体的な案としては担保付き公債の複利廃止や金銀複本位制の採用、所得税の消費税への置き換えなど）、陰謀論やスピリチュアルとは無関係だった。ところがシャイニ・グッドウィンは、本来のネサラには存在しなかったＩＲＳ(米国内国歳入庁)の廃止や税金の非合法化、世界平和の宣言や数兆ドル規模の秘密資金による「繁栄の小包」の発送といった項目を追加し、発動した暁には理想郷がやってくる魔法の法案にしてしまった（略語もRecovery ActからReformation Actに変わった）。

シャイニ・グッドウィンはその後、「今にもネサラは発動するだろう」という予言を連発することで支持者を集め、寄付金を募り続けた。

グッドウィンはネサラ陰謀論で成功を収め、一時は「NESARA ANNOUNCEMENT NOW!」と大書された広告トラックを走らせるまでになったが、それも長続きはしなかった。彼女はその後、広告トラックのために年配女性から少なくとも一万ドルを騙し取ったとして二〇〇七年にＩＲＳから調査を受けた。

苦情は他にも寄せられ、二〇一〇年にシャイニ・グッドウィンがこの世を去ったことからネサラ陰謀論も滅びるかと思われた。

ところがそうではなかった。グッドウィンのネサラ詐欺が衰退した後、ネサラは「イラクディナール詐欺」という別の詐欺の世界に導入され生きながらえた。イラクディナール詐欺というのは、イラク戦争後の復興により、イラクの通貨であるディナールの価値が暴騰するはずだ、という謳い文句でディナールを売りつける詐欺である。当初は現実的な理由付けが行われていたこの詐欺は世界中で猛威を振るい、今では地球上に存在するディナールのほとんどがイラク国外に流出していると言われている[43]。

ところがいつまで経ってもディナールの暴騰は起こらなかった。この詐欺でもオメガと同様に被害者のコミュニティが形成されており、やがてその界隈向けに、世界で起きた事件にこじつけて『通貨評価替えが起きる』「世界通貨リセットが起きる」という予言を連発する「ディナール・グル」と呼ばれるニュースサイトが登場した。

この界隈にはネサラ自体が取り込まれ、いつの間にかネサラの「National」が「Global」に置き換えられた「GESARA＝ゲサラ」という言葉も登場した。

ここまで説明してきたように、ネサラ陰謀論では極秘のソースからの情報をネットで発信し続けるグル、そこで予言される終末と理想郷の到来、終末を待ち望む信者たちという構図が見られ、これはQアノンと類似している。

---

43 「The Dinar's Dismal Future: Sell Now - Forbes」(https://www.forbes.com/sites/johnwasik/2014/07/28/the-dinars-dismal-future-sell-now/?sh=22aa8d8be5ae 閲覧日 2022-10-09)

陰謀論研究者のマイク・ロスチャイルドは、ネサラをQアノンにおけるストーム（トランプ勢力が勝利し、世界を裏から支配している小児性愛・人身売買集団の大量逮捕と処刑が行われる、嵐のようなイベント）の前身の一つと位置付けており[44]、またネサラ自体もQアノンの世界に取り込まれている。グッドウィンの死後も、ネサラ陰謀論は人々に偽りの希望を与えることで生きながらえ、世界を巡り続けているのである。

話を陰謀論インフルエンサー、「巫」に戻す。ネサラ／ゲサラ陰謀論の説明を読んでいただいた後であれば、「金価格と連動する仮想通貨」と陰謀論との関係がおわかりいただけるだろう。巫は、「ゲサラによって通貨評価替えが起こり、貴金属や仮想通貨の価値が暴騰する[45]」とフォロワーを煽っていたのである。

こうしたビジネス（というより詐欺に近いだろう）を行っているのは巫だけではない。例えばイギリスのQアノンインフルエンサーであるサイモン・パークスもまたゲサラや通貨評価替えを訴え、そのウェブサイトで金への投資を推奨している[46]。パークスは「母親は九フィートのエイリアン」と主張し、「コネクティング・コンシャスネス」というスピリチュアル系のグループを運営している[47]。

陰謀論・スピリチュアル・詐欺めいたビジネスの集合体は国境を超えて広がり、日本にも輸入されているのである。

参政党とスピリチュアルと陰謀論とポピュリズム

陰謀論やスピリチュアルを主張した団体の中でも十万人という圧倒的な人数を集め、参議院の議席獲得という成果を挙げたのが参政党である。ほぼ無名の状態から、ＮＨＫ党や社民党を上回る一七六万の比例票を獲得して国政政党になった参政党は、二〇二二年参院選後に注目を集めた。

あまり報道されない無名の存在だったとはいえ、参政党は政治未経験者が突然立ち上げたような政党ではない。結党は二〇二〇年。中心人物で現副代表の神谷宗幣《そうへい》は元吹田市議会議員であり、自民党の公認で二〇一二年の衆院選に出馬した経験もある。[48] 現代表を務める松田学も衆院議員の経験がある元財務官僚だ。

神谷宗幣はまだ三十代前半だった二〇一〇年から、保守派の地方議員や首長を中心に構成される「龍馬プロジェクト」という政治家ネットワークを主催しており、また二〇一三年からは「チャンネルグランドストラテジー（ＣＧＳ）」というインターネットチャンネルを立ち上げ、保守派の言論人を招いて勢力的に番組を配信している。

参政党は、神谷宗幣が政治家として苦労を重ねる（二〇一二年衆院選、二〇一五年の大阪府議選ではいずれ

---

44 「The QAnon conspiracy isn't new; it's the oldest scam out there - dailydot」（https://www.dailydot.com/debug/qanon-the-storm/ 閲覧日 2022-10-09）

45 https://twitter.com/everyloto/status/1295583037770481665 閲覧日 2022-10-09

46 「401K TO GOLD – simonparkes.org」（https://www.simonparkes.org/401ktogold 閲覧日 2022-10-09）

47 「Connecting Consciousness」（https://www.connecting-consciousness.org/ja/welcome 閲覧日 2022-10-09）

48 「自民党の公認書 - 神谷宗幣オフィシャルウェブサイト」（https://www.kamiyasohei.jp/2012/11/29/4085/ 閲覧日 2022-10-10）、「神谷宗幣 - 毎日新聞２０１２衆院選ウェブサイト」（https://senkyo.mainichi.jp/46shu/kaihyo_area_meikan.html?mid=A27013005005 閲覧日 2022-10-10）

2022年参院選で、参政党のマイク納めに集まる人々

も落選）中でも続けてきた活動と、そこで培った人脈が活きている政党といってよい。

筆者から見て興味深い参政党の特徴が、既成政党ではまず主張しないようなスピリチュアルや陰謀論を絡めた街宣を行っていることである。

二〇二二年の参院選で、参政党は神谷宗幣や松田学の他、赤尾由美（大日本愛国党創設者である赤尾敏の姪）、武田邦彦（元中部大学特任教授で、テレビ番組に出演していたため知名度が高い）、吉野敏明（代替医療の活用で著名な歯科医）の五名を比例候補として擁立した。この五名はいずれも特徴的なキャラクターを持つ人物であり、支持者からは「ゴレンジャー」と呼ばれて人気を博していた。

その中でもスピリチュアル色が特に濃いのが赤尾由美だ。彼女はパワーストーンショップのユーチューブチャンネルにたびたび登場し[49]、同ショップ主催の「祈りを捧げた」エネルギー大豆を増やす会にもイベントの目玉として登場している[50]。

また、参院選の最終演説（いわゆるマイク納め）では「国民運動を神様が応援してくれている」と話し[51]、五月十五日に秋葉原で行っていた演説では、「二〇二〇年二月、友人の霊能力者、並木良和さん（注：並木は著名なスピリチュアリストであり、赤尾由美とのイベント共演や共著もある）が『何でもないことを何でもあるかのようにしちゃうんだね』『皆そんなに死ぬのが怖いのかな』と言ったのをきっかけに気づいた。これは本質を突いている。我々は何かを見せられ、イリュージョンを見せられている。それに気づかなければ羊のように誘導されるだけ。また、戦後の唯物史観教育により死んだら終わりと思わされている」と発言していた[52]。

ここでは「今見えている世界が真実ではない」という考え方がスピリチュアリストの発言から取り入れられ、「何者かによって偽物の世界を見せられている」という陰謀論に接続されている。

それでは、参政党の世界観において、我々に偽物の世界を見せている主体は何なのか。それはグローバリストたる国際金融資本、特にユダヤ系勢力である。先にも挙げたマイク納めで、赤尾由美は「参政党は日本で初めてできた反グローバル政党。左右ではなく、反グローバルかグローバルか。グローバリストに利権を取られている党か、そうでない党か」と発言し、さらには「米国の議員はこのコロナ禍をプランデミック（何者かによって計画されたパンデミック）だと言っている。その出口は国民を恐怖でコントロールする、経済を崩壊させる、そして薬物を摂取させることだと言っていた。つまりシナリオが存在している。与党も野党も国民を食い物にしている。次はサル痘、その次は別のウイルスと、シナリオが用意されているのだろう」という主旨の発言をしていた。

49 「株式会社Amourチャンネル」(https://www.youtube.com/c/%E6%A0%AA%E5%BC%8F%E4%BC%9A%E7%A4%BEAmour/videos 閲覧日 2022-10-10)
50 「矢作直樹先生&赤尾由美先生と エネルギー大豆を増やす会 – 株式会社Amour」(https://amour0604.jp/archives/2876/ 閲覧日 2022-10-11)
51 「参政党マイク納め ２０２２年７月参議院選挙」(https://www.youtube.com/watch?v=ZyX28TpkeCY 閲覧日 2022-10-11)
52 「参政党 松田学 赤尾由美 秋葉原 2022/05/15」(https://www.youtube.com/watch?v=aws3Pt9_HvY 閲覧日 2022-10-11)

同じマイク納め演説では、歯科医の吉野敏明が「マスコミがワクチンの真実を報道しないのは、株主を辿るとＪＰモルガンに辿り着くからだ。ＪＰモルガンとはすなわちロスチャイルドであり、マスコミはグローバリストに支配されている。それは製薬会社や銀行も同じである」という主旨の発言を行い、さらに参政党について Q&A形式で解説している『参政党Q&Aブック　基礎編』には以下のような記載がある。

〈(参政党のメンバーが言う『あの勢力』とは何でしょうか?という質問に対して)ユダヤ系の国際金融資本を中心とする複数の組織の総称です。彼らは欧米社会を実質的に支配して、数百年前から日本を標的にしています〉

その後に続く文章でも、「数百年前から各国の政府を牛耳っていき、国際金融資本が形成されていきます。彼らの関連組織は西洋諸国の経済や情報（メディア）を牛耳って世論を誘導しています」という記述が見られ、医療に関する回答でも「このような状態になってしまったのは、海外の大手製薬メーカー、いわゆるビッグファーマの背後に存在する国際金融資本が原因です。（中略）今回のコロナウイルス禍におけるワクチンの無料投与も今後は有料での投与を習慣化させるための策略でしょう」という記載がある。

ここまで見てきたように、参政党の世界観ではユダヤ人によって作られた「国際金融資本」が世界を牛耳っていることになっており、新型コロナウイルスワクチンもまたその策略の一部とされている。しかしながら興味深いのは、赤尾由美というスピリチュアル色の強い存在を抱えていながら、そこにスピリチュアルな存在が登場しないことだ。

神真都Qの教義を思い出していただきたい。そこでは「世界を支配している秘密の集団が存在する（＝陰謀論）、その正体は太古の昔にやってきた悪の宇宙人である（＝スピリチュアル）」という形で陰謀論とスピリチュアルが結合していた。ところが参政党では、スピリチュアルな存在、特に宇宙人が登場しない。

ＵＦＯ系の陰謀論を見ている筆者からすれば、「世界を牛耳る国際金融資本が存在する」の後に「それを作ったのは太古にやってきた宇宙人の末裔」「世界を牛耳ることができたのは宇宙人から秘密裏に技術を受け取っていたから」と陰謀主体が地球を飛び出す展開が容易に想像できるが、参政党の場合はユダヤ人を持ち出すに留まる。地球に留まっているのである。

このように、「世界を牛耳る国際金融資本」という本丸に参政党がスピリチュアルを持ち込まないのは、参政党の目的がポピュリズム戦略で支持を集めるところにあり、スピリチュアルはあくまで外部との接点という位置づけで使われているためだと筆者は考えている。

水島治郎著『ポピュリズムとは何か』によれば、ポピュリズムとは「政治変革を目指す勢力が、既存の権力構造やエリート層（および社会の支配的な価値観）を批判し、『人民』に訴えてその主張の実現を目指す運動」である。そこにあるのは左右の対立ではなく、エリートと人民の対立である。

水島は同書の中で、フランスの思想家ツヴェタン・トドロフの「既成政党は右も左もひっくるめて『上』の存在であり、『上』のエリートたちを下から批判するのがポピュリズムだ」という指摘を引用している。

この点からすれば、「投票したい政党がないから、自分たちでゼロからつくる」と公式ウェブサイトに掲げ、(53)

53 「参政党公式ウェブサイト」（https://www.sanseito.jp/ 閲覧日2022-10-10）

先にも挙げた赤尾由美の演説に見られるように「既成政党はグローバリスト利権の一部であり、参政党こそが日本で初めての反グローバル勢力である」と訴える参政党はポピュリズム政党と見てよいだろう。そして、参院選の際に目立った「ゴレンジャー」に、スピリチュアルの赤尾由美、代替医療の推進や、ユダヤ勢力による世界支配説の吉野敏明、地球温暖化否定論[54]やリサイクル否定論[55]など逆張り言説を展開してきた（メールマガジンのタイトルからして『テレビが伝えない真実』である）[56]武田邦彦が据えられているのはポピュリズム戦略に適っている。

いずれも既存の権威とは異なる方向の可能性を模索する、あるいは既存の権威に挑戦する性質を持っているためだ。

参政党の戦略と、教会の伝道手法や草の根運動との共通点

このようにポピュリズムを根底に置きながらも様々な特徴を持つ人物を看板に立てることは、支持を広げるための外部接点として複数の入り口を準備することにつながる。ツイッターの一部では、参政党がチャーチマーケティングを活用しているのではないかという指摘があった。

チャーチマーケティングとはその名の通り、教会が信者を集め、経営を安定させるためのマーケティング手法である。このマーケティングに関する書籍やコンサルティング会社のウェブサイトを参照すると、多くの人々に教会を宣伝し、より深くコミットさせるための戦略が存在することがわかる。

この戦略では、信者および信者候補をコミット度により分類する。それは例えば、次のようなものだ。

1. ストレンジャー：教会を知らない状態
2. ゲスト：教会を知り、一度説教に訪れた状態
3. アテンダー：複数回説教に訪れた状態
4. メンバー：イベントボランティアやグループのリーダーを務める忠実な信者となった状態

教会のマーケティングでは、それぞれのレベルに応じたアプローチを行うことで信者基盤を安定させる。ウェブサイトやSNSでの発信でストレンジャーをゲストに変え、そのゲストを歓迎する雰囲気を作り、他の会員とのつながりを奨励することで次の説教にも来てもらいアテンダーに変える。

そこから他のイベントやオンラインスクールへの参加など、信者としてのステップアップ方法を示すことでメンバーになってもらい、そのメンバーに対してはボランティアやリーダー活動を通じて教会とストーリーを共有させることで、さらに深くコミットしてもらう。

54 「武田教授が暴く、『地球温暖化』が大ウソである13の根拠 - MAG2NEWS」(https://www.mag2.com/p/news/372483 閲覧日 2022-10-10)
55 「日本のリサイクル運動は『もったいない美徳』を利用した集団詐欺か - MAG2NEWS」(https://www.mag2.com/p/news/233170 閲覧日 2022-10-10)
56 「武田邦彦メールマガジン『テレビが伝えない真実』」(https://www.mag2.com/m/0001571196 閲覧日2022-10-10)

これを参政党の活動手法に当てはめてみると、驚くほど似通っていることがわかる。ストレンジャーにアプローチするための外部接点は動画サイトやSNSの活用が、教会での説教は参政党が各地で行っているタウンミーティングや講演会、「ぬか床作り」などのイベントが該当する。(57)

また参政党は保守色が強いものの、どんな意見も一度は受け止め、排除しない雰囲気を作っている。このため神谷宗幣が取材に答えたところでは「家庭や職場で話したら、『頭おかしいの?』って言われちゃう話でも、一度は『そういう考えもあるよね』と受け止める。(中略)だから『参政党に入って仲間ができた』と涙を流される方もいます」(58)と、強く感動する者もいる。こうして居場所を作り、イベントや選挙戦でボランティアに参加してもらうことで「参政党現象」という物語と一体化させる。

さらに参政党では、参加費無料のサポーターから月額五百円のメルマガ会員、月額千円の一般党員、月額四千円の運営党員、さらには政治塾にあたるDIYスクールや選挙スクールの受講と、党員としてのステップアップシステムがわかりやすく提示されている。

このようにイベントを通じて希望や仲間意識を持たせ、レベルアップシステムを示して活動させる手法はマルチ商法でも見られるものだ。マルチ商法においても数々のセミナーやラリーと呼ばれる大規模セミナーで会員に希望を持たせ、勧誘成績に応じたランクを設定することで組織内でのレベルアップ、ひいては願望成就への道筋を示すことが行われる。

ただし、参政党自身はチャーチマーケティングではなく、別の理論の採用を明言している。その理論の名を「コミュニティ・オーガナイジング(以下、CO)」という。

ＣＯとは、日本で普及活動を行うＮＰＯ、コミュニティ・オーガナイジング・ジャパンによれば「市民の力で自分たちの社会を変えていくための方法であり考え方」である。[59] これは主に草の根運動で活用される戦略であり、二〇〇八年のオバマ大統領選で採用されたことで知られる。[60]

参政党はその政治塾に該当するＤＩＹスクールの第一期からＣＯの専門家である笠井成樹を講師に招いており、[61] またそのコンセプトの説明においてもＣＯをメインテーマに据えることを明言している。[62]

前述した神谷宗幣の配信チャンネル、ＣＧＳの立ち上げを支援していた政治評論家の倉山満によれば、ネットワークビジネスに対する神谷の態度が甘すぎるために倉山は参政党への参画を拒否したという。また、神谷からは「陰謀論、スピリチュアル、ネットワークビジネス、そういうものを許容しないと広がりが無い」とい

57 「【7／17（土）】埼玉支部イベントのお知らせ：～健やかで幸せに生きる～ 食育 カリスマ栄養士の食品添加物のケミカルクッキングと へしこのプロが創る魅惑のぬか床創り－参政党公式ウェブサイト」（https://www.sanseito.jp/news/2249/ 閲覧日2022-10-11）
58 「反ワクチン、ノーマスクでいまや党員10万人〝参政党現象〟の正体」（畠山理仁）『週刊文春WOMAN vol.15 2022秋号』（文藝春秋、二〇二二年）
59 「コミュニティ・オーガナイジングとは」（https://communityorganizing.jp/co/info/ 閲覧日 2022-10-12）
60 「日本人に眠る能力を引き出したい」オバマ氏を大統領にした「コミュニティオーガナイジング」を広める鎌田華乃子さんに聞く「未来のつくりかた－ハフィントンポスト」（https://www.huffingtonpost.jp/2014/01/11/community-organizing-kanoko-kamata_n_4580830.html 閲覧日 2022-10-12）
61 「参政党ＤＩＹスクール－講師紹介」（http://web.archive.org/web/20211019002902/https://diy.sanseito.jp/courses/1 2021-10-19のアーカイブ）
62 「参政党ＤＩＹスクールとは－参政党ＤＩＹスクール」（https://diy.sanseito.jp/concept 閲覧日 2022-10-12）

う発言もあったという。(63)

COを活用しながら、ネットワークビジネス＝マルチ商法のマーケティング手法も参考にしたため、結果としてチャーチマーケティングに酷似した戦略となったのではないだろうか。

社会の変革を目指すCOは、次の五つの要素で構成される。

1. ストーリーテリング（パブリック・ナラティブ）：ストーリーを共有し、共に行動する仲間を増やす。
2. 関係構築：メンバー同士の強い関係を構築する。特に一対一での会話が重視される。
3. チーム構築：目的を共有し、相互にリーダーシップを発揮できるチームを構築する。
4. 戦略立案：自分たちのリソースを使って社会を変える戦略を練る。
5. アクション：参加者の意欲が湧き、かつ有効なアクションを設計し、仲間を集めて実行に移す。

これらの要素からは、COがストーリーを共有することで人々を動機づけ、チームや関係を構築し、戦略通りに行動を起こして社会に変化を起こそうとするものであることがわかる。

当然ながら参政党の活動はCOに合致している。関係構築はイベントやタウンミーティングにDIYスクール、チーム構築は各地の支部、アクションは選挙運動である。そして、特に興味深いのがストーリーテリングである。COでは運動に必要な物語（パブリック・ナラティブ）を構成する要素を次の三つとしている。

1. ストーリー・オブ・セルフ：自身が行動する理由や価値観を伝え、聞き手の共感を呼ぶ物語
2. ストーリー・オブ・アス：聞き手と自分自身が共有する価値観や経験を伝え、コミュニティとしての一体感を生む「私たち」としての物語
3. ストーリー・オブ・ナウ：なぜ今行動するのかという緊急性を語る物語

「ユダヤ系を中心とした国際金融資本・グローバリストに日本が脅かされ、マスコミや製薬会社が支配されている」という参政党の主張や、「他ではできない話を聞いてくれる仲間ができたと涙を流す」党員がいることを考えると、参政党で共有されているストーリー・オブ・アスやストーリー・オブ・ナウとは、次のようなものなのではないだろうか。

○ストーリー・オブ・アス：他の場所で話すと訝《いぶか》しまれるような真実に目覚めてしまった我々が団結し、グローバリストに支配された既存体制を倒す。
○ストーリー・オブ・ナウ：グローバリストが仕掛けた新型コロナ禍でワクチン接種が始まり、その支配がいよいよ本格化してきた。今こそ我々が立ち上がる時である。

COでは、ストーリーによって感情を介して価値観を伝え、行動への変化を狙う。ここで行動を促進する感

63 「参政党はトンデモではない。振り切ったトンデモだ／倉山満の政局速報 - 日刊SPA!」（https://nikkan-spa.jp/1843745 閲覧日 2022-10-15）

情とされるのは、緊急性、怒り、希望、一体感、自己効力感である。

緊急性、怒り、希望を生むツールとして陰謀論が、一体感を生むツールとして陰謀論やスピリチュアル、代替医療や自然派でつながるコミュニティが使われ、イベントやボランティアに参加しやすいシステムが自己効力感を生んだことによって熱狂が増幅されていったと筆者は考えている。

物語が人々に与える希望とアイデンティティ

参政党に限らず、神真都Qやその他の陰謀論団体はいずれも物語を共有するコミュニティである。スピリチュアルも陰謀論も、人々を世界とつなげる物語を提供する。それらの強みは、ごく基本的な証拠の提出や検証を無視して、剥き出しの根源的欲求に訴えかけられることだ。

例えばネサラ陰謀論は「闇の勢力が討伐されることで大金が手に入る」という物語によって金銭的欲求を刺激する。しかしその根拠と言えば「極秘の情報源からの暴露」程度のものである。

あるいはターゲットにアイデンティティを持たせたければ、「あなたの前世は光の宇宙人」とでも言えばよい。ここから「闇の宇宙人が世界を支配しており、あなたには戦う使命がある」と話を展開させれば、容易に世界を救う使命を与えることができる。

そこにあるのはもはや「証拠はあるが偽造かもしれない」という次元の問題ではない。「証拠など関係なく、信じたほうが希望や快楽が得られる」、あるいは「自分にとって利益になる説の強弁こそが重要であり、事実の検証は利益にならないので行わない」という世界である。

一方、事実を積み重ねる立場や公平・公正を重視する立場からは、おいそれと希望を与える物語を作り上げるわけにはいかない。「生まれながらにして使命を与えられた人々が存在する」という論理は検証のしようがなく、また「使命を与えられた民族は優れており、そうでない民族は劣っている」という差別の論理に容易に結びついてしまうためだ。

さらに、コンスピリチュアリティに希望を見出している人々に対して正面から事実の検証を突きつけたところで効果は薄い。その人にとってはアイデンティティや居場所を失うことになる。

先述したように、事実を検証して慎重に結論を導く立場や、個人や人種の平等を前提とする立場の「良識派」からは、「生まれつき、何もしなくてもあなたは他人よりも優れている」式のエンパワーメントを行うことは難しい。

一方、スピリチュアルな世界や創作物のような世界観と、現実に起きている衝撃的な事件を結合してしまう陰謀論には麻薬的な魅力があり、新型コロナ禍で多くの人々を結びつけた。そこで言われる物語があまりに現実離れしていたり、理解し難い用語ばかりだからといってメディアやプラットフォームが彼らを無視し、何の対策も打たなければ、第二、第三の神真都Qを生み出しかねないだろう。

■参考文献

『銀河連合ＧＯＭＱ』（吉田一敏・ＪＯＳＴＡＲ・岡本一兵衛共著、ＶＯＩＣＥ、二〇二一年）

『現代アメリカの陰謀論　黙示録・秘密結社・ユダヤ人・異星人』（マイケル・バーカン原著、林和彦訳、三交社、二〇〇四年）
『コミュニティ・オーガナイジングとは？』（Marshall Ganz 原著、特定非営利活動法人コミュニティ・オーガナイジング・ジャパン作成・発行、二〇一七年）
『参政党Q&Aブック 基礎編』（神谷宗幣編、青林堂、二〇二二年）
『世界怪物大作戦Q』（JOSTAR、VOICE、二〇二一年）
『増補版 陰謀論はどこまで真実か』（ASIOS、文芸社、二〇二一年）
『ポピュリズムとは何か』（水島治郎、中央公論新社、二〇一六年）
「『反自粛』クラスターフェス　自粛警察とは正反対のアピール　参加する心理とは」（毎日新聞 https://mainichi.jp/articles/20200816/k00/00m/040/125000c 閲覧日 2022-10-07）
「プロポーズ、ワクチン反対、全県ディズニー化…千葉県知事選『カオス』な政見放送　どこまで許される？」（東京新聞Web https://www.tokyo-np.co.jp/article/92453 閲覧日 2022-10-07）
『リーダーシップ、オーガナイジング、アクション』（Marshal Ganz 著、会沢裕貴編、NPO法人コミュニティ・オーガナイジング・ジャパン発行、二〇一七年）
"Church Marketing 101: Preparing Your Church for Greater Growth" Richard L. Reising, Baker books, 二〇〇六年
"Creating A Clear Church Marketing Strategy - CHURCH BRAND GUIDE" (https://churchbrandguide.com/creating-a-clear-church-marketing-strategy/)
"The NESARA Scam: White Knights, Dark Forces and Endless Prosperity – Skeptoid" (https://skeptoid.com/blog/2014/02/24/the-nesara-scam/ 閲覧日 2022-10-07)
"The Storm Is Upon Us: How QAnon Became a Movement, Cult, and Conspiracy Theory of Everything" Mike Rothschild, Monoray, 二〇二一年

コロナ禍とコンスピリチュアリティ——コロナ死生観調査から

堀江宗正

本稿では、コロナ禍[1]において陰謀論がスピリチュアリティ[2]とどの程度、またどう結びついているかを、コロナ死生観調査のデータから明らかにする。

コンスピリチュアリティの成分〜定量分析の必要性

「コンスピリチュアリティ」とは「コンスピラシー（陰謀）」と「スピリチュアリティ」からなる造語で、シャーロット・ウォードとデイヴィッド・ヴォアス[3]によって提唱された（辻隆太朗の稿を参照）。

---

1 新型コロナウイルス感染症を本稿では「コロナ」と略す。
2 調査票ではスピリチュアリティを「宗教に似ているが、私的に実践されうるので、必ずしも宗教と呼ばれていないもの」と定義している。
3 Charlotte Ward and David Voas, "The Emergence of Conspirituality," in *Journal of Contemporary Religion*, 26(1), 2011, pp. 103-121.

コンスピリチュアリティは「米国同時多発テロは自作自演だ」という陰謀論を機に台頭した。既存の陰謀論は男性支持者が多かったが、女性もより多く支持するようになったという。それに対して、イーギル・アスプレムとアスビョルン・ディレンダルは、コンスピリチュアリティは新しくなく、「カルト的境域cultic milieu」(4)で起こりがちなものだとした。また、スピリチュアリティの消費主義的な部分とは違うと指摘した。(5)

論点は、陰謀論とスピリチュアリティの結合事例があるかどうか、新しいか古いか、一般的かどうかである。先行研究は事例研究が多いが、特殊事例を積み上げて、あたかもスピリチュアリティが陰謀論と不可分であるかのような印象を与える恐れもある。

研究者は、極端な主張をしないように注意するが、読者は「スピリチュアル＝危ない陰謀論」と単純化しかねない。それゆえ、コンスピリチュアリティ論は、事例研究から定量分析が必要な段階に入っている。定量分析とは、物質の成分の質料などを数値として求めることだが、社会調査でも用いられる方法である。

本稿は、特にコロナ禍中のコンスピリチュアリティの内容、陰謀論成分とスピリチュアリティ成分の関係、支持者の属性、影響のあり方を見極めることを目的とする。

コンスピリチュアリティ論への懐疑～アセンション信奉者と陰謀論者との対比

筆者はスピリチュアリティを二〇〇〇年代から研究しているが、スピリチュアリティと陰謀論との結びつきには、やや懐疑的である。

筆者が陰謀論に注目したのは、東日本大震災後だった。当時は震災が地震兵器によるものだという説がSNSで流布していた。国民が災害に衝撃を受け、被災地支援のために協力しているのに、こうした陰謀論を唱えるのはなぜだろうという疑問が調査の発端である。

一方、震災前から二〇一二年にアセンション（次元上昇）が起こるという説も見られた。「アセンション」という語は、元はキリストの昇天を指すが、オカルティズムでは広く霊的次元の上昇を指す。近年ではとりわけ地球の次元上昇を指すようになっている。アセンション信奉者の一部では、進化に適応できない地域や、急激な進化が起こった地域（日本など）では天災が起こるとされ、特に二〇一一年三月から天災が起こり始めるという予言もあった。したがって、震災発生は予言的中を意味した。そこで私は、事前に予言に言及していた人々が、震災にどう反応したのかを調査した。その過程で、陰謀論とスピリチュアリティが水と油のように分かれていることを確認した。

災害の原因を、アセンション信奉者は地球の進化に求めたが、陰謀論者は、地震兵器や人口削減などを企て

4 カルト的境域とは、ここでは周縁的なもの、一時的で熱狂的な「崇拝」という意味での「カルト」的なもの同士が離合集散する場としてとらえる。Egil AspremとAsbjørn Dyrendalおよび彼らがまとめている先行研究では、秘教的なものに根ざした逸脱した信念体系という記述もある。だが、その移ろいやすさと異文化的な要素の混合ゆえに、秘教を歴史的ルーツとするのは狭すぎる。また「逸脱」には異常なものという含意があり、価値中立的ではない。そこで本稿では、単に現時点での少数派を指す「周縁的なもの」という言葉を用いることにする。また、「milieu」は語源的には「middle place」を指し、「共有地」をイメージさせ、「cultic milieu」も境界領域が接し合うイメージを持たせるので、日本語では「境界」と「領域」の意味を併せ持つ「境域」という言葉を当てる。

5 Egil Asprem & Asbjørn Dyrendal, "Conspirituality Reconsidered: How Surprising and How New is the Confluence of Spirituality and Conspiracy Theory?," in *Journal of Contemporary Religion*, 30(3), 2015, pp. 367-382.

る闇の組織に求め、予言には否定的だった。災害発生に際して、陰謀論者は真の原因を指摘する優越感を享受しているようだったが、アセンション信奉者は予言的中だと喜ぶどころか戸惑いを覚え、社会のパニック状態に違和感を覚えつつ、事態をポジティブにとらえようとしていた。

数的には少数の陰謀論者は、アセンションはキリスト教終末論の焼き直しで、単なる人口削減だと冷ややかに見ていた。陰謀論者にとっては、アセンションも人々に死を受け入れさせる陰謀の一部なのである。[6]

約十年後のコロナ禍中の陰謀論も観察しているが、私がコロナ前から見ていたSNS上のアカウントが急に陰謀論に関心を持つという事態は見られなかった。陰謀論の拡散にはどこか組織的なものが感じられた。

陰謀論の組織的側面

実際、情報学者の鳥海不二夫の分析では、陰謀論を説くアカウントはSNSユーザーのごく一部で、複数アカウントによる工作活動（偽《にせ》情報の組織的拡散）も示唆されている。[7] 陰謀論を支持するJアノンと呼ばれる日本版Qアノンやトランプ支持者のデモには、幸福の科学、日本サンクチュアリ協会（統一教会の分派）、中国政府から弾圧されている法輪功、新中国連邦などの反体制派中国人が合流している。[8]

彼らをつなぐのは「反共」（反共産主義）または反中という政治的目的であり、宗教的要因ではない。ある集団が組織的なデモを企画し、そこに別の組織やSNS上で関心を持った人々が加わった形である。SNS上のJアノンは、鳥海によると保守派のアカウントが多い。私の観察でも、日の丸や鳥居のマークが散見され、神道や右派との関係がうかがわれた。

個人主義的な「SBNR」（スピリチュアルだが宗教的ではない spiritual but not religious の略）と呼ばれる人々は組織的活動を嫌う。路上のデモや、ツイッター・デモ（同時刻に同一ハッシュタグで共通の主張を投稿し、「トレンド」欄に登場することで注目を集める行動）に、SBNRが魅力を感じるとは考えにくい。もし関与するなら、それはスピリチュアリティではなく「カルト運動」と呼ぶべきではないか。

6　堀江宗正「予言が当たったとき――アセンション信奉者の震災後の態度」、日本宗教学会発表（関西学院大学、二〇一一年九月三日）。抄録は『宗教研究』第八十五巻第四輯（三七一号）、二〇一二、二〇八～九頁。配付資料は〈https://www.academia.edu/89530033〉。

7　二〇二〇年の米国大統領選で不正があったとするトランプ支持ツイートの約半分が、リツイート数の多い六％のアカウントに発していた。鳥海不二夫「日本におけるアメリカ大統領選挙に関するツイートの拡散は偏っている」（『Yahoo! News』二〇二〇年十一月六日）〈https://news.yahoo.co.jp/byline/toriumifujio/20201106-00206610〉（二〇二三年二月七日アクセス確認。本稿では特に断りがない限り、以下も同様）。ロシアによるウクライナ侵攻開始時にウクライナがネオナチだというロシア側の主張を拡散したアカウントの、四七％はQアノンについて、八八％は反ワクチンについて、ツイートを拡散していた。鳥海不二夫「ツイッター上でウクライナ政府をネオナチ政権だと拡散しているのは誰か」（『Yahoo! News』二〇二二年三月七日）〈https://news.yahoo.co.jp/byline/toriumifujio/20220307-00285312〉。陰謀論とロシアの情報工作との関係が疑われる。

8　大袈裟太郎「日本だけが取り残される『不正選挙デマ』。右にも左にもいる、デマに乗る人達」（『ハーバービジネスオンライン』二〇二〇年十二月一日）〈https://hbol.jp/233278〉。藤倉善郎「日本で繰り返されるトランプ応援デモの主催者・参加者はどんな人々なのか」（『ハーバービジネスオンライン』二〇二〇年十二月三十日）〈https://hbol.jp/235650〉。安田峰俊「博多でトランプを支援する『Jアノン』デモ密着で見えた正体」（『デイリー新潮』二〇二一年一月十九日）〈https://www.dailyshincho.jp/article/2021/01191210/?all=1〉（以上の三つはすべて二〇二一年一月二十八日アクセス）

個人と組織の二分法を超えるプロシューマー・カルト

宗教社会学者のロドニー・スターク とウィリアム・スィムズ・ベインブリッジは、新奇性と逸脱性を特徴とするカルトを三つに分類した。(一)本やテレビや講演を受動的に消費するオーディエンス・カルト、(二)呪術的なサービスを受け、関心を制御されるクライエント・カルト、(三)熱心な信者が組織的に活動するカルト運動(=新宗教)である。(9) 日本では今日、(三)の特徴に加えて、逸脱した勧誘や献金要求や威圧的行動を伴う教団が「カルト」と呼ばれている。(10)

SBNRは、情報やサービスを消費するオーディエンス・カルトやクライエント・カルトに留まる。だがSNS時代には、いいね・リツイート・シェアなどで情報を拡散し、生産者側に回るのが容易になる。生産者《プロデューサー》でもあり消費者《コンシューマー》でもある存在をプロシューマーと呼ぶが、(11) プロシューマー・カルトをSNS時代の新類型として追加できるかもしれない。陰謀論もスピリチュアリティも、テレビや書籍を通して享受する時代から、SNSで情報の消費的生産《プロサンプション》を通して生成・拡散される時代に突入しているのだ。

SNS上のアカウントは、組織に属しているのかどうかの判別がしにくい。個人が複数アカウントを併用しているのかどうかもわからない。でまかせの偽情報を一個人が複数アカウントで拡散しても、組織的拡散のように見えてしまう。Qアノンも、そのようにして多くの人を巻き込んだ運動に展開した。

それは個人主義的な運動なのか、集合的な現象なのか。Qアノン情報を拡散したユーザーの中には、組織的運動に加わったという自覚がない人がいるかもしれない。逆に、世界を変革する運動に参加しているのだという帰属意識を持った信奉者もいるかもしれない。SNSでは個人と組織の境目さえ曖昧になっているのだ。

スタークとベインブリッジのカルト三分類は、SNS以前のものだが、強引に適用するなら、陰謀論拡散は、カルト運動とオーディエンス・カルトの混成現象で、中間にプロシューマー・カルトが介在するとまとめられる。

非宗教的「スピリチュアリティ」は、固定的教義や束縛を嫌う。また、関心によって細分化するが、相互に排他的ではない。それに対して、陰謀論は終末論的な物語に人を引きつけ、敵を攻撃する傾向がある。コンスピリチュアリティは、SNSの陰謀論インフルエンサーを受動的にフォローするオーディエンス・カルトが、能動的に情報を拡散するプロシューマー・カルトを経て、指示に従って組織的デモ活動をおこなうカルト運動に展開したものと見られる。

実際、陰謀論支持者は、米国ではヒスパニックと福音派のキリスト教徒に多く、SBNRなど宗教無所属では少ない。[12] Qアノンは民主党を敵視するが、SBNRは民主党支持者に多い。これだけでも、コンスピリチュアリティは米国では一般的ではないと言える。女性SBNRの食や健康や子どもへの関心に訴え、ヨーガ講師

9 William Sims Bainbridge and Rodney Stark, "Client and Audience Cults in America," in *Sociological Analysis*, 41(3), 1980, pp. 199-214.

10 本稿で「カルト運動」と言うときは、スタークとベインブリッジの用語法に従う。

11 George Ritzer and Nathan Jurgenson, "Production, Consumption, Prosumption: The nature of capitalism in the age of the digital 'prosumer'," in *Journal of Consumer Culture*, 10(1), 2010, pp. 197-217.

12 PRRI Staff, "The Persistence of QAnon in the Post-Trump Era: An Analysis of Who Believes the Conspiracies," in *PRRI*, Feb. 24, 2022. 〈https://www.prri.org/research/the-persistence-of-qanon-in-the-post-trump-era-an-analysis-of-who-believes-the-conspiracies/〉

が「コロナはデマ」などと発信するパステルＱアノンもあるが[13]、組織的運動だと見られている[14]。

宗教的背景を見せながら陰謀論を拡散するカルト運動に、ＳＢＮＲはどこまで引き寄せられるのか。「オーディエンス」のつもりで関心を持っても組織性に気づいたら離れるのではないか。スピリチュアリティと陰謀論を同一視する前に、調査が必要である。

コロナ死生観調査の概要

コロナ死生観調査は、コロナと関連する価値観や態度、特に死生観についての質問からなるアンケート調査である。そこにはコロナに関する陰謀論（以下、コロナ陰謀論）や宗教・スピリチュアリティに関する質問もある。

ここでの陰謀論とは、「表面には現れない陰謀が実行されているという主張を含み、経験的根拠に乏しく、または一面的で都合のよい情報のみを取り入れ、合理的な推論と言えず、多くの人に支持されない周縁的言説」とする。陰謀論には、時間の経過とともに真実だと判明するものもある。だが、現時点で人々の経験や理性に反するため拒否される言説は、未来に証明されるとしても、不合理な「陰謀論」だと言える。質問紙調査では、候補となる言説の肯定回答率の低さが、周縁性を示す証拠となり、陰謀論と見なす必要条件となる。

「コロナ死生観調査」[15]の調査期間は二〇二一年三月十六〜十八日である。緊急事態宣言、オリンピック延期、GoTo事業を経て、国内の死者数が約九千人で、ＰＣＲ検査やワクチンをめぐって論争が交わされていた時期である。
調査対象は株式会社マクロミルの一般人パネル一一二五人で、日本人の性別・年齢・地方の比率に合わせて属性が調整されている。ただ、回答はインターネット（以下、ネットと略す）の利用が必須なので、登録パネルは高齢者ほど少なく、一般的高齢者よりネット利用に長けている。だがこれは、ネット上で流布する陰謀論を扱う本研究にとってマイナス要因ではない。

コロナ否認論とコロナ陰謀論

まずコロナ陰謀論に関連しそうな質問文を以下のように抽出する。それぞれについて「全くそう思わない」「あまりそう思わない」「ややそう思う」「とてもそう思う」から一つを、回答者は選んでいる（末尾の数字は「ややそう思う」と「とてもそう思う」を選んだ人の合計の割合）。

Q6-1　COVID-19は存在しない。存在したとしても季節性の風邪と同じで、その症状はインフルエンザより軽い（コロナ風邪論と略す。以下同様）。12・8％

13　伊藤雅之「コロナ禍における（陰謀論的）スピリチュアリティの展開」（『愛知学院大学文学部紀要』五十二号、二〇二三年三月）。
14　Mia Bloom and Sophia Moskalenko, *Pastels and Pedophiles: Inside the Mind of Qanon* (Redwood City: Redwood Press, 2021).
15　堀江宗正（寄与者：パク・ジュンシク、和田香織）「新型コロナウイルス感染症に関わる死生観調査（コロナ死生観調査）の結果について」（『死生学・応用倫理研究』二十七号、二〇二二年）、二六八（一）～二二二（四十五）頁。東京大学大学院人文社会系研究科研究倫理審査承認済（UTOT2000-1）。

表1　コロナ陰謀論の諸説同士の相関係数

	コロナ風邪論	ポジティブ予防論	製薬会社デマ説	生物兵器説	マイクロチップ説
コロナ風邪論					
ポジティブ予防論	0.32196**				
製薬会社デマ説	0.59528**	0.29072**			
生物兵器説	0.14166**	0.19297**	0.21976**		
マイクロチップ説	0.33817**	0.16229**	0.45579**	0.17216**	

N=1125の時　r>0.05845ならp<.05
r>0.07677ならp<.001

Q6-2　明るく前向きな気持ちを保つことで、COVID-19の感染リスクは下がる（ポジティブ予防論）。32・4%

これらは、コロナの現実的脅威を知的には理解できるが、存在しないかのように無視または軽視するため、コロナ否認論と呼ぶ。一方、コロナの存在を前提とする陰謀論もある。

Q6-4　COVID-19は人工的ウイルスに由来し、それは中国によって生物兵器として開発されたか、中国人研究者が偶発的か意図的に放出したものである（生物兵器説）。45・3%

他方、コロナ否認論でもある陰謀論がある。

Q6-3　COVID-19は存在しない。企業がワクチン開発から利益を上げるために広められた偽情報である（製薬会社デマ説）。10・9%

その延長線上に、コロナ陰謀論の中で最も非現実的な「マイクロチップ説」がある。

Q7-9　COVID-19予防のためのワクチンには、思想統制のためのマイクロチップが含まれるかもしれない（マイクロチップ説）。17・8%

これは、ワクチン開発に投資した資産家がマイクロチップを混入したという説を念頭に置いている。否認論とは限らず、コロナの存在と両立する説である。

次に、選択肢「全くそう思わない」「あまりそう思わない」「ややそう思う」「とてもそう思う」のそれぞれに一～四の点数を割り当て、質問項目同士の相関係数を見た（表1）。ある項目の点数が高いと、他の項目の点数も高くなるかを見る分析である。

その結果、すべての項目間に有意な相関があった。ある周縁的な説を信じる人は別の周縁的な説も信じやすいというカルト的境域の存在が確認された。特に、コロナ風邪論と製薬会社デマ説とマイクロチップ説の間で相関係数が高い。

これらは基本的にコロナ否認論で、コロナの存在を前提とする生物兵器説との相関は有意だが、少し弱いようである。前向きな気持ちを保つことで感染リスクは下がるとするポジティブ予防論も他の説との相関がやや弱い。ポジティブ予防論の肯定回答率は三割以上なので、陰謀論を支持しない人にも支持されているようだ。

性別・年代別の分析～若い男性の点数の高さ

次に各質問項目の、年代別の平均点を見る（図1）。否定から肯定へ一点から四点を割り振ったので中間は二・五点だが、各説ともそれを下回る。その中でも、コロナ風邪論・製薬会社デマ説・マイクロチップ説は、生物兵器説・ポジティブ予防論を下回り、若者ほど支持している。この三つは先ほど見た通り、互いに相関が高い。

そこで二十代なら二点、三十代なら三点という具合に、二から七の変数を仮に割り当て、平均点との相関係

図1　年代別陰謀論点数

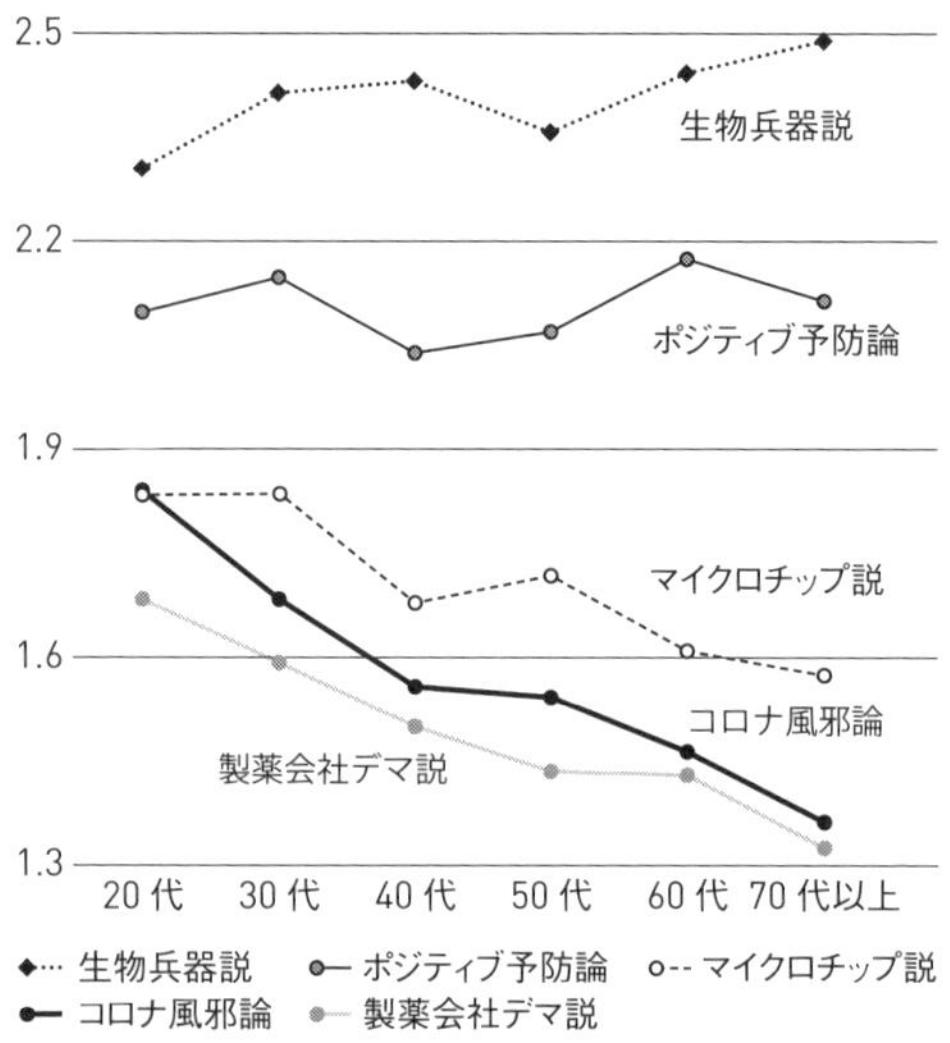

数を見た（表2）。やはりコロナ風邪論・製薬会社デマ説・マイクロチップ説で年代との負の相関（年代が上がると点数が下がる）が見られ、若者ほど点数が高い（若者ほど信じている）。

ポジティブ予防論と生物兵器説は、年代と相関しない。図1でも傾きが小さく、先の三つより上方に描かれる。グラフの下に位置する三項目では、男性だけで見ても年代と負の相関が見られた（若者ほど信じている）。

女性ではパターンが異なる。ポジティブ予防論は年代と正の相関を示し、高齢女性ほど支持する。女性の場合、コロナ風邪論は年代と負の相関を示すが、製薬会社デマ説・マイクロチップ説は年代と相関しない。つまり、製薬会社デマ説・マイクロチップ説の若者による支持は、正確には若い男性による支持だと言える。

女性で年代との相関が見られた項目について、グラフでも見てみよう。コロナ風邪論では（図2）、二十代男性の点数が著しく高い。二十〜三十代の女性も、女性の中では点数が高いが、男性ほどではない。グラフの右下がりの傾斜も男性ほどでなく、若者と高齢者の差は〇・三点だけだ。二十代の男女の差の方が〇・四点と大きい。よって、コロナ風邪論の若者による支持も、男性の支持の高さに引きずられた結果である。

表2　陰謀論点数と年代との相関係数（性別）

性	コロナ風邪論	ポジティブ予防論	製薬会社デマ説	生物兵器説	マイクロチップ説
男女	-0.975524**	0.199410	-0.979902**	0.759303	-0.939629**
男	-0.945461**	-0.578944	-0.985856**	0.684496	-0.942298**
女	-0.980728**	0.870660*	-0.732413	0.496486	-0.631701

n=6（年代区分は6）のとき、r>0.811401ならp<0.05*　　r>0.917200ならp<0.01**

図2　コロナ風邪論

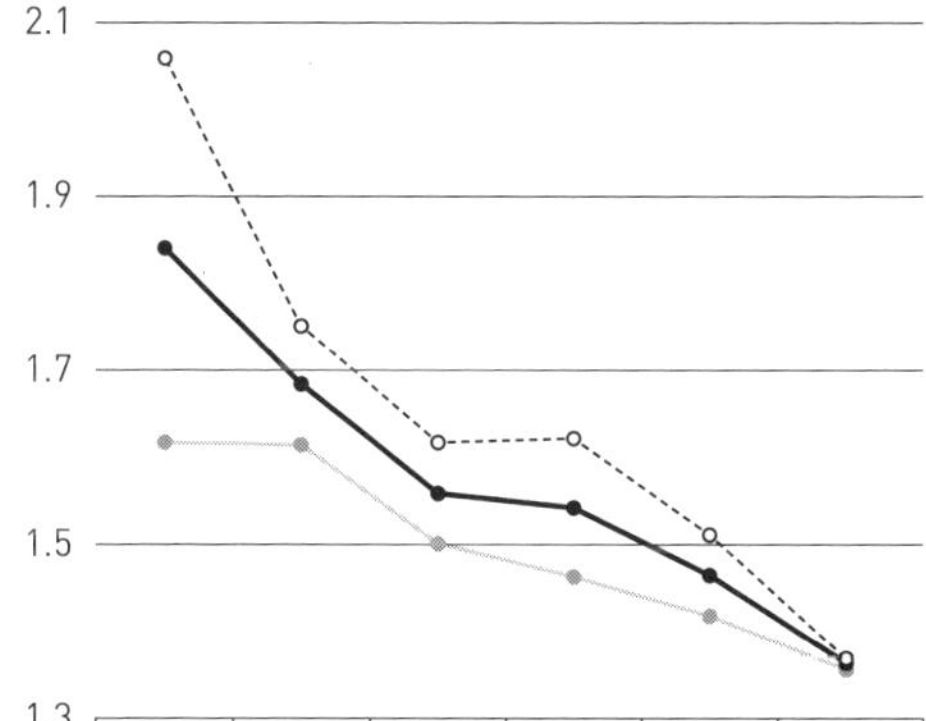

	20代	30代	40代	50代	60代	70代以上
男女	1.839	1.683	1.558	1.542	1.464	1.363
男	2.057	1.750	1.617	1.620	1.511	1.368
女	1.616	1.613	1.500	1.463	1.418	1.357

男女　男　女

高齢者は男女とも点数が極めて低いが、高齢者の高い死亡率を考えれば、コロナ風邪論を信じないのは当然であろう。逆に、若年層がコロナ風邪論に傾くのは、重症化や死亡のリスクが低いからだと言える。

次に女性で年代と正の相関が見られたポジティブ予防論だが（図3）、点数は二十代男性が最も高く、二十代女性は最低である。女性で年代との正の相関が見られたのは、若い女性の低さによる（結果として年長の女性ほどポジティブ予防論を信じているような相関が成立してしまう）。しかし男女を合わせると相殺され、年代とポジティブ予防論との相関は消える。ここから、二十代では男性の方が極端にポジティブ予防論を支持しており、それが根拠となってコロナ風邪論も支持していたのだろうと推測される。

以上から、コロナ風邪論・製薬会社デマ説・マイクロチップ説が若い男性に支持されやすいのは、若者の方が感染によるリスクを気にせず、特に男性の方が楽観的だからだと推測できる。

ただ、二十代男性の平均点が高いといっても二・五点（中間点）には達しない。「二十代男性は他の属性よりコロナ風邪論を支持する人が多い」とは言えるが、「二十代男性はコロナ風邪論を支持する人が多い」と結論するのは誤りである。肯定回答率は二十代男性でも二七・三%しかない。

年代との相関がない二項目の肯定回答率は、生物兵器説が四五・三%、ポジティブ予防論が三二・四%だった。過半数ではないが、生物兵器説はほぼ半数、ポジティブ予防論は三分の一が支持している。したがって周縁的な「陰謀論」と言えるか検討の余地がある。

図3　ポジティブ予防論

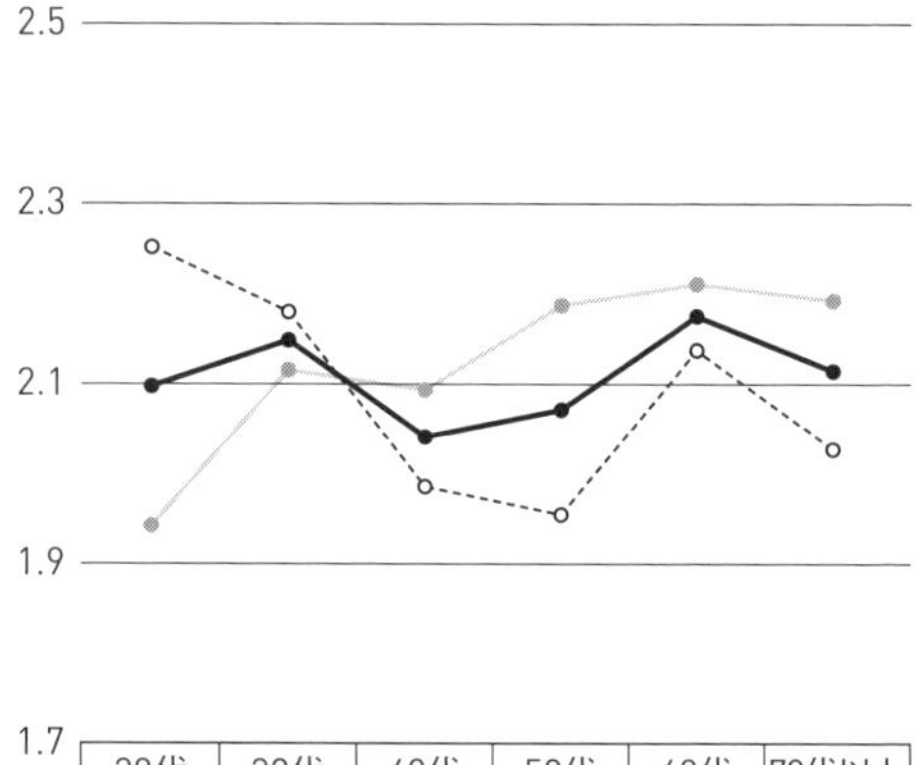

	20代	30代	40代	50代	60代	70代以上
男女	2.098	2.147	2.039	2.069	2.173	2.113
男	2.250	2.179	1.984	1.954	2.136	2.026
女	1.942	2.113	2.092	2.185	2.209	2.190

━ 男女　○-- 男　●― 女

〝コロナ情報を隠蔽してきた中国政府なら生物兵器説はありうる〞〝プラシーボ効果は医学でも認められていて非合理的ではない〞と考える回答者もいるだろう。合理的か否かは議論の余地があるとしても、統計的に見て生物兵器説とポジティブ予防論は周縁的でなく、他のより周縁的な説と異なり年代との関係もないので、以下では考察から除外する（カナダではそれぞれ一八・五%、二〇・二%と肯定回答率が下がり、周縁性が上がる）。

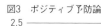

コロナ陰謀論尺度

他方、コロナ風邪論・製薬会社デマ説・マイクロチップ説は点数も肯定回答率も低く、今回の日本における調査では周縁的である。また、互いの相関が極めて高く、二十代男性が支持しているという点で共通する。

そこで、これらを合算して一つの尺度として扱い、[16]以後「コロナ陰謀論」と呼ぶ。「コロナは単なる風邪なのに、製薬会社がデマを広げて、ワクチンを売り、思想統制のためのマイクロチップを混入させている」というコロナ否認論と反ワクチンが合わさった内容になる。

一般的には、コロナの死亡率は風邪や季節性インフルエンザより高く、製薬会社のデマで片付けられないほどの被害が出ており、マイクロチップ混入は技術的にありえない。したがって、「コロナは単なる風邪なのに、製薬会社がデマを広げて、ワクチンを売り、思想統制のためのマイクロチップを混入させている」という言説は、事実を公正に見ない不合理な推論で社会的に周縁的だという点で陰謀論と呼べる。ただ、コロナ風邪論は陰謀の主体に言及しておらず、他の二つを補強する前提命題である。

コロナ陰謀論の年代別・性別の平均点は（表3）、男性、女性、男女合計で年代と有意な相関を示す（すべて一％水準）。高齢男性はコロナ陰謀論をほとんど支持していない（最低点三点のところ四点あまり）。より厳密に陰謀論者の人数を確認する。単独では陰謀論と言えないコロナ風邪論を外すと、製薬会社デマ

16　クローンバックの信頼性係数αは〇・七一六四八。

表3　陰謀論尺度の年代別・性別の平均点

年代	男女	男	女
20代	5.356	5.830	4.872
30代	5.110	5.268	4.943
40代	4.736	4.797	4.677
50代	4.694	4.750	4.639
60代	4.503	4.455	4.549
70代以上	4.263	4.079	4.429
年代との相関係数	-0.98304	-0.97543	-0.94734
	**	**	**

n=6（年代区分は6）のとき、
r>0.811401ならp<0.05*　r>0.917200ならp<0.01**

図4　陰謀論者の実数（254人）の内訳

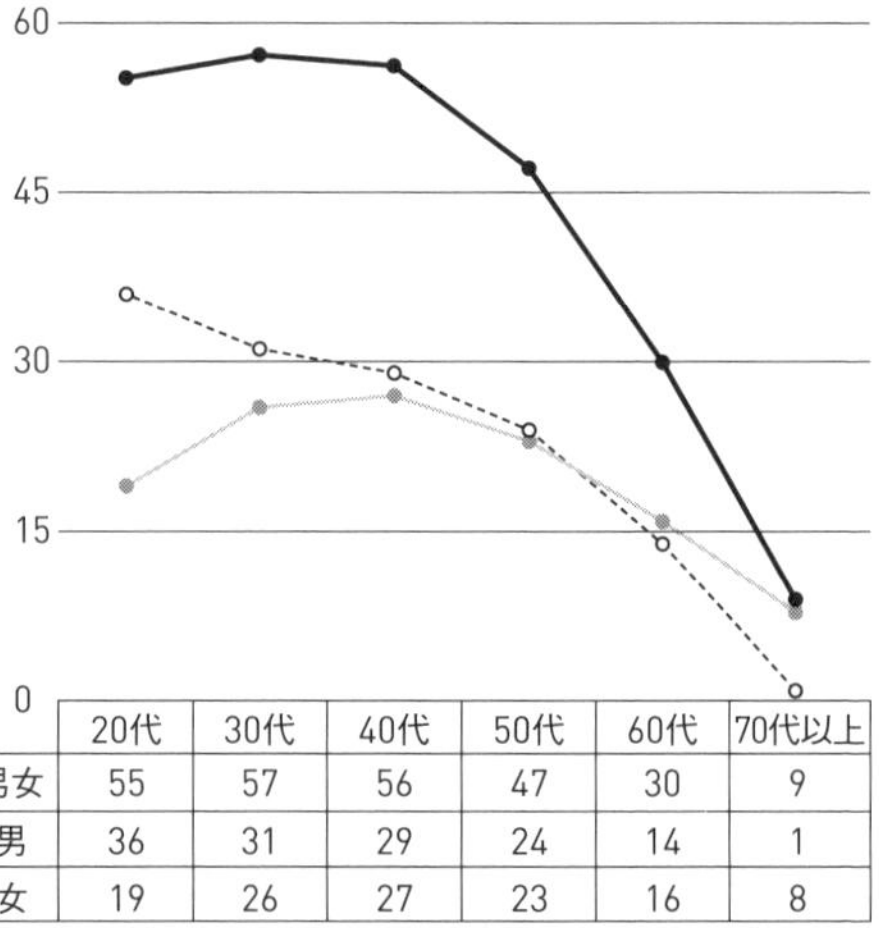

	20代	30代	40代	50代	60代	70代以上
男女	55	57	56	47	30	9
男	36	31	29	24	14	1
女	19	26	27	23	16	8

━ 男女　○-- 男　●― 女

説・マイクロチップ説いずれかの支持者は二五四人だった（図4）。その中でも支持者の主力は二十代から四十代の男性で、七十代以上の高齢男性はほとんどいない。コロナ風邪論は外しているので、死亡リスクの高さだけでは説明ができないだろう。また、高齢者が陰謀論にはまりやすいという俗説とも反する[17]。

コロナ陰謀論の背景要因〜孤独・排他性・SNS信頼

次に陰謀論の要因となりそうな質問項目を取り上げ、陰謀論との関係を調べる。

Q5-12　COVID-19発生の結果、私は孤独をしばしば感じている（孤独）。34・3%

表4　陰謀論の背景要因との相関

	陰謀論尺度	孤独	排他性	SNS信頼	WHO信頼
陰謀論尺度					
孤独	0.21454**				
排他性	0.25277**	0.20988**			
SNS信頼	0.09867**	0.11027**	0.05928*		
WHO信頼	-0.01116	0.04627	-0.01318	0.24429**	

N=1125の時　r>0.05845ならp<.05*
r>0.07677ならp<.001**

Q6-10　私はCOVID-19について、自分の見解と異なる見解を読んだり、聞いたりすると、怒りを覚えることがある（排他性）。27・6％

Q7-2　いくつかのソーシャルメディアのアカウントは、マスメディアが伝えないようなCOVID-19に関する正しい情報を伝えている（SNS信頼）。42・5％

Q7-4　世界保健機関（WHO）とそれと連携している科学者は、COVID-19に関する正しい情報を伝えている（WHO信頼）。47・3％

まず、陰謀論尺度と各要因との相関、項目間の相関を見た（表4）。

陰謀論はWHO信頼とは無相関だが、それ以外とは有意な相関があった。相関係数は排他性、孤独、SNS信頼の順に高い。これらを合成すると、「コロナに関する異説に耳を貸さず、孤独を感じ、SNSの特定アカウントから影響を受けた」となる。自己の主張と一致する情報の集中的受容、他の情報からの自己隔離の結果、組織的情報工作の可能性がある陰謀論を自ら進んで支持する点で、「自己マインドコントロール」と呼べる状況である。

17　次のツイートを参照。「高齢者がYouTubeとGoogleのレコメンド機能を通じて知らない間に陰謀論者になっちゃうような仕組み、中国では官製で全国民に向けてやれている（と見ていい）」（二〇二二年三月十五日）〈https://twitter.com/YSD0118/status/1503540252216283138〉。この俗説自体も陰謀論に近い。

表5　諸要因と年代との相関係数

性	孤独感	排他性	SNS信頼
男女	-0.93968**	0.71288	0.82354**
男	-0.72549	0.56737	0.17173
女	-0.98962**	0.64699	0.65702

n=6（年代区分は6）のとき、r>0.811401ならp<0.05*
r>0.917200ならp<0.01**

図5　孤独感

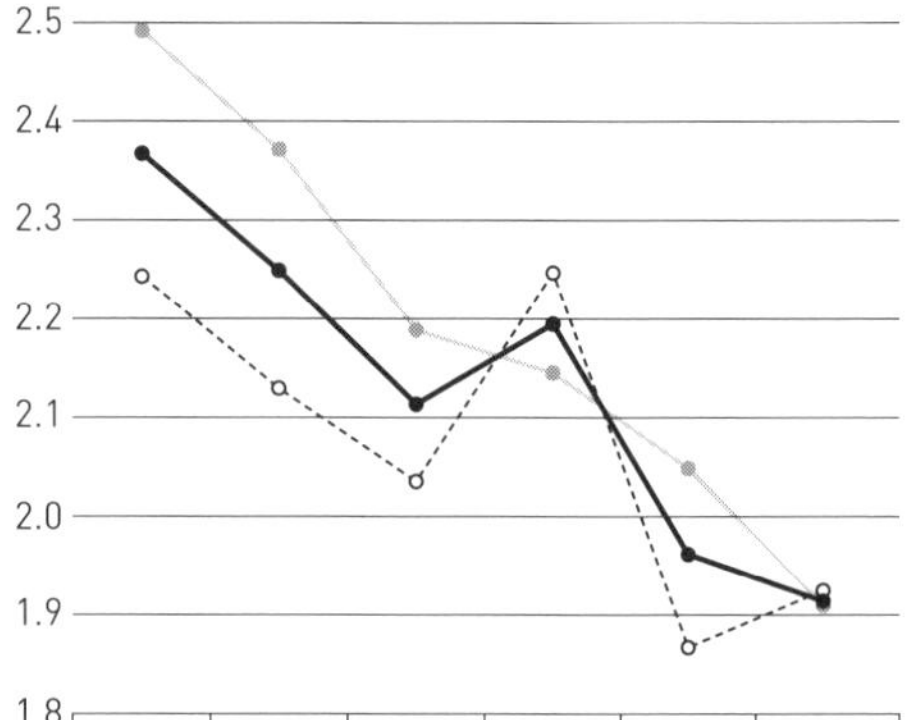

	20代	30代	40代	50代	60代	70代以上
男女	2.362	2.243	2.109	2.190	1.955	1.913
男	2.239	2.125	2.031	2.241	1.864	1.921
女	2.488	2.368	2.185	2.139	2.044	1.905

男女　男　女

当初、「WHOは中国からの資金ゆえに生物兵器の漏洩《ろうえい》を見逃している」という説がSNSで見られたので[18]、SNS信頼とWHO信頼は対立し、負の相関になると予想したが、正の相関だった（SNSを信頼している人ほどWHOも信頼している）。WHO信頼は陰謀論と無相関なので、生物兵器説ともども考察の対象外としてよいだろう[19]。

年代との相関を見ると、負の相関、つまり若者が高いのは孤独のみだった（表5）。男性では有意な相関がないが、図5を見ると五十代男性の突出が原因で、若年層ほど孤独を感じるのは全体的傾向であるように見える。

SNS信頼は正の相関を示したが、男女とも山や谷があり、それが相殺し合って、男女合計で傾きの小さい直線を描いているので、偶然できた相関だろう（グラフは割愛）。

以上から陰謀論が若者に支持される背景要因[20]として、若者の孤独が大きいと考えることが可能である。排他性とSNS信頼は、若者だけに顕著とは言えなかった。年長者は新聞やテレビに接するが、若者はネットやSNSに依存し、知りたい情報にしか触れない「フィルター・バブル」状態から陰謀論を信じる、という仮説も疑わしい[21]。

宗教・スピリチュアリティとコロナ陰謀論の相関〜陰謀論者の実数の少なさ

次に、宗教・スピリチュアリティとコロナ陰謀論との相関を見る。まず注目するのは、次の三つの質問項目

18 例を挙げる。「幸福実現党員のつぶやき。中国発新型コロナは、よくわからない事が多い。…中国の生物兵器研究所から漏れたものなら、中国は情報を公開すべき。…WHOテドロス事務総長も同じだ」(二〇二〇年三月三十日)〈https://twitter.com/furuyamatakao/status/1244437730089558017〉。

19 なお、生物兵器説とWHO信頼には有意な負の相関があった(r=-0.16749、1%水準で有意)。生物兵器説を信じる人ほどWHOを信頼していない。考察対象の陰謀論とWHO信頼は無相関なので、やはり生物兵器説は異質だと考えられる。ナショナリズムとの関連を疑い、「自国の政府は、他国の政府よりも、COVID-19に対する正しい対策を取っている」という質問文と生物兵器説の間の相関も調べたが無相関だった(r=0.01865)。情報統制をおこなった中国政府なら生物兵器説はありうるという判断だろう。

20 ここでの「背景要因」とは直接的な因果関係ではない。そもそも社会的現象・文化的現象は複雑な要因から成り立っている。陰謀論支持に至る要因の候補を理論的仮説としていくつか立て、その中で若者の陰謀論支持の要因で最も大きなものが孤独だったという結果である。ただし「相関は因果関係を示さないし、他の媒介変数による疑似相関もありうるから、要因については何も語れない」というのも極論である。因果関係についての理論的に有望で統計的に有意な相関を伴う仮説は、単なる推測ではなく、無視するべきではない。

21 次を参照。「若者が陰謀論を受け入れやすいのは、彼らの情報源であるインターネットやソーシャルメディアが陰謀論でいっぱいだからでしょう」。Spyros Zonakis「『陰謀論』にとらわれる人の傾向と対策」(『The Big Issue Online』二〇二一年八月十六日)〈https://bigissue-online.jp/archives/1080610254.html〉

表6　コロナ陰謀論尺度と宗教・スピリチュアリティの相関

	コロナ陰謀論	宗スピ興味	ヨーガ瞑想	宗スピ支え
コロナ陰謀論				
宗スピ興味	0.33740**			
ヨーガ瞑想	0.43346**	0.55772**		
宗スピ支え	0.33537**	0.65218**	0.57638**	

N=1125の時　r>0.05845ならp<.05
r>0.07677ならp<.001

である。

Q11-16　COVID-19発生から現在までの期間のだいたいにおいて、宗教やスピリチュアリティに興味がある（宗スピ興味）。20・4％

Q11-18　COVID-19発生から現在までの期間のだいたいにおいて、ヨーガや瞑想をおこなっている（ヨーガ瞑想）。14・3％

Q11-20　宗教やスピリチュアリティは、自分にとって、COVID-19発生中においては気持ちや精神状態の支えとなっている（宗スピ支え）。19・6％

これらの点数と陰謀論との相関を見ると（表6）、いずれも高い正の相関を示し、宗教・スピリチュアリティとコロナ陰謀論との関係は極めて高いと言える。また、三項目は相互に高い正の相関を示し、どれか一つに肯定的な人は他の二つについても肯定的である。

だが「宗教やスピリチュアリティに関心があり、実践をし、心の支えとしていた人々の多くはコロナ陰謀論を信じている」と考えるのは間違いである。例えば、コロナ陰謀論との相関が最も高い「ヨーガ瞑想」と、年代との相関が高く、周縁性も高い「製薬会社デマ説」との関係を実数で見てみる（表7、図6）。

製薬会社デマ説の肯定派（「ややそう思う」と「とてもそう思う」）の人数は、ヨーガ

表7　ヨーガ瞑想実践者と製薬会社デマ説

ヨーガ瞑想		全くそう思わない	あまりそう思わない	ややそう思う	とてもそう思う
製薬会社デマ説	否定	638	254	95	15
	肯定	39	33	38	13
	肯定回答率	5.8%	11.5%	28.6%	46.4%

図6　ヨーガ瞑想実践者と製薬会社デマ説（年代別・性別）

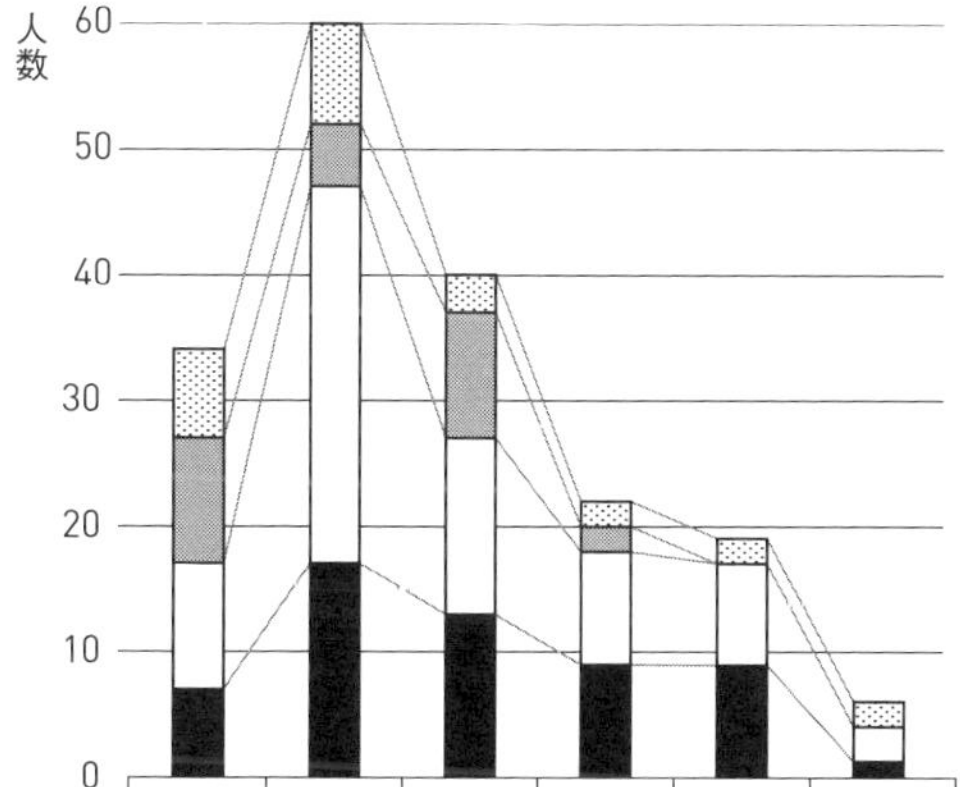

	20代	30代	40代	50代	60代	70代以上
肯定女	7	8	3	2	2	2
肯定男	10	5	10	2	0	0
否定女	10	30	14	9	8	3
否定男	7	17	13	9	9	1

■ 否定男　□ 否定女　▩ 肯定男　⚄ 肯定女

瞑想が否定から肯定へと行くにしたがって、三十人台をキープし、最後の「とてもそう思う」で十三人に落ち込む。しかし、肯定回答率からは、「ヨーガ瞑想」をおこなう人ほど陰謀論を信じる傾向が見える。これは、ヨーガ瞑想の熱心な実践者（「とてもそう思う」）が少数なので、その中で陰謀論を信じている人も少ないのだが、熱心でない人のグループと比べると、割合としては高くなるということである。それでも、ヨーガ瞑想の熱心な実践者の中で製薬会社デマ説の肯定派は十三人のみで、千人以上の回答者の中では極めて少ない。「ヨーガ瞑想」実践者（「ややそう思う」＋「とてもそう思う」）一六一名の中でも、製薬会社デマ説の肯定派は五十一名だけ、否定派は倍以上の一一〇名である。これでは実践者の多くが肯定派だとは言えない。

　スピリチュアリティの研究者である私の実感でも、陰謀論に眉

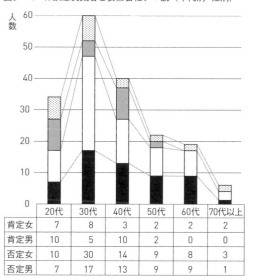

をしかめる実践者は多い。だが、世間から見ると、スピリチュアリティの実践者には陰謀論を信じる人が多いように見える。つまり、スピリチュアリティ内では陰謀論者は少数派だが、外からは陰謀論者がスピリチュアリティ界隈に集中しているように見えるのだ。

さらに年代別に肯定・否定の実数を見る（図6）。棒グラフの上方に肯定派を配すると、否定派の上に肯定派が若干付け加わった状態である。二〇〇〇年代スピリチュアル・ブームの担い手は五十代以上だが、この年代の肯定派は二割もいない（二十二人中四人）。これは重要な知見である。

一方、ヨーガ・瞑想の実践者が最多なのは三十代であることが明示された。スピリチュアリティ研究の文脈では、新しい世代の成長を示唆する重要な知見である。スピリチュアリティ実践者は高齢化して衰退するどころか、むしろ若い世代が参入して盛り上がりつつあることが読み取れる。

若年層は中高年層より陰謀論を信じやすいはずだが、実数で見ると否定派は相当多く、特に女性が否定的である。これは、コンスピリチュアリティに女性が多く参入しているという議論と食い違う。

男女の内訳は、八十三人と九十八人で大きな差はない。日本ではスピリチュアリティ実践者は女性が圧倒的に多いとされてきたが、実際には関心分野によって大きく異なる（後掲の表10参照）。

SBNRの析出と陰謀論の点数の高さ

次に、「スピリチュアルだが宗教的ではない spiritual but not religious（「SBNR」と略記）」と呼びうる

表8　信仰者とSBNRの人数（年代別・性別）

	信仰男女	信仰男	信仰女	SBNR男女	SBNR男	SBNR女	懐疑派男女	懐疑派男	懐疑派女	サンプル全体
20代	47	26	21	37	18	19	80	44	36	174
30代	59	32	27	49	21	28	107	63	44	218
40代	85	48	37	53	23	30	112	63	49	258
50代	71	39	32	29	14	15	91	48	43	216
60代	69	42	27	25	10	15	82	40	42	179
70代以上	39	13	26	5	2	3	31	19	12	80
合計	370	200	170	198	88	110	503	277	226	1125

群を抽出し、信仰者および懐疑派と比較する。参照するのは次の質問である。

Q12　あなたは宗教的信仰を持っていますか。次の選択肢なら、どの宗教的信仰が自分に当てはまると思いますか。最も自分に近いものをあげてください。

1　仏教系の信仰26・0％、2　神道系の信仰3・7％、3　キリスト教系の信仰2・7％、4　イスラム系の信仰0・1％、5　その他の信仰0・4％、6　無い67・1％

1〜5の信仰者の合計は三二・九％だが、仏教系が多い。SBNRは、信仰が「無い」と答え、「宗教やスピリチュアリティに興味がある」「ヨーガや瞑想をおこなっている」「宗教やスピリチュアリティが気持ちや精神状態の支えとなっている」のうち、少なくとも一つで肯定的回答を示した人だが、全体の一七・六％だった。信仰者とSBNRを足すと五〇・五％なので過半数が信仰者かSBNRだということになる。

さらに信仰が「無い」と答え、Q14「次の選択肢の中であなたが信じているものを、いくつでもかまわないので答えてください」で「無い」と答えた人を懐疑派とした。懐疑派は全体の四四・七％である。つまり日本人の四割は懐疑派、三割は信仰者、二割はSBNRとなる。

信仰者とSBNRと懐疑派の人数を年代別、性別にまとめる（表8）。信仰者

表9　陰謀論尺度の年代別・性別の平均点（信仰者・SBNR）

	信仰男女	信仰男	信仰女	SBNR男女	SBNR男	SBNR女	懐疑男女	懐疑男	懐疑女
20代	5.5	6	4.9	6.4	7.1	5.7	5.4	5.7	5.1
30代	4.9	5.5	4.1	6.2	6.4	6.1	5.2	5.1	5.3
40代	4.7	4.6	4.8	5.6	6.3	5.1	4.8	5.1	4.5
50代	4.9	4.9	5	5.4	5.3	5.5	4.7	4.7	4.7
60代	4.5	4.6	4.3	5.7	5.6	5.7	4.5	4.2	4.9
70代以上	4.6	4.7	4.5	5.4	3.5	6.7	3.7	3.5	4.2
全年代	4.8	5	4.6	5.9	6.2	5.6	4.9	4.9	4.8
相関係数	-0.8065	-0.8269*	-0.1793	-0.8543*	-0.9147*	0.4099	-0.9563**	-0.9716**	-0.7311

n=6（年代区分は6）のとき、r>0.811401ならp<0.05*　r>0.917200ならp<0.01**

は男性が多く、SBNRは女性が多く、懐疑派は男性が多い。年代別の出現率（その年代のサンプル全体に占める割合）を見ると（表8では割愛）、信仰者は年長者ほど多く、SBNRは若者ほど多く、懐疑派は年代差がない。

次に信仰者・SBNR・懐疑派での陰謀論の平均を見た（表9）。全サンプルの平均四・八三以上の欄を薄い灰色、最高点七・一との中間六・〇以上の欄を濃い灰色で塗った。

三群の中で陰謀論の点数が最も高いのはSBNRである。ただし、SBNRでマイクロチップ説は三四・三％、製薬会社デマ説は二二・七％しか肯定していない。陰謀論者は、SBNRの中でもマイノリティである。

どの群でも共通して、二十代が全体の平均を超え、特に男性は若者ほど点数が高い（年代と陰謀論との間に有意な負の相関）。懐疑派でも若年層では平均を超えている。

陰謀論の点数が高い神道系・瞑想・スピリチュアル本

最後に、個別の信仰・信念・実践の陰謀論点数を見る。注目するのは下記の質問である（選択肢は後掲の表に示す）。

Q12　あなたは宗教的信仰を持っていますか。次の選択肢なら、どの宗教的信仰が自分に当てはまると思いますか。最も自分に近いものをあげてください（信仰）。
Q14　次の選択肢の中であなたが信じているものを、いくつでもかまわないので答えてください（信念）。
Q15　次の選択肢の中であなたがこの1年以内におこなったことがあるものを、いくつでもかまわないので答えてください（実践）。

個々の選択肢を選んだ人の平均年齢、男性の割合、また陰謀論、孤独、排他性、ＳＮＳ信頼の平均点を表10にまとめた。全体の平均より高い欄を薄い灰色で塗り、その上位半分を濃い灰色で塗った（平均と上位基準は表下部）。若者ほど陰謀論を支持するので、年齢は全体の平均より低い欄を灰色に塗った。イスラム系信仰は一人しか該当せず、「その他」は量的に分析できないので色塗りの対象外とした。

まず、意外にも陰謀論点数が平均四・八三以下の白い欄が目立つ。五点未満は陰謀論三項目すべてに確実に否定的なので、四・八三より低い白い欄は陰謀論にかなり懐疑的であることを意味する。逆に、信念・実践が「無い」人は薄い灰色で、平均より高い。

次に、濃い灰色の欄に注目する。陰謀論点数が高いのは、神道系の信仰、瞑想、スピリチュアルな本を読む行為（以下スピ本）だった。[22] この三項目について、孤独・排他性・ＳＮＳ信頼の平均点を見ると、いずれも

22　マイクロチップ説の肯定派と否定派、各項目の肯定派と否定派でクロス集計表を作り、全項目でχ2検定（イェーツの補正、自由度一）を試みると、これら三項目で一〇％水準の有意な傾向が見られた。他方、墓や納骨堂の訪問、祈願は、実践している人の方がマイクロチップ説を否定する一〇％水準の有意な傾向を示した。

	孤独	排他性	SNS信頼	影響の型
	2.18	2.10	2.40	
	2.17	2.31	2.36	共鳴
	2.10	2.10	2.33	
	3.00	2.00	3.00	
	2.00	1.80	3.00	
	2.14	2.07	2.37	
	2.19	2.07	2.45	代替
	2.21	1.97	2.45	代替
	2.22	2.14	2.45	代替
	2.13	2.00	2.44	
	2.19	2.01	2.48	代替
	2.34	2.16	2.48	代替
	2.18	2.07	2.51	代替
	2.29	2.02	2.41	代替
	2.16	2.01	2.47	代替
	2.11	2.56	2.22	
	2.12	2.09	2.32	
	2.24	2.13	2.44	代替
	2.34	2.01	2.34	共鳴
	2.04	2.02	2.39	
	2.26	2.30	2.22	共鳴
	2.10	2.01	2.42	
	1.99	2.05	2.35	
	2.08	2.00	2.33	
	2.27	2.10	2.40	代替
	2.38	2.08	2.52	代替
	2.20	1.92	2.52	代替
	2.80	2.20	2.20	
	2.10	2.08	2.35	
	2.15	2.09	2.38	
	2.22	2.14	2.45	

濃い灰色の項目がある。

解釈すると、「神道系の信仰者はより排他的」「瞑想実践者はより強く孤独を感じている」「スピ本の読者は孤独を感じやすく、異説に怒りやすい」となる。薄い灰色まで広げると、孤独は神道系でも平均以上だ。陰謀論はやはり孤独と関係していることが明らかになった。

ところがもう一つの要因であるSNS信頼は、三項目（神道系・瞑想・スピ本）では逆に平均より低い。これは、コロナ禍中にコンスピリチュアリティがSNSの影響で形成されたという見方を否定する。「SNSで根拠不明の陰謀論を広めているアカウントの一部にはスピリチュアルな発言が見られるので、コンスピリチュ

表10　信仰・信念・実践による陰謀論およびその要因の点数

	SQ	回答	回答率	平均年齢	男割合	陰謀論
Q12 宗教的信仰（単一回答）	1	仏教系の信仰	26.0%	51.0	55%	4.71
	2	神道系の信仰	3.7%	42.0	52%	5.45
	3	キリスト教系の信仰	2.7%	47.4	43%	5.00
	4	イスラム系の信仰（1人のみ）	0.1%	21.0	0%	8.00
	5	その他の信仰	0.4%	35.8	60%	5.20
	6	無い	67.1%	45.4	48%	4.82
Q14 信じているもの（複数回答）	1	神（人間や世界よりも上位の超越的存在）	24.3%	46.5	41%	4.64
	2	さまざまな種類の神（人間よりも上位の霊的存在）	18.5%	45.5	41%	4.49
	3	仏（悟りを開き人々を救う存在）	23.3%	49.1	46%	4.83
	4	子孫を守護する先祖	26.4%	47.8	42%	4.50
	5	守護霊・指導霊	16.6%	44.9	37%	4.71
	6	天使・守護天使	6.5%	42.3	36%	4.81
	7	悪魔・悪霊・邪神	4.9%	42.8	51%	4.80
	8	心身を癒す霊的エネルギー	9.7%	43.6	40%	4.80
	9	占いや霊視	6.8%	41.6	36%	4.58
	10	その他	0.8%	39.4	56%	5.67
	11	無い	52.3%	46.5	56%	4.86
Q15 1年以内におこなったもの（複数回答）	1	祈り	24.8%	50.1	47%	4.68
	2	瞑想	7.1%	42.9	55%	5.68
	3	特定の宗教的伝統の聖典・経典を読む	4.8%	51.6	56%	4.65
	4	特定の宗教を信じていないかもしれない一般読者向けの宗教的またはスピリチュアルな（精神的な、霊的な）本を読む	2.4%	42.3	43%	5.81
	5	墓や納骨堂を訪問する	19.9%	51.7	63%	4.39
	6	死者のための特別な儀式（追悼や供養など）	6.7%	53.4	63%	4.16
	7	スピリチュアルなエネルギーを用いて、自分や他の人の心身を癒す	1.1%	44.4	17%	5.42
	8	実用的な利益を願う	6.5%	45.4	60%	4.23
	9	占いをおこなったり（オンライン占いを含む）、占い師や霊能者に相談する	4.4%	40.0	32%	4.76
	10	金額の大小にかかわらず献金をする	5.8%	53.1	46%	4.31
	11	その他	0.4%	44.0	40%	5.40
	12	無い	52.5%	45.1	51%	4.96
		全サンプルの平均		46.71	50%	4.83
		上位の基準		43.6以下	56%	5.45

表11　SNS信頼の点数別に見た陰謀論点数の平均

		SNS信頼					
		1	2	3	4	全体	相関係数とp値
神道系	陰謀論	5.50	5.14	5.93	5.00	5.45	r=0.07516
	人数	4	21	15	2	n=42	p値=0.636
瞑想	陰謀論	5.64	5.06	6.43	5.50	5.68	r=0.15943
	人数	11	35	30	4	n=80	p値=0.158
スピ本	陰謀論	5.20	5.33	7.11	3.00	5.81	r=0.21468
	人数	5	12	9	1	n=27	p値=0.282
神道＋キリ	陰謀論	5.83	5.03	5.64	5.67	5.26	r=0.03198
	人数	6	38	25	3	n=72	p値=0.790
瞑＋本＋癒	陰謀論	5.47	5.02	6.41	5.50	5.64	r=0.06069
	人数	15	44	39	4	n=102	p値=0.061
SBNR	陰謀論	5.23	5.66	6.10	7.25	5.88	r=0.17031*
	人数	13	93	84	8	n=198	p値=0.016

アリティはＳＮＳの影響を受けている」という見立ては、そうしたアカウントが目立つとしても、一般論としては妥当でない。

そこで、陰謀論傾向の高い項目について、ＳＮＳ信頼の点数別に陰謀論点数をまとめた（表11）。薄い灰色は項目全体の平均点より高い欄である。神道系、瞑想、スピ本（スピリチュアルな本を読む）はいずれもＳＮＳ信頼が三点のときがピークで、四点では下がる。そもそもＳＮＳ信頼が四点の人は五人未満である。

どの項目でもＳＮＳ信頼と陰謀論との間に有意な相関はない。各項目の該当者が少ないため、表10で薄い灰色だった項目とも合算して見てゆく。信仰では「神道系＋キリスト教系」、実践では「瞑想＋スピ本＋スピ癒し」の合算となる。それでもＳＮＳ信頼が四点の人は、七十二人中三人、一〇二人中四人しかいない。

こうした信仰や実践の関与者は、コロナ情報に限らず普段からＳＮＳをあまり信頼していない可能性もある。これはコンスピリチュアリティやスピリチュアリティ実践者を観察するのにＳＮＳが適していないことを示す重要な知見である。

また合算した場合でもＳＮＳ信頼と陰謀論の相関は見られなかっ

た。神道系＋キリスト教系では、ＳＮＳ信頼一点のグループで陰謀論点数が最も高い。ＳＮＳを信頼しないとすると、彼らは教団経由で陰謀論を信じている可能性が高い。念のため、ＳＢＮＲ（スピリチュアルだが宗教的ではない）での陰謀論とＳＮＳ信頼との相関を見たら五％水準で有意だった。だが、回答者全体では一％水準の有意なので、相関が弱まっている。

図7　SBNRにおける陰謀論点数別のSNS信頼点数（折れ線グラフ）と人数（棒グラフ）

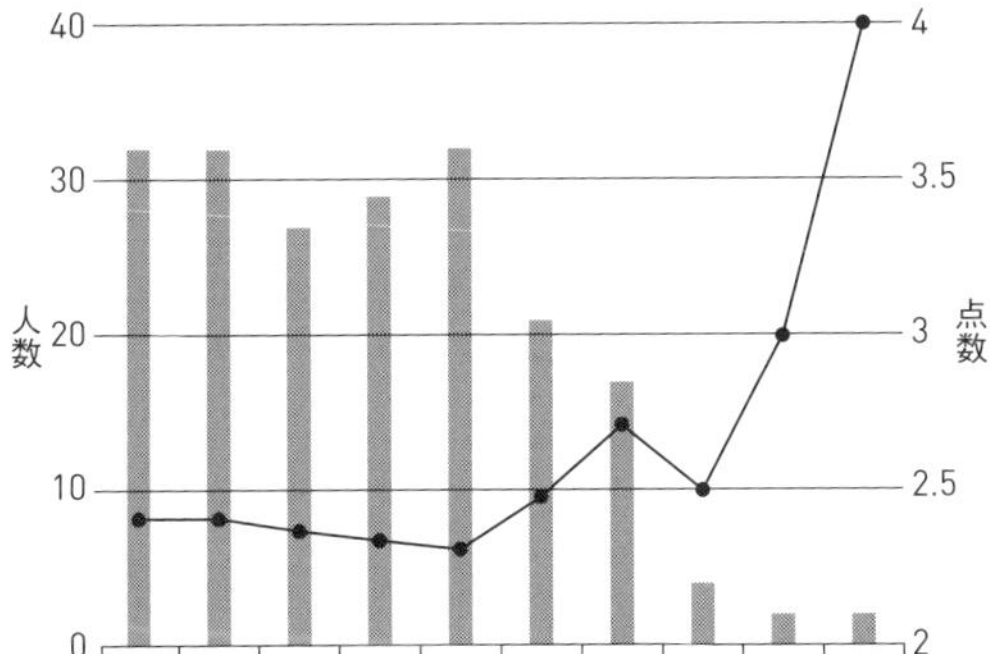

	3	4	5	6	7	8	9	10	11	12
人数	32	32	27	29	32	21	17	4	2	2
SNS信頼	2.41	2.41	2.37	2.34	2.31	2.48	2.71	2.50	3.00	4.00

ＳＢＮＲにおける陰謀論点数別の人数、およびＳＮＳ信頼の平均点を見る（図７）。陰謀論点数は七点になると三項目の少なくとも一つに肯定的な回答を付けることになる。人数は、七点までは三十人前後だが、八点で約二十人に急減する。一〇点では四人しかいない。

ＳＢＮＲは懐疑派や信仰者より陰謀論を支持するはずだが、実数で見ると、「ＳＢＮＲの多くが陰謀論を支持している」と言えない。七点以上で広く括っても約四割しか支持者はいない。

ＳＮＳ信頼は陰謀論が一〇点でも二・五点と中間点に留まる。一一点と一二点のたった四人の間で急上昇している。つまりＳＮＳを過度に信頼し、陰謀論を熱心に信じる少数派がＳＢＮＲにおり（陰謀論一一点と一二点の四人＝約二％）、相関係数を押し上げている。情報学者の鳥海不二夫が特定した少数の陰謀

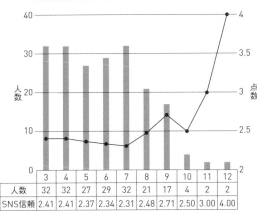

論拡散アカウントに含められるだろう。

多くのSBNRはSNSを信頼していない。陰謀論七〜八点のライトな陰謀論支持者は約三分の一だが、SNS信頼は低い。彼らはスタークとベインブリッジの分類では「カルト運動」まではゆかず、「オーディエンス・カルト」に留まるだろう。つまり、情報を受動的に消費するに留まる。SNS上の少数アカウントをオーディエンスとして眺めているか（ツイッターよりYouTubeの受動的視聴者に当てはまる態度）、書籍やリアルな仲間から影響を受けているか、そもそもSNSに熱心でないか、であろう。そして実数ではSBNRの約六割が陰謀論を明確に退けている。

SBNRに入りうる瞑想とスピ本は、陰謀論点数が高いのにSNS信頼は低い。その中で陰謀論点数が高いのは、SNS信頼を問われて「ややそう思う」と答えた人たちだった。彼らは、陰謀論インフルエンサーを信奉し、熱心に拡散するというより、興味深く消費するオーディエンス・カルトに留まる可能性が高い。

以上から、信仰者やSBNRの陰謀論支持はSNSとさほど関係せず、信仰者は教団の影響、SBNRは本の影響が大きいと言える。現代日本のコンスピリチュアリティは、なおオーディエンス・カルトの域にある。SNSでの拡散は、おそらくデモなどを企画する宗教団体（注8参照）の「カルト運動」の一環で、SBNRの中でもほんの少数（二％程度）しか参入していないだろう。

陰謀論の点数が低い宗教・スピリチュアリティ

表10で陰謀論と三要因（孤独・排他性・SNS信頼）の関係を見ると、三要因に濃い灰色の欄があるのに陰謀論が平均未満の、かなり懐疑的な群がある。

特に信念の項目が多い。神、神々、仏、守護霊、天使、悪魔、癒しの霊的エネルギー、占いや霊視である。実践では、祈り、祈願、占い、献金がある。例えば祈願実践者のうち製薬会社デマ説を「ややそう思う」と答えた人は七％、「とてもそう思う」はゼロ、マイクロチップ説は「ややそう思う」六人と「とてもそう思う」一人で合わせて一割しかない。

以後、陰謀論も背景要因も高いパターンを「相乗」とし、背景要因が高いのに陰謀論が低いものを「代替」と呼ぶ。具体的には次の項目である。

相乗：神道系（若・やや男）、**瞑想**（若・やや男）、**スピ本**（若・女）

代替：神（やや若・女）、**神々**（やや若・女）、**仏**（やや老・やや女）、**守護霊**（やや若・女）、**天使**（若・女）、**悪魔**（若・やや男）、**癒しの霊的エネルギー**（若・女）、**占いや霊視**（若・女）、**祈り**（老・やや女）、**祈願**（やや若・男）、**占い**（若・女）、**献金**（老・やや女）

相乗より代替の方が圧倒的に多い。「相乗」（陰謀論も背景要因も高い）はその項目が背景要因との相乗効果で陰謀論を高めたと解釈される。例えば、「神道系の信仰が、コロナに関する異説を聞くと怒りを覚える排他性と相まって、陰謀論に傾かせた」となる。SNS上の陰謀論には、日の丸・鳥居などの絵文字を付けた保守派のアカウントが目立つので、驚くことではない。

また「瞑想の実践がコロナ禍中の孤独と相まって陰謀論に向かわせた」「スピ本を読むことが、コロナ禍中の孤独や排他性と相まって陰謀論に傾かせた」などと解釈できる。これは機械的に導いた解釈なので、該当する発信者の投稿の分析や、SNS外でのインタビューが必要である。

陰謀論者の典型である若い男性が、三要因との相関も高いので、「相乗」型の神道系と瞑想に若い男性が多いのは驚くことではない。スピ本は若い女性が多いが、孤独と排他性が高いためか、陰謀論点数が最も高い。とはいえ、該当者は全回答者の二・四％である。

「代替」（背景要因が高いのに陰謀論が低い）型は、当初「抑制」と命名することも考えた。三要因があるのに陰謀論が抑制されているという見方である。だがこの抑制効果はなぜ生じたのか。その理由まで考えると、信仰・信念・実践が陰謀論の代替となっている可能性に行き着く。

例えば、占いを信じ、実践する人は、陰謀論の背景要因となりうるSNS信頼が高いのに、陰謀論に否定的である。

これを説明するために、まず占いには陰謀論抑制効果があると仮定する。だが、具体的に陰謀論を抑制する要素が不明である。むしろ、表に現れない真実を見抜こうとする占いは、陰謀論と似ている。そこで、「コロナ禍中のSNS信頼にもかかわらず、事象の奥の真実を知りたいという欲求は、陰謀論の代わりに占いで充足され、陰謀論を抑制した」と解釈できる。また、SNS上には営業目的の占い師が多く、日々の託宣を発信しているので、占い関心層のSNS信頼は、それによる可能性もあり、陰謀論と関連づけられないのかもしれない。

他の代替型の解釈も示そう。信念の項目は一括りに考えられる。超越的な神、上位の神々、悟りに導く仏、その他、守護霊、天使、悪魔といった不可視の存在を信じていると、陰謀論に傾かせるはずの孤独が高くても癒されやすい。また陰謀論に向かわせるSNS信頼が高くても、その信念の強化のためにSNSが用いられるので陰謀論を信じずにすむ。

実践の項目の場合、祈り・祈願・献金の実践者は、孤独やSNS信頼が高くても、献身の対象があるので陰謀論を信じる必要がない、となる。なお、代替型項目の回答者は（祈願を除けば）若い女性が多い。彼女らは、宗教やスピリチュアリティによって、コロナ禍でも陰謀論を支持せずにすんでいると言える。

逆に、陰謀論は、孤独・排他性・SNS信頼という背景要因を緩和しないのだろうか。神真都《やまと》Qなどの過激な言動[23]を見る限り、周縁的な陰謀論の支持は、孤独や排他性を緩和するどころか悪化させ、マスメディア不信をますます募らせる可能性がある。SNS上の仲間や団体の仲間が孤独を癒したとしても、現実世界からは孤立する。

代替型の信仰・信念・実践が三要因と陰謀論との関係を弱めるのに対して、陰謀論は三要因を悪化させると言える。これはあくまで量的データの解釈であり、インタビューで検証する必要があるだろう。

23　「Qアノン日本版メンバーか、４人逮捕　ワクチン接種の会場に侵入容疑」（『朝日新聞』二〇二二年四月七日）〈https://www.asahi.com/articles/ASQ4745CSQ47UTIL018.html〉

陰謀論から遠ざける宗教・スピリチュアリティ

ところで、陰謀論点数が高かった神道系信仰は伝統宗教であり、周縁的ではないと考える人もいるだろう。しかし意外にも神道系信仰者の割合は三・七％しかなく、極めて周縁的だった。

神社への一年以内の参拝者も九・九％と少ないが、神道系信仰者よりは多い。神社を参拝しているのに信仰を問われて神道系だと答えなかった人々は、家と寺院のつながりを思い出して仏教系と答えた可能性がある。パワースポット神社の訪問者は二〇〇〇年以後に増加したが、多くは神社の氏子や崇敬《すうけい》者ではなく、様々な神社を参詣し、御朱印を集め、祭神ではなくパワーがある樹木や石や水辺などに引きつけられる人たちである[24]。神社人気は信仰者の増加につながっていないと言える。また、本調査で神道系信仰があると答えた人は、排他性がかなり強く、ＳＮＳ信頼は低いことから、ナショナリスティックな政治目標を掲げる神道系教団の関係者である可能性もある。

相乗・代替の他に、「単独」という型も論理的にはありうる。陰謀論を高める三要因が低いのに、宗教・スピリチュアリティ項目の肯定だけで陰謀論を高めるパターンである。だがそのような項目はなかった。陰謀論が高ければ三要因のどれかが必ず高いということは、三要因の影響の方が強いことを意味する。にもかかわらず、宗教・スピリチュアリティの代替型の要素は、それらを緩和し、陰謀論を抑制したということである。

さらに、陰謀論も三要因も低い、白ないし薄い灰色の項目がある。

白のみ：死者供養（老・男）
陰謀論が白：仏教系（老・やや男）、先祖の守護（やや若・女）、聖典・経典（老・男）、墓参り（老・男）
陰謀論が薄い灰色：キリスト教系（やや若・女）、スピリチュアルな癒し（やや若・極めて女多い）、cf. 信念無い（やや若・男）、実践無い（やや若・やや男）

陰謀論が白の項目は、伝統宗教、特に葬式仏教の枠に収まる内容が多い。年齢は高めで、男性率が高い。彼らは、三要因を反転させて考えると、コロナ禍でも孤独を感じず、SNSよりマスメディアを受け入れ、コロナに関して周囲の意見に同調するタイプなので、周縁的なコロナ陰謀論を信じることはない。先に見た高齢男性での陰謀論の低さも、伝統遵守の同調的態度ゆえに新奇な陰謀論を嫌うからだと説明できる。

結論

これまでの分析、考察から、コロナ禍における日本のコンスピリチュアリティについては、次のような結論が導き出されるだろう。

○まずスピリチュアリティとの関係を抜きに、陰謀論の背景要因としては孤独・排他性・SNS信頼があることがわかった。自己の主張と一致する情報の集中的受容、他の情報からの自己隔離の結果、組織的情報工作の可能性のある陰謀論を自ら進んで支持する「自己マインドコントロール」の状態にあると推測

24　堀江宗正『ポップ・スピリチュアリティ——メディア化された宗教性』岩波書店、二〇一九年、第八章。

される。

○退職後の男性がYouTubeを見すぎて陰謀論にハマるという通説とは逆に、高齢男性は最もコロナ陰謀論を支持しない。典型的支持者は若い男性である。高齢男性は、伝統遵守、マスメディア支持ゆえに、周縁的な説を嫌うと考えられる。

○陰謀論との結びつきは、信仰者や懐疑派よりＳＢＮＲ（スピリチュアルだが宗教的ではない）の方が強く、確かにコンスピリチュアリティとまとめられるような人々は存在する。

○しかし、ＳＢＮＲの中で、陰謀論者はマイノリティである。

○コンスピリチュアリティには女性も多く含まれているという先行研究の主張は、本調査では支持されず、むしろ男性が多い。

○宗教・スピリチュアリティの中で、コロナ禍での孤独感の高まりの影響を受けて、コロナに関する意見の不一致に怒りを覚え、陰謀論を支持する集団が明らかになった。神道系の信仰を持つ人、瞑想を実践する人、スピリチュアル本を読む人である。いずれも若者が多い。スピリチュアル本の読書は女性が多いが、それ以外はやや男性が多い。

○ところが、彼らのＳＮＳ信頼（マスメディア不信とセット）は弱く、ＳＮＳで目立つ陰謀論者とは異なる人々と見られる。

○ＳＢＮＲは一般的に「オーディエンス・カルト」に留まっている。ＳＮＳで陰謀論インフルエンサーを熱心に信奉し、拡散している人々は「カルト運動」に関わっていると見るべきである。

○オーディエンス・カルトとカルト運動の中間に、生産者《プロデューサー》でもあり消費者《コンシューマー》でもある人々による「プロシューマー・カルト」がSNSに存在すると見ることができる。

○コロナ禍において孤独・排他性・SNS信頼という陰謀論を高める要因の影響を受けていても、特定の宗教・スピリチュアリティへの関与が陰謀論を防ぐパターンが顕著に見られた。どちらかと言えば、若い女性がこうした宗教・スピリチュアリティの項目（超越的存在やエネルギーへの信念、占い、祈りなど）を選択する傾向がある。

○コロナ禍の影響も少なく、陰謀論の支持にも至らないのは、高齢男性によく見られる伝統宗教的（特に葬式仏教的）な実践である。集団への同調ゆえに周縁的な陰謀論は支持しないと見られる。

総じてアスプレムとディレンダルの「コンスピリチュアリティはスピリチュアリティの一部にすぎない」という見立ては、日本人回答者の間で正しいことが立証された。SBNRの中では瞑想とスピリチュアル本の読書がコンスピリチュアリティの形成に関与している。

瞑想はコロナ禍の人々の心を安定させているという説もあるが、瞑想実践者は、相対的に孤独感が高く、陰謀論をより支持するという結果である。スピリチュアル本の読者は、陰謀論を支持するがSNS信頼は低く、書籍経由で陰謀論を信じるに至ったオーディエンス・カルトだと言える。

コロナ陰謀論は、匿名だが特定の個人が作り出し、周縁性が高く、反社会的な小集団のカルト運動に担われている可能性が高い。それはコンスピリチュアリティと言われる層の形成に寄与しているものの、スピリチュアリティのごく一部でしかない。

むしろ、スピリチュアリティには、コロナ禍における孤独感や排他性やマスメディア不信を緩和する面があった。そして、陰謀論を日本人の平均以上に懐疑する人々の方がマジョリティであった。とはいえ、統計的に見ると、信仰者、懐疑派、SBNRという分類の中では、SBNRが最も陰謀論の支持者の割合が高い。だからといって、「スピ系だから陰謀論者に違いない」という偏見は、そうでないSBNRを傷つけるだけでなく、懐疑派との分断を深め、かえって彼らを陰謀論に向かわせる。

前述の通り、コロナ禍以前の目立った陰謀論である「東日本大震災は地震兵器によって引き起こされた」と「東日本大震災はアセンション（地球の次元上昇）の現れである」は、水と油のように分離していた。

ところが、コロナ禍以後に、米国福音派キリスト教由来のQアノンと、反共・反中の日中韓の宗教団体の組織化されたカルト運動の野合から、「コンスピリチュアリティ」と見えるような現象が注目を浴びてきた。したがって、運動が台頭した時期に着目すると、コロナ陰謀論はコンスピリチュアリティの単なる一部ではなく、日本における「コンスピリチュアリティ」の広まりにかなり関わっていると言える。

しかし、彼らの運動の本体はスピリチュアリティではなく、カルト運動である可能性が高い。スピリチュアリティはせいぜいオーディエンス・カルトとして、一部が陰謀論に吸い寄せられているに過ぎなかった。

今後、コロナ禍とは別の世界を揺るがすような出来事において新たな陰謀論が発生したときに、スピリチュアリティがどのように関係するのかを注視する必要がある。その中で、「コンスピリチュアリティ」という概念自体が比較文化的な一般概念として妥当なのかを検討するべきである。

特に、スピリチュアリティと陰謀論を誤って同一視することにつながらないか、カルト運動とスピリチュアリティの混同につながらないか、政治的情報工作としての陰謀論を社会現象的な包括的概念であるスピリチュアリティと結びつけることで、「誰か」が流したという作為性を隠蔽することにならないか、注意して見てゆく必要があるだろう。

宗教と陰謀のブリコラージュ

清 義明

キリスト教系陰謀論団体「X」

そのスピリチュアル系陰謀論団体「X」に興味を持ったのは、いわゆる「田布施《たぶせ》システム」という奇妙な日本発のミクスチュア陰謀論を追いかけていたからだ。しかし、それだけではない。田布施システム陰謀論については後述するので、まずはこの団体について語っていこう。

ネットを使って荒唐無稽な主張を展開するのは、もちろん陰謀論の世界では珍しいことではない。しかしこの団体に関しては、YouTubeやウェブサイトの雰囲気がセンスのいいビジュアルでまとめられているなど、そのターゲットが女性であることが特徴だ。

美容やダイエット、ファッションなどのライフスタイルをテーマにしているQアノン信者のインフルエンサーやそのソーシャルメディアの活動を最近ではよく目にする。もちろん最終的にはQアノンの主張に誘導されていくのがお約束だ。これらは「パステルQアノン[1]」と呼ばれている。この団体も「パステル陰謀論」のひとつと言えるかもしれない。

ただ、この団体Xに関しては、その主張はQアノンに負けず劣らず、まったくもって異様なものである。正直、常軌を逸しているものも多い。

その内容はといえば、ワクチン陰謀論や元俳優の三浦春馬暗殺説、ケムトレイルの「真実」、東北大震災は人工地震などの定番の陰謀論に始まり、さらにエスカレートしていく。以下、列挙していこう。

○癌という病気は存在しない。
○放射能はこの世に存在しない。
○悪魔崇拝者のエリザベス女王とローマ法王が五万人の幼児を虐殺していた。
○創価学会は日本最大の麻薬売買組織。
○タイタニック号は沈没していない。
○天皇は悪魔崇拝者で悪の頂点。
○北朝鮮のトップ金正恩は日本の天皇家の血筋。

1　パステルQアノン
SNSを通して、ライフスタイルやフィットネス、ダイエットやヒーリングなど、女性に訴えるテーマを用いて、女性に陰謀論を吹き込むために使われるテクニックと戦略。あるいはそうする人。

○京都こそが裏のエルサレム。悪魔崇拝者が京都を中心とした世界政府の樹立を目論んでいる。
○チベットは悪魔崇拝の聖地。
○UFOは天皇一派の乗り物。
○日本の古墳はドルイド教の生贄《いけにえ》儀式のための祭儀場
○サンタクロースは小児性愛者。子のためにと言いつつ無駄なおもちゃを強引にその親に押し売りする。
○三浦春馬、竹内結子、志村けん、上島竜平、神田沙也加、渡辺裕之、小林麻央などの人気俳優やタレントたちは、アイドル「嵐」ための生贄として中国共産党に殺害された。
○LGBTの運動は、同性愛を普及させて子孫を生ませず、人口削減により国力を削ぎ落とすための謀略。

馬鹿馬鹿しいことこの上ないばかりの主張だが、YouTubeなど動画とオーラルでのコミュニケーション技術を使うと、それなりの迫真性やもっともらしさも感じないでもない。確かにこのような陰謀が世のなかのいたるところに張り巡らされていれば、「毎日が奇跡に満ち溢れている」（同団体のサイト上の発言から）ということになるだろう。

彼らが主張するこうした「真実」にはひたすら困惑させられるのだが、この団体も謎が深い。特に興味深いのは、その被害妄想的猜疑《さいぎ》心だ。

あるとき、この団体の女性信者が運転していた自動車で交通事故にあった。大きなケガなどはなかったのは幸いだったが、この団体が異様だったのは、最初から何者かに狙われたと決めつけて、事故の相手方を「在日の人？」「創価の人？」などと詰問していく姿をその場で撮影し、YouTubeにアップしていることである。

さらには、なんの関係もない通りがかりの人物を創価学会の人間と断定して撮影し、これをネットにあげていく。あるとき、その動画をネットにあげようとするが、どうしてもエラーになる。これはサイト側にいる創価学会の人間が妨害しているからだともいう。

創価学会ばかりではなく、統一教会や生長の家などが信者を工作員として、この団体の主催者の施設に送り込んでくるとも主張している。そのため、この団体の信徒になるには厳密な面談を経なければならない。ネットでの動画やブログなどに出てくるのはほとんどが女性なのも特徴である。おそらく男性は来たとしても、工作員と認定されて面談ではねられてしまうのであろう。

さて、実はこの団体、韓国系のキリスト教団体から分派したセクトである。どういうわけか動画では音声しか登場しないこの「教団」の主催者は、天国に入ることが主によって決められている、「この時代の中心者」であるそうだ。これは日本の陰謀論団体では珍しいパターンだ。

この団体のウェブサイトのトップページには「貴方に天国から降り注がれる音楽を」というキャッチコピーが記載され、イメージ画像も砂浜の浅瀬に裸足で足を踏み入れ、夕日に向かうきれいな画像が使われている。スライドするイメージ画像は、続いて水面、秋と思しき野原、ドライフラワーのような花束。ヒーリング系とも言うのだろうか、センスのあるよくできているサイトだ。

サイトでは有料コースがあり、ここでは聖書にもとづくと言われる説法が音声ファイルで聴ける。メール一回分の「説教」が千五百円。なかなかの値段である。これに申し込んでみると、振込先の名義人にNという実名が指定されている。これが主催者である。

日本基督教団や日本福音同盟などのプロテスタント系の教会会員を中心に運営されている「異端カルト110番」によると、韓国系のキリスト教セクトである「キリスト教福音宣教会」（通称「摂理」）に帰依していたN氏が、なんらかの事情で脱会した末に、二〇一六年に立ち上げたと説明されている。

このN氏が所属していた「摂理」という名前に見覚えのある方もいるかもしれない。サークルやセミナーを装って大学などで勧誘をする手口で、現在は統一教会をしのぐ規模に膨れ上がっているとされている宗教団体である。二〇〇七年には同教団の教祖が、信者の女性へのわいせつ行為などで逃亡中の中国で逮捕され、韓国では社会問題化していたこともある。これにより教祖は懲役十年の刑期を務め、二〇一八年に出所したが、その後の二〇二二年に同様の性的暴行容疑で再び告訴されている。その一方で、当教団では近年でも「意識の高い系」の若い世代を中心に伸びているというのも特徴だそうだ。

団体Xの「朝の祈り会の説教」と呼ばれる有料課金の音声を聞いてみると、こんなことを説教している。「日本は裁きが下される。今年中に大バビロンである中国共産党が滅び去り、日本に侵入した中国人スパイたちもことごとく滅び去る。神様は七年間、このような御言葉を伝えてきた」とのことだ。

説教では、聖霊・天国・聖書・裁き・サタンなどのキーワードが、散りばめられ、日本に起こる災いに巻き込まれないように、それぞれが悔い改めるべきだという結論となる。

面白いのはこの主催者による説教が終わると、今度は何人かの女性信者が出てきてトークが始まることだ。主催者がいかに正しいことを言っているか、そして自分たちの悔い改めがいかに足りないかを訴え、日本の情況をよくするために二十四時間祈り続ける必要性を説き、そして最後にはアーメンの言葉で終わる。

だが、その主張は、なんとも奇妙である。彼らがいうサタンというのは、ロスチャイルド家であり、イルミナティであり、さらには天皇家であり、中国共産党でもあるからだ。

主催者の説教によれば、もうすぐ日本には裁きが下されるとのことである。今年中（二〇二三年）に大バビロンである中国共産党が滅び去り、日本に侵入した中国人スパイたちもことごとく滅び去る。神様はこのために七年間にわたり御言葉を伝えてきた、という。七年というのは主催者がこのネット活動を始めてからの年数のことである。

今まで、政財界のキーマンや芸能人やその他もろもろの有名人は、悪魔崇拝者の血縁者の「上級国民」で占められ、すべては「出来レース」だったとのこと。そこでは、一般庶民である私たちがどんなにあがいても頑張っても、上級国民だけが世の中で活躍できる仕組みなのだという。

その上級国民の頂点には天皇がいるが、実は天皇家は朝鮮人である李家がその正体であり、芸能人や政財界で活躍しているなかにも多数の在日朝鮮人が含まれている。もちろんそれらは李家の一味である。しかし、二〇二三年までにサタンが滅び、悪魔崇拝者を追放し、神様がこの地上を統治する時代が到来する……これが彼らの主張である。

この壮大な陰謀論の奇妙な曼荼羅《まんだら》図には、ユダヤ陰謀論に天皇と朝鮮人陰謀論や中国脅威論がミックスされており、特に天皇家が重要な位置づけにあるところも興味深い。これは「田布施システム」と呼ばれる近年急速に広まった陰謀論の影響である。

「田布施システム」とは何か

この「田布施システム」という荒唐無稽な陰謀論を作り出したのは、鬼塚英昭《おにづかひであき》（一九三八〜二〇一六）という自称歴史研究家である。ただし本人は「田布施システム」という言葉は使っていない。ネット上で俗称として名づけられたものだ。

その鬼塚英昭の著書『日本のいちばん醜い日』は、終戦の日の八月十五日に起こった終戦に不満な若手将校によるクーデター未遂事件、いわゆる「宮城《きゅうじょう》事件」について書かれた本だ。鬼塚によると、このクーデター未遂は、史実とは違って裏があり、実は昭和天皇の弟である高松宮が、昭和天皇と示し合わせて起こした自作自演のクーデターであった……という。

これが事実であれば大変なスクープである。それを六百頁もの大著でたっぷりと、日本の近現代史を貫く陰謀の全体像を描きだしながら説明していく。この陰謀の全体像が「田布施システム」と俗称されるものだ。

その骨子は次のようなものである。

a．明治天皇は長州（現在の山口県）の田布施という村の出身の大室寅之祐《とらのすけ》という若者が入れ替わったもので、孝明天皇の実子ではない。孝明天皇は田布施出身の伊藤博文等によって暗殺された。日本は明治以降「大室王朝」の時代なのである。

b. それ以来、日本は田布施出身者によって牛耳られるようになった。現代でも田布施出身の岸一族の血をひく安倍晋三も同じ。

c. 田布施出身者には、松岡洋右、木戸幸一、東郷茂徳、安倍源基《げんき》、賀屋興宣《かやおきのり》などの戦中期の政府の要職についたものや、さらには日本共産党の宮本顕治、天皇暗殺未遂の社会主義者・難波大助、戦前のマルクス主義経済学者の河上肇《はじめ》などもいる。小泉純一郎の父もまた田布施出身者である。

d. その田布施出身者は「日本人」ではない。田布施は朝鮮部落であって、日本は明治以来いわば「朝鮮王朝」なのである。この朝鮮王朝が明治以降の日本を牛耳ってきた。

昭和天皇も、実は朝鮮人である貞明天皇と西園寺八郎（最後の長州藩主・毛利元徳の実子で、伊藤博文の腹心であった後の元老・西園寺公望の養子）の子であり、大正天皇の実子ではない。

e. その田布施出身者によってつくられた日本の皇室や政財界は、ロスチャイルド家をはじめとするユダヤ金融同盟の手先であり、彼らの金儲けのために支配されている。

f. 日本の戦争での敗北や、現在に至るまでユダヤ資本の奴隷のようになっている原因は、これらの天皇家も含む「田布施グループ」の朝鮮人とユダヤ金融同盟が原因である。例えば、東郷茂徳が外相になったのは、終戦にあたって天皇の海外の隠し財宝を隠匿《いんとく》するためであり、田布施の血筋をひく小泉純一郎が、郵政民営化で国の資産をユダヤ人に売り渡すためだ。こういった例は枚挙にいとまがない。

g. 昭和天皇は、ユダヤの世界の闇の権力者と戦中も含めて通じている。世界の指導者、ルーズヴェルトも、チャーチルもスターリンも、闇の支配者たる「国際金融資本家」のグループに脅迫されてきた。昭和天皇もそのひとり。国際金融資本家グループ（国際金融同盟）とは、主としてロスチャイルド家のことである。

後半になると、おなじみのユダヤ陰謀論になるが、オリジナリティがあるのは、日本の近現代史がまるごと朝鮮人を通じたユダヤ系の国際金融資本家に乗っ取られているとするところだ。太平洋戦争も彼らの金儲けのために行われたということだ。

明治天皇の父となる孝明天皇の暗殺説は戦前からある。例えば、朝鮮併合に抗議して伊藤博文を襲撃して銃殺した安重根は、そのテロの理由のひとつとして伊藤博文が天皇を暗殺した不忠の逆族であるからと獄中で書いた『東洋平和論』で述べている。

実際、これをまじめに検証した研究もある。(2) ただ、これが暗殺されただけではなく、その実子がすり替えられたとなると話はまた異次元にシフトする。

この明治天皇入れ替わり説は鬼塚英昭のオリジナルではない。

一九八〇年代に山口県の郷土史家の鹿島昇《のぼる》や松重楊江《ようこう》が、近所で変わり者扱いされていた「大室近祐《ちかすけ》」という古老の、自分の祖父は天皇になったと吹聴していた話の聞き取りを通じて、近祐の祖父、つまり大室寅之祐が明治天皇になったという説を世に訴えたのである。

その概要は、鹿島昇の『日本侵略興亡史』で読むことができる。ただし、鹿島昇・松重楊江の両名の説によれば、毛利家が、北朝の血筋である孝明天皇に南朝の血を入れるために、南朝末裔とされるこの寅之祐を身代わりにしたということだが、この説は鬼塚説では取られていない。鬼塚説は、大室寅之祐は朝鮮人であり、その血筋をひいた現在の天皇は「朝鮮人」であるとするものだ。

なお、鹿島曻は、韓国四三〇〇年の歴史が記された……という内容の偽書『桓檀古記《かんだんこき》』の翻訳者でも有名である。もともと在野の古代史の研究家だった鹿島曻は、どちらかといえば朝鮮と日本の古代の密接な関係を解き明かそうとしていたのだ。しかし、ユダヤ人日本渡来説や騎馬民族征服王朝説を織り交ぜた、ユーラシア大陸のコスモポリタニズムや歴史のロマンチシズムを感じさせる鹿島説が、鬼塚説では現代にまで話を広げた奇妙な被害者意識を感じさせるユダヤ人＝朝鮮人陰謀論に変貌している。

鬼塚英昭によると、田布施システムが日本に張り巡らせた政治と利権システムは広がり、トヨタや原発や山口組や白洲次郎や池田勇人すらも、そのユダヤ人＝朝鮮人ネットワークの陰謀の登場人物ということになるという。

こうして鬼塚は、日本近現代史を憎悪の視点で塗り替え、そこにユダヤ陰謀論を接続したのである。南朝正統論(3)につながっていくはずだった鹿島曻の田布施の偽史が、突如変異を起こしてユダヤ陰謀論に接続され、それがさらに様々な陰謀論に拡張して変異していったのである。まるでウイルスが増殖を繰り返し、

2　これをまじめに検証した研究もある
ねづまさし「孝明天皇は病死か毒殺か」(『歴史学研究』一七三号、岩波書店、一九五四年)や、石井孝による『幕末悲運の人びと』(有隣堂、一九七九年)等の著作に詳しい。

3　南朝正統論
南朝・北朝両皇統のうち、南朝を正統とする説。南北朝当時、北畠親房は『神皇正統記』において南朝を正統とした。江戸時代には儒者や国学者たちが南朝正統を主張した。水戸藩の『大日本史』が編纂され、幕末の勤王派に大きな影響を与えた。現在は、北朝を正統とする。

さらに新しい変種を生み出していくかのようである。

そうして様々な情報は並列され、本来は関係がない事象が接続され、そこに意味が見出されていく。心理学ではこれを「アポフェニア」と呼ぶ。アポフェニアとは、本来はバラバラで関連のない情報の羅列に、共通点や関連性や因果関係を見出してしまう知覚作用のことである。

陰謀論者のそうしたアポフェニアの迷宮では、情報が横に横にとつながっていく。でたらめな情報が相互につながっているようだが、彼らのなかでは十分な裏付けがあることになっている。しかし、私たちが合理的に理解するのは難しい。鬼塚や団体Xの陰謀論がまさにこれである。

これはレヴィ・ストロースが「ブリコラージュ」と呼んだものにも似ているかもしれない。目的のために計画を立て必要な材料を集めてモノづくりは行われるが、未開人は身の回りにある、あり合わせの材料を組み合わせて、なんとかして目的を達成しようとする。そうして一見すると粗末な継ぎ合わせのようだが、立派に目的は果たしているというわけだ。

そうして陰謀論者の「野生の思考」（レヴィ・ストロースが「ブリコラージュ」の概念を提示した著書の書名）は、東日本大震災は人工地震で、ロスチャイルド家が自らの利益に沿って福島に遷都を行うために起こしたもので、それをロスチャイルド家に代わって起こした主犯は麻生太郎で、熊本地震も同様である……というように、あり合わせの有名人をつなぎ合わせて目的を達しようとしているわけだ。だが、その目的とはなんなのか。

ブリコラージュは未開人が生き延びるための生活の知恵だった。では、陰謀論者はなぜ系統だった知識や情報ではなく、寄せ集めの物語から奇妙な偶像をつくりあげなければならなかったのであろう。

さらには、なぜ古典的なユダヤ陰謀論が、田布施システム陰謀論では、ユダヤ人が在日韓国人・朝鮮人に接続されたり、陰謀論団体Xのように今度は中国共産党に接続されたりするのだろう。

さらに不思議なのは、なぜかこれらの陰謀論のブリコラージュが善と悪の戦いのような定型に彩られ、奇怪な被害意識とそこから反転するように排外的なナショナリズムとして立ち現れてくることである。

「Qシャーマン」のコンスピリチュアリティ

二〇二一年のアメリカ合衆国連邦議会議事堂襲撃事件が起きたとき、一躍有名になった人物に「Qシャーマン」と呼ばれる男がいる。本名はジェイコブ・アンソニー・チャンスリー。別名はジェイク・アンジェリ。角《つの》がついた毛皮の帽子をかぶり、顔はアメリカ国旗のカラーのフェイスペイントで、鍛え上げられた上半身にはタトゥーが入れられ、その体をむき出しにして、手に槍を持った男は、その異様な風体から、Qアノン信者を象徴するかのように世界中のテレビなどで取り上げられた。

その議事堂乱入の罪により、禁錮三年五ヶ月の実刑判決が出て、本稿執筆現在、彼は服役中である。留置されている間、オーガニックフードの提供を求めて、留置所の食事を拒否していたと言われている。

Qアノンの信奉者として、ドナルド・トランプを支持して議会に乱入したのだが、そもそも彼は長い間、筋金入りの陰謀論者でもあった。この逮捕までに二冊の本を出版し、YouTubeなどでも動画を発信していた。

そのジェイク・アンジェリは海軍あがりの三十四歳。空母キティ・ホークの乗組員として過ごしたこともあったが、炭疽菌ワクチンの接種を拒否したことにより退役。その後に、九〇年代に一世を風靡したＵＦＯ陰謀論で有名なミルトン・ウィリアム・クーパーを知り、陰謀論にはまった。

ミルトン・ウィリアム・クーパーは『蒼ざめた馬を見よ』の著書で有名だ。やはり海軍に所属し、自称では諜報部隊に所属したというミルトン・ウィリアム・クーパーのＵＦＯ陰謀論は、イルミナティとユダヤ陰謀論をミックスさせたものである。この陰謀論は黒人コミュニティの間で大流行し、九〇年代には、パブリック・エネミーやジェイＺなどの当時の有名なヒップホップアーチストの間での反ユダヤ思想をかきたてる一因となったことでも問題視された。アンジェリはこの流行に遅れて乗ることになる。

「すべての『愛国者』はワシントンへ来るようにという大統領の要請に応じた」とアンジェリは襲撃事件後に弁明したが、彼には残念ながらトランプから約束されたという恩赦は与えられることはなかった。

ジェイク・アンジェリがコンスピリチュアリティを体現する人物ということを指摘する人もいる。アンジェリの宗教的なバックグラウンドが詳《つまび》らかにされたことはないが、上半身に入れた北欧の神話のエンブレム（「ミョルニル」や「ヴァルクナット」等）のタトゥーや、角のついた毛皮の帽子と槍という出で立ちは、ペイガニズムや北欧神話のバイキングを思わせるに十分だ。これらの意匠といえば、欧米の白人至上主義者やネオナチが、その思想をわかるものだけに密かに誇示するために使われることが多い。

だが、アンジェリが白人至上主義者の類いかといえば、それはどうやら違うようだ。彼の奇妙な出で立ちに見られる異教徒と先住民の精神性を伝える記号表現のミクスチュアは、西海岸のニューエイジ世代ではよく見

られた光景だったと、北カリフォルニアのニューエイジカルチャーの中で育ったコラムニストのマリサ・メルツァーは言う。(4)

実際、ジェイク・アンジェリは「スターシード・アカデミー」という団体（？）を立ち上げて、「スピリチュアルポリティカル・コンサルタント」や「シャーマンの施術者」を名乗り、神のしもべとも自称している。彼の団体名にある「スターシード」とは、宇宙から来た魂のことで、それが転生したのが自分だという意味だろう。

カリフォルニア風のニューエイジの影響が隠せないアンジェリは、しかし連邦議会議事堂の演台を占拠したときに、持参したメガフォンで次のように叫んでいた。

「天にまします父よ、あなたから与えられた不可侵の権利のために立ち上がる、この機会を与えてくれたことに感謝します」

これは福音派が使うスレーズであり、アンジェリがその影響下にあることがわかる。

「神を愛し、アメリカを愛する愛国者たちでこの部屋を満たしていただき感謝いたします。……創造主である神よ、私たちを愛と守護の神々しい白い光で取り囲み、平和と調和に包んでいただき感謝いたします」

ジェイク・アンジェリは続ける。

4　……北カリフォルニアのニューエイジカルチャーの中で育ったコラムニストのマリサ・メルツァーは言う。QAnon's Unexpected Roots in New Age Spirituality（The Washington Post Magazine）(https://www.washingtonpost.com/magazine/2021/03/29/qanon-new-age-spirituality)

「アメリカが再生することを許していただき感謝いたします。政府内の共産主義者、グローバリスト、裏切り者を排除することを許していただき感謝いたします」(5)

連邦議会議事堂を襲撃したのは、Qアノン信者ばかりではなかった。白人至上主義者やネットで集まった極右もいた。プラウド・ボーイズのようなオルタナ右翼もいたし、オースキーパーズのような民兵組織もいた。彼らのなかにはQアノン信者を変わり者のバカ扱いにしていたものもいた。そして、ジェイク・アンジェリのようにニューエイジの思想を持った人間もいたし、なかには膝を落として神に祈りを捧げるものもいた。「神がトランプを遣わした」。そんなフラッグも見られた。

アンジェリ自身の思想も、様々な思想を寄せ集めたブリコラージュであり、その信奉する陰謀論も、同様に寄せ集めだった。さらに連邦議会議事堂襲撃事件の参加者ですら、統一された思想はない、寄せ集めの「モブ(群衆)」だったのである。目的はただひとつ、トランプを再選させることで、彼らのそれぞれが敵と考える存在と戦えるのがトランプだったからである。

モブには破壊力はあるが、それだけでは目的を達することはできない。そもそも彼らの目的すらもひとつのものとは言えないからだ。政治的な意図を完遂させるならばリーダーが必要となる。トランプはモブを煽るだけ煽ったが、そのリーダーとして責任をとることは躊躇した。そして連邦議会議事堂襲撃事件は、民主主義を踏みにじる暴挙として世の批判を浴びることになった。

それにしてもどうしても不思議なのは、どうして前述の陰謀論団体Xも、アンジェリのような福音派の影響を受けたスピリチュアリストも、こうして陰謀論を盾にするようにして政治に向かうのであろうか。

クリスチャン・ナショナリズムの「言論の自由」

アメリカで極右の巣窟と名指しされているソーシャルネットワークサービスのひとつに「Gab」がある。二〇一六年に、ペンシルバニアの田舎町育ちの二十七歳の若者、アンドリュー・トルバによって立ち上げられた、曰くつきのSNSである。

現在、アップルやグーグルのアプリストアから締め出されているばかりか、ペイパルのような決済事業者にまで契約を打ち切られている。さらには大規模サイトの運営には不可欠なドメインネームサービス会社やコンテンツデリバリネットワークの大手も、Gabとの取引を拒否している。

アンドリュー・トルバ自身もTwitter等のSNSを追放されたばかりか、銀行や仮想通貨の口座も凍結されているそうだ。理由は、彼の経営するGabが白人至上主義者やLGBT差別者たちのプラットフォーム化しているためだ。誤情報の拡散や暴力扇動、差別投稿などでTwitterを追放された悪名高い差別主義者や陰謀論のインフルエンサーは、一時期こぞってこのGabを避難場所とした。

Gabは「クリスチャン・ナショナリスト」による言論の自由のためのプラットフォームと公式に位置づけら

---

5 「……政府内の共産主義者、グローバリスト、裏切り者を排除することを許していただき感謝いたします」
A Reporter's Video from Inside the Capitol Siege（The New Yorker）
(https://www.newyorker.com/video/watch/a-reporters-footage-from-inside-the-capitol-siege)

ピザゲート事件の舞台となったピザ店「コメット・ピンポン」(2016年)

れている。このSNSに登録していると、定期的にメールニュースが届くが、その内容といえば、Gab公式書籍の発売のお知らせや次回の連邦議会選挙に対するスタンス等々である。告知されたGab公式書籍のタイトルはずばり『クリスチャン・ナショナリズム』。選挙前には当然ながら共和党への投票が呼びかけられる。

大学時代にルームメイトとともに、グーグルやFacebookのようなSNSのオンライン広告の管理を行うウェブサービス企業を立ち上げたトルバは、多くのアメリカのITベンチャー創業者と同じように、そのウェブサービスの企業価値が最大化した時点で売り抜け、多額の資金を得てからGabをつくった。

アンドリュー・トルバがGabを立ち上げた二〇一六年はアメリカ大統領選挙の年だ。この年は、ピザゲート事件[6]やロシアによるSNSを通じた選挙世論工作などがあり、ネットの誤情報「フェイクニュース」が大統領選挙にも決定的な影響を与えることとなった。大統領選挙直前のインターネットにはフェイクニュースが暴風雨のように吹き荒れ、差別的で過激化した投稿も立て続けに行われていった。大統領選挙にフェイクニュースを通じてロシアが介入したという話は、もはや陰謀論ではなくなり、プーチンの側近も認めた「事実」である。

選挙後の二〇一七年には、アメリカの匿名掲示板4chanに「名無しのQ」というハンドルネームの投稿者が現れた（のちに「Qアノン」と言われるようになる）。この投稿者がアメリカを陰謀論の幻想の渦に叩き込む。

ネットでの誤情報や差別的投稿が本格的に規制されだしたのは、この二〇一六年あたりからである。アメリカで最大のネット掲示板サービスといえばRedditだが、Redditはこの年前後から、差別投稿やフェイクニュースに対応をはじめ、規制や削除措置を積極的に行いだした。

ネット掲示板をはじめとするSNSは、ほとんどが広告モデルで経営を成り立たせている。無料サービスが当たり前のインターネットでは、広告クライアントがつかなければサイトは運営できない。そして、曰くつきのGabには、もちろんまともな広告クライアントなど寄り付きはしない。

一方、Redditはこのコンテンツモデレーション（投稿監視）の積極化により、アンダーグラウンドな匿名掲示板から大きく様変わりし、多額の資金を投資家から集めた上で、二〇二一年末にはアメリカ証券取引委員会に上場を申請。現在では、その企業価値は百億ドル以上とされている。

TwitterやFacebookのような大手SNSも例外ではない。広告クライアントの離反と社会的な批判に耐えきれず、コンテンツモデレーションを徐々に強めていくことになり、それが逆に批判を浴びるようにさえなっていった。差別まがいの投稿やフェイクニュース、名誉毀損や暴力扇動のアカウントは、それがたとえ有名人であろうと政治家であろうと規制するという方針は、確かに賛否両論を招く思い切った判断だった。

6　ピザゲート事件
二〇一六年の大統領選の前にインターネットで広まった陰謀論で、匿名のネット利用者が匿名の捜査関係筋から聞いた話として、ワシントンのピザ店を根城にする児童買春組織に民主党最高幹部たちが関わっているとする。それを信じてピザ店を襲撃する事件も起きた。

アンドリュー・トルバはこうした傾向に反旗を翻した言論の自由至上主義者のひとりである。もちろんこのような自称「言論の自由至上主義」を標榜する掲示板やSNSは他にもある。ParlerやGettrといった、やはり曰くつきのSNSだ。

ドナルド・トランプにいたっては自らのSNSであるTruth Socialまで立ち上げた。ParlerもGettrもTruth Socialもそれぞれ、課金制を導入したりして、必ずしも大手の広告に頼らなくてもいいような閉じたサークルと化しているが、TwitterやFacebookを追放された、トランプの元大統領首席戦略官だったスティーブ・バノンや同じくトランプの顧問だったロジャー・ストーン、選挙陰謀論やワクチン陰謀論を唱えるQアノン信者のマージョリー・テイラー・グリーン下院議員、その他極右や白人至上主義者や陰謀論者の有名どころの錚々《そうそう》たるメンバーがいるため、それなりの勢力になっているとも言える。

だがアンドリュー・トルバのGabが最も特徴的なのは、クリスチャン・ナショナリストによって運営され、神の啓示を伝えていくことが目的のサイトと明記されていることである。トルバはこう語っている。

「クリスチャンとして、私がGabを運営している目的のひとつは、福音を分かち合い、ネットを通じてイエス・キリストについて話す場所をつくって維持していくことです。Gabがそういった最後の場所になるのではないかとも危惧しています」

だが実際のところ、このSNSはヘイトと誹謗中傷とフェイクニュースの吹き溜まりとなっているのが実情だ。二〇一八年十月に起きた、アメリカ・ピッツバーグのユダヤ教礼拝所での銃乱射事件は、十一人が死亡するという痛ましいものだったが、この容疑者がGabのユーザーであり、事件を予告するような書き込みをしていたことがわかった。この事件はGabの投稿のひとつが現実化した一例にすぎない。

Gabはそれら極右の過激主義の憎悪とクリスチャン・ナショナリズムの奇妙な被害者意識のミクスチュアの象徴とも言える拠点のひとつとなっている。もちろんここにQアノンのような陰謀論も混ざり合う。連邦議会議事堂襲撃事件は、この極右とQアノン陰謀者、そしてクリスチャン・ナショナリズムのような先鋭化したキリスト教信者という三つの勢力が、トランプ支持で結合して起きた現象と言ってもいい。

福音派の終末思想

そのクリスチャン・ナショナリズムとはなにか。クリスチャン・ナショナリズムとは、様々な立場から表明されることが多いため、ひとつの定義におさめるのはやっかいだ。しいてひとことで言えば、白人によるキリスト教中心の民族主義のことである。いわゆるアメリカの宗教右派のなかでも最右翼と言ってよいだろう。

アメリカは建国以来、キリスト教の宗教的価値観のもとに栄光の道を歩んできたのであって、それは預言によってすでに定められている……そんな強固な信仰心とアメリカ例外主義のナショナリズムと選民主義がアマルガムとなったものがクリスチャン・ナショナリズムだ。

もともと宗教右派の政治参画はレーガン時代から徐々にその力を強めていったもので、そうした宗教右派の画期的な到達点となったのが、二〇二二年六月に人工妊娠中絶の権利を認めた「ロー対ウェイド判決」を米最高裁判所が覆したことである。だが、これで終わりとはならないだろう。

このキリスト教の政治化に最も強い力を与えているのが福音派である。福音派はプロテスタントの一派であるが、メインライン（主流派）のプロテスタントをさしおいて戦後に急成長し、現在ではプロテスタント内のみならずアメリカ最大の宗教宗派と言われる。その数は全米の総人口の約三〇％以上、推定で一億人の信者がいると言われている。

聖書を絶対の経典として信じ、そこに書かれていることの一字一句をすべて真実であるとする。「ボーン・アゲイン（回心）」とバプテスマ（洗礼）による霊的な生まれ変わりを信じるところも特徴的である。なお、クリスチャン・ナショナリズムを掲げるGabのアンドリュー・トルバも、この洗礼とボーン・アゲイン体験を経験したことを自ら書いていているように福音派である(7)。

このようなキリスト教原理主義的価値観をもとに進化論は否定され、神の節理を冒涜するとしてLGBTを認めず、家族や家庭に価値観を見出す。そして中絶反対である。ついでにいえば、反共であり親イスラエルであり、かつ神が祝福するアメリカを愛することが政治的には求められる。

宗教を否定し、ことあるごとに弾圧してきた共産主義を敵視するのはわかるのだが、歴史的にユダヤ教を敵対視し、宿痾《しゅくあ》とも言えるユダヤ人差別を繰り返してきたキリスト教徒が親イスラエルというのは、我々からすればわかりにくい。これには理由がある。

新旧聖書の言葉はすべて事実だと信じる福音派では、旧約聖書に書かれたイスラエルはユダヤ人に与えられたものという神の言葉を今でも有効だと考える。そして終末の日にはイスラエルにユダヤ人が帰還するともある。

だからイスラエル建国は、福音派にとって、彼らが待望し続けている終末の日が目前に近づいているという証なのである。イスラエルのシオニズム（ユダヤ人のイスラエル建国運動）を支持することによって、彼らは福音の正しさを証明することになる。

もちろん、その後に到来するのはハルマゲドン（最終戦争）である。そうして初めて、キリストは再臨し、世界を支配する反キリストのサタンとの善と悪の戦いが行われ、その荒廃のなかで真のキリスト教徒以外は裁きを受ける。それがなければ、彼らにとって究極の救いとなる至福の千年王国は到来しない。

ここで危険なのは、聖書は無謬《むびゅう》と信じる人たちが、シオニズム支持のように、いわば預言の自己成就を意識的にせよ無意識にせよ目指してしまうとすれば、シオニズム支持の次には、ハルマゲドンは起きなければならないし、その方向に自ら進むのが神の意思に沿う振る舞いとなることだ。

一方でハルマゲドンでイスラエルのユダヤ人がどうなるかといえば、キリスト教に回心したものだけが救われるとされている。福音派のイスラエル支持というのは、別にユダヤ教徒への共感があるからなのではない。預言が成就するためのシナリオとして聖書に書かれているからだけの話なのだ。

もちろん、この解釈は当のユダヤ教徒には決して受け入れられないものだ。だが、ユダヤ教徒は、イスラエル建国とその国家の存在を認め、終末論から解釈してシオニズム支持にいたったアメリカの福音派との共闘を

7　クリスチャン・ナショナリズムを掲げるGabのアンドリュー・トルバも……福音派である。ただし、クリスチャン・ナショナリズム自体は福音派の穏健派、例えば『クリスチャニティ・トゥデイ』のような福音派メディアからは批判されている。

今のところ選んでいる。そして全米人口の四分の一に急成長した福音派の意向をアメリカの政治家は受け入れる。ドナルド・トランプが、エルサレムをイスラエルの首都と正式に認めるなどして露骨なイスラエル支持政策をとったのは、こうしたことが背景にある。

『レフト・ビハインド』（二〇一四）というニコラス・ケイジ主演の映画がある。映画レビューサイトの「ロッテン・トマト」では、批評家の肯定的評価は七十人中ゼロ、一般ユーザーの評価は五段階でスコア一・八。映画ファンから「作品を選ばない」ために駄作ばかりに出演してしまうとされているニコラス・ケイジの出演作のなかでも『レフト・ビハインド』は最低部類の評価である。

日本の映画配給会社は「スリラー映画」とジャンルづけして売り出した。それを信じてニコラス・ケイジの主演作ということで観た人もいるだろう。そしてキツネにつままれたような気持ちになって映画館を出ることになったに違いない。私も、この映画を予備知識なしで観ることになっていたら、同じようにクエスチョンマークで頭がいっぱいになっていただろう。

この映画は福音派が信じる前千年王国論（ディスペンセーション主義）という終末論がテーマの作品なのである。

前千年王国論では、終末の日までにサタンがこの世にはびこるようになる。そして、あるとき、終末の日が訪れるとされている。

イエスは再臨し、そのときにキリスト者は、これまでのキリスト者の死者とともに、天上にひきあげられ

（「携挙《けいきょ》」という）、神に祝福される。不信心なものたちは、地上にとりのこされ（レフト・ビハインド）、それからサタンとイエスとのあいだで戦いが行われるが、その戦いに巻き込まれた人々は途方もない患難《かんなん》の日々を迎える。最終的にはイエスの勢力はサタンに打ち勝ち、そして至福の千年王国を迎え、反キリスト者は戦いのなかで滅び、神の教えに忠実であったものだけが永遠の命を得る……これがこの終末論のおおよそのあらすじだ。こうした終末思想をそのままに現代を舞台にして描いた本作品は、どう映画にしたとしても、荒唐無稽な内容になるのは当たり前である。

映画『レフト・ビハインド』では、ニコラス・ケイジ役のパイロットが操縦する旅客機から突然子供たち全員と何人か大人が消えてしまう。それだけではない。世界中から同じように子供たち全員と大人が消えていく。やがて子供たちはともかく、消えていった大人たちには皆同じような人たちだとわかってくる。消えていった大人は皆、回心（ボーン・アゲイン）して悔い改め、洗礼（バプテスマ）を受けた熱心なクリスチャンだったのである。やがて、これはキリストの教え通りの事態であるとわかってくる……と映画はここで終わる。

三部作の第一作とのことだが、これではなんの予備知識もない人にはまったく意味がわからないのは当然である。消えてしまった人たちは神によって携挙されて天上にいるという事前の前千年王国論が予備知識として必要な映画なのだから。そして続編『レフト・ビハインド2』からは、いよいよサタンとの戦いが始まるということらしい。映画はさすがに福音派が多数を占めるアメリカでも酷評されたらしく、続編はつくられることなく現在にいたる。

映画の原作であるティム・ラヘイ、ジェリー・ジェンキンズ著の小説『レフト・ビハインド』では、このあとに訪れる未曽有の世界の災難のなか、弁舌巧みに世界平和を説いて、人々の支持を得る国連事務総長が、実は反キリストであったと物語は続いていく。このルーマニア出身の若き事務総長は、もともとはローマの生まれとされており、キリストを迫害したローマ帝国を、現在の国際連合になぞらえている。

そしてイスラエルはこの物語の鍵をにぎる国家として描かれている。ロシアはイスラエルを攻撃し、イスラエルで最も高名なラビは、次々と巻き起こる戦火による災難を目の当たりにして、イエスこそがメシアであると回心する。世界最終戦争（ハルマゲドン）はイスラエルで起き、ユダヤ教徒が回心してキリスト者になるというのも、福音派のシオニズム支持者たちが描く宗教的シナリオである。小説は忠実にこのシナリオ（聖書）通りなのである。

陰謀論のアーキタイプ（元型）

現代のネットに流通するアメリカ発の陰謀論的世界観では、キリスト教徒に沁みついた思考のフレームが露骨に見出されることが多い。特にアメリカ発の陰謀論には、その思考のフレームがいたるところで露出している。

例えば、Qアノン信者が信じる匿名掲示板の「名無しのQ」の主張はおおよそ次のようなものだ。

◯アメリカ政府やメディアや金融界は、悪魔崇拝の小児性愛者のグループによって支配されている。

〇そのアメリカを支配する権力のエリートを一掃するために、ドナルド・トランプは戦っている。
〇そのための戦いの日は、すぐそこに迫っている。

「悪魔崇拝の小児性愛者」というのは、キリスト教徒が歴史の中で繰り返しユダヤ人に対して投影してきた、キリスト教徒の子供の血を儀式目的で使用したという「血の中傷」で知られる定番陰謀論のバリエーションである。その集団が陰で世界を操っているというユダヤ陰謀論も、時代によってディティールを変奏させながら、繰り返されてきたモチーフである。

Qアノン陰謀論はもともとは、アメリカ民主党のトップや政財界のエリートが、幼児人身売買の世界的な組織をつくりあげている（この説は「ピザゲート事件」で有名になった）という、アメリカの匿名掲示板4chanから派生したものだ。そして4chanに突然現れた匿名アカウント「名無しのQ」が、トランプがその人身売買組織や民主党や世界のエリートたちと戦っているという新しいディティールを付け加えた。

しかし、よくよくそのあらすじを読み解いていけば、終末論と古典的ユダヤ陰謀論が物語のフレームとして立ち現れる。不思議なのは、本来ユダヤ陰謀論であったフレーム……つまり彼らが言うところの「ディープステート（影の政府）」の登場人物にユダヤ人の存在感がほとんどないところだ。

ディープステートの陰謀に加担する登場人物は、ヒラリー・クリントンやバラク・オバマといった民主党のリーダーたちや、サウジアラビアの王族、ハリウッドのセレブ、ビル・ゲイツやジェフ・ベゾス（アマゾンの共同創設者）やマーク・ザッカーバーグ（Facebookの共同創業者）といった巨大IT起業家たち。さらには

ビリー・グラハム（1966年）

陰謀論ではおなじみのロスチャイルド家やジョージ・ソロスといった面々である。

もちろんなかにはユダヤ系の人物もいるものの、そこにありがちな反ユダヤ主義のレトリックや、ユダヤ系をむやみやたらに悪魔化するような視座はほとんど見受けられない。共通するのはすべてリベラル系の人物で、キリスト教的なバックボーンがあまり印象にのこらない人物ばかりである。

ユダヤ人が前面に出てこないユダヤ陰謀論のバリエーションが、なぜ現代の匿名掲示板に書かれたのか。私は、福音派のシオニズム支持者の影響が感じられてしまうのだが、これは憶測にすぎないだろうか。だが、私はQアノン陰謀論が、反ユダヤ主義が脱色されたユダヤ陰謀論という奇妙な構図となっている謎を解く鍵は、ここにあるのではないかと思えて仕方がない。

福音派の成立上、最も大きな影響力を持ったのは、かつての福音伝道師ビリー・グラハム（一九一八～二〇一八）であろう。ビリー・グラハムの主張は、現在の急進化した一部の福音派とは違い、抑制を効かせたものだったが、世俗的人道主義[8]と言われるようなものでさえ、共産主義とならんで、堕落をもたらすサタンの象徴としたところは変わらない。

ビリー・グラハムは「ヒューマニズムには、新奇なものは何もありません。それは『あなたがたは神のようになる』（創世記）というアダムとエバに対するサタンの最初の誘惑に対する屈服であるのです」と断ずる。

これらは神に代わって人間が王座につくことに他ならず、人間の知力が宇宙を支配しようとする不道徳な試みとする。国際連合、富の再分配、教育、貧困の改善、それらも神の導きを否定する人間の思い上がりにすぎないというわけだ。

もちろん男女平等や人工中絶に反対し、進化論を否定し、同性愛に否定的なのは言うまでもない。それを擁護する人たちはハルマゲドンではサタンの側にいることになる。そうして「反キリスト」の世界秩序が生み出されるというわけだ。

政治の世界にも積極的にコミットしたビリー・グラハムは、そうした聖書的な価値観に反するものに対して、すべてがすべて否定的だったわけではなく、比較的寛容ではあった。しかし、キリスト教を原理主義的に理解すれば、キリストの再臨の前に「世界の諸国民が人間性の問題を解決しえる可能性はまったくない」ということになる。それが福音派の終末論である。

国連に象徴されるグローバリズムも、福音派の終末論では、『レフト・ビハインド』で暗示されていたようにローマ帝国と同じく反キリストの側であり、弾圧者である。さらには、アメリカ合衆国連邦政府さえも、反キリストに動かされていることになる。

公民権運動、中絶の自由、進化論の否定、宗教の否定、これら共産主義＝反キリストの所業を行う政府は、

8 世俗的人道主義
超自然性の存在を否定し理性・倫理・正義を信奉するヒューマニズム思想の一種で、人間の精神と自由を信頼し、神から自律した人間の尊厳を擁護し、神との関わりなしに人間の解放と自己実現を図ろうとする思想。

なにものかによって支配されているに違いない、ともなる。おそらくアメリカ発の陰謀論は、これらがユングのいうところの「元型」(アーキタイプ)[9]になっているのではないだろうか。

これをアメリカの「古層」(丸山眞男)[10]と言い換えてもいい。ただしキリスト教信者が人口の七五%、進化論を信じない人が人口の三割、聖書の一字一句をすべて信じるという人が人口の二四%のアメリカでは、地表のそこかしこに古層が色鮮やかに露出する。[11]

この福音派的宗教的信念から転じた陰謀論のアーキタイプは、いったん思考の型として成立するとそのもとの文脈を離れ、ベネディクト・アンダーソンがいう「モジュール」(規格化され独自の機能を持つ交換可能な構成要素)として機能する。キリスト教的終末論の物語的背景を共通理解しないものには、「サタンが忍び寄り、様々な善意の仮面をかぶりながら反キリストの世界をつくろうとしている」と見える陰謀論は、「サタン」や「反キリスト」といった物語が省略され、独自のフレームとして伝わり、中身が代替可能なモジュールとなる。

そして、これがキリスト教文化圏を離れると、キリスト対反キリストの戦い(そして、そこではキリストが勝つことが決定している)というような宗教的な対立軸ではなく、それぞれの国家が直面する地政学的な時代のテーマが、陰謀論のフレームに組み込まれて物語として変奏される。もともとあった陰謀論のフレームに、中国や在日朝鮮人といった存在が「サタン」や「反キリスト者」やユダヤ人の代わりに挿入され、陰謀論が駆動する。

例えば、田布施陰謀論は、ユダヤ陰謀論のユダヤ人が朝鮮人に代替されて組み込まれる。終末論はここではあまり前面には出てこない。終末論の宗教的なアーキタイプの部分は抜け落ちて共有されていない。日本の一般的な宗教的バックグラウンドに終末論はそれほど浸透していないからだ。「血の中傷」の極めて魔術的な欧州古層のエピソードも反映されていない。それればかりか登場するユダヤ人は非常に抽象的な存在で、古来から現代にまで至っても執拗に鳴りやまないユダヤ人とユダヤ教に対する憎悪の持続低音は聞き取れない。その代わりに九〇年代後半から日本ではネット空間からフレームアップされた朝鮮人陰謀論が脈絡なく突然、物語に導入される。

一方、キリスト教系陰謀論団体Xは、もとからあった終末論のベースの上に、ユダヤ陰謀論を寄せ集めて、

9 「元型」（アーキタイプ）
精神科医・心理学者であったユングの用語で、集合的無意識の内容の表現である神話・伝説・夢などに、時代や地域を超えて繰り返し現れる類似する像や象徴のこと。

10 「古層」（丸山眞男）
政治学者・思想史家の丸山眞男の論文「歴史意識の『古層』」で唱えられた説で、歴史意識の底に執拗に流れる思考パターンがあるのではないかと考え、その思考パターンを「古層」と呼んだ。

11 ……地表のそこかしこに古層が色鮮やかに露出する。
Percentage of Christians in U.S. Drifting Down, but Still High（Gallup）
(https://news.gallup.com/poll/187955/percentage-christians-drifting-down-high.aspx)
Public's Views on Human Evolution（Pew Research Center）
(https://www.pewresearch.org/religion/2013/12/30/publics-views-on-human-evolution/)
Record Few Americans Believe Bible Is Literal Word of God（Gallup）
(https://news.gallup.com/poll/210704/record-few-americans-believe-bible-literal-word-god.aspx)

さらに田布施陰謀論をミックスさせてブリコラージュした。そこに芸能人や政財界の著名人が反キリストとして登場する。ただし、こちらも日本人のユダヤ陰謀論の例にもれず、図式的な陰謀の計画のみが描かれているだけだ。

モジュール化する陰謀論

このように陰謀論を発生させる思考の元型がモジュール化して伝播《でんぱ》し、それがウイルスのように変異していく姿が見受けられるのは、ニューエイジの世界も例外ではない。

そもそもニューエイジ運動はアメリカでは体制化したキリスト教へのアンチとして出てきた意味合いが大きい。そこでは異教がキリスト教に代替される精神的価値としてもてはやされた。仏教や禅やマヤの預言やインディアンの伝承といった東洋思想や世界中の古代思想が、泥縄式に自己をめぐる内省と自己意識の拡大のためのモジュールとして次々と導入されていった。

もちろんこの中にはアメリカの古層であるキリスト教的なモジュールも習合（シンクレティズム）される。そして非合理的で超自然的な価値観が重んじられる、奇妙なまでに楽観的な精神世界の信仰のようなものができあがる。

福音派のようなキリスト教原理主義の価値観からすれば、ニューエイジは異教をミクスチュアした反キリストのサタンの手先ということになろう。ところが、昨今のQアノンのような陰謀論では、ニューエイジと呼ばれる人たちと、福音派と呼ばれる人たちが、「意図せぬシンクロ」現象を起こしたとの分析がある。[12]

これも「陰謀論のモジュール化現象」であろう。あるフレームの陰謀論は物語のように伝播し、それぞれの時代や環境に応じて変異したり、様々な時事や流行をブリコラージュしながら、彼ら自身の陰謀論の「神話」の世界をつくりあげる。そうして陰謀論団体XやQアノンのような「誰かが世界を支配しようとしている」という観念の壮大な曼荼羅図ができあがる。

もともとあった古層の思考のアーキテクトが磁力のように陰謀論を引き寄せてしまうということもある。キリスト教徒には反キリストへの憎悪と終末論のアーキテクトがあり、それがQアノンのような現象にたやすく共鳴してしまう原因だ。Qシャーマンのようにニューエイジ的な価値観と福音派キリスト教のミクスチュアにもなる。

これが日本ならば、記紀神話が古層となった、スピリチュアル陰謀論ができあがる。ここ数年、新型コロナウイルスのパンデミックの間に政治勢力化しつつある、「スピリチュアル右翼」政党とでもいうべき参政党の主張には、このシンクレティズムが典型的に見られる。

いずれにしてもこれまで見てきた、昨今特有の陰謀論、つまりQアノン陰謀論や田布施システム陰謀論の元

12 ……「意図せぬシンクロ」現象を起こしたとの分析がある。「精神世界と日本の福音派：米国大統領選挙の視座」（伊藤耕一郎『千里山文学』二〇二一年）(https://kansai-u.repo.nii.ac.jp/?action=repository_uri&item_id=21275&file_id=19&file_no=1)

型は、現代では福音派に代表されるキリスト教的世界観にあることだけは間違いないのではないか。

「名無しのQは死んだが、Qアノン陰謀論は永遠だ」

アメリカの福音派は、少し前ならばティーパーティー運動(13)の宗教右派の原動力として見なされ、オバマ時代に鳴りをひそめていたものの、今度はトランプ大統領を当選させた存在して注目されてきた。だが、彼らが思考のアーキテクトとして持つ、終末論や反キリストの物語の危険性についてはあまり強調されることはない。もちろん福音派といっても様々で、福音派には穏健派から左派までウイングが広く、ある程度の内部での議論もあることは確かである。

もともと福音派は神の審判の前に人間の力はあまりに弱く、ただキリスト者としての勤めを行うことを優先させてきた。政治からはむしろ遠い存在だったとも言える。それが一九六〇年代以降のリベラリズムの激流、すなわち公民権運動やウーマンパワーなどの社会的権利の主張が彼らを刺激した。社会的な矛盾を人間自ら解決するべきものだという合理主義的なヒューマニズムとの衝突である。

こうして合理主義的価値観にもとづいた人間中心主義と宗教的価値観の緊張関係のなかに、陰謀論は亡霊のように現れ始める。

そして、Qアノン陰謀論がアメリカの古層に足を踏み入れ、アメリカ第一主義のナショナリズムに火をつける。またキリスト教国家アメリカ=白人のためのアメリカという変種のウイルス、クリスチャン・ナショナリズムのようなものが流行する。西洋社会と非西洋社会が接するエリア（フォルト・ライン、断層線）で「文明の衝突」（サミュエル・ハンチントン）が起きると言われていたが、それはむしろアメリカの内部で起きつつある。合理主義と宗教的価値観との衝突である。陰謀論はそこに立ち現れるのだ。

マーシャル・マクルーハンは、現代は活版印刷技術が発明された時代と同じく、大変革を遂げるだろうと予言した。その著書『グーテンベルクの銀河系』では、活版印刷技術が世界にどのようにインパクトを与えたかを極めて抽象的にだが、現代に当てはめて説いている。

活版印刷技術は宗教改革の原動力となった。知は教皇のような権威に握られるものではない。一部の人しか読めないラテン語ではない現地語の聖書を、それぞれが読んで信仰するべきものだ。そのとき従来の知的権威は崩壊し、長い長い混乱の時代が始まった。

宗教改革と活版印刷技術は、当時の知と信仰がローマカトリック教会によって独占されていた時代を粉々に粉砕した。それまではローマ教皇を頂点とする知の権威によって独占されていたが、後にプロテスタントと呼ばれることになる新勢力は、あくまでも個人の信仰が優位であることを主張し、反旗を翻した。

聖書は一部の知識人でなければ読めないラテン語から各言語に翻訳され、活版印刷機で大量生産されるようになる。教会で読んでもらうものではなく、個々人が読んで解釈するものとなった。ここから個人主義の時代

13　ティーパーティー運動
二〇〇九年のオバマ大統領就任後に始まった保守派市民による政治運動で、連邦政府が課す重い税や、オバマケアをはじめとする財政支出拡大に反対・抗議する集会が開催され、草の根的に広まった。

が始まり、資本主義の起爆剤となり、さらには国民国家への道筋が開けていく。しかし、そこまでの道筋は穏やかなものではない。百年以上におよぶ、思想と信仰をかけた憎しみと殺し合いの日々である。ドイツ農民戦争（一五二四年）から三十年戦争（一六一八〜一六四八年）まで、欧州は混乱し徹底的に血塗られた。

一九八〇年に死没したマクルーハンはインターネットの時代に立ち会うことはできなかった。現代のインターネット社会を見れば、彼の予言が現実化するのは、実は今私たちがいる二十一世紀だったということになる。

インターネット時代には活版印刷技術以上に、個人主義的に知を所有し、その知を伝えていくことができる。大資本のメディアが一手に握っていた情報も、それぞれが自由に発信し、自由に個々人が選択して受け取ることができる。しかも大量に、即時に、世界のどこであろうとも。

情報と知の権威は個々人に委ねられ、ローマ教会の権威が没落したように、二十世紀型メディアも凋落する。知が権力から離れて万人が享受し、人に分け与えることができるようになり、寄る辺ない人々は自ら語りだした。知は大衆に等しく分け与えられ、万人が祭司となった。

そこで姿を現したのは、皮肉なことに伝承された古層の亡霊だった。宗教的な熱情が合理的な秩序を侵食し、自分たちそれぞれの信じたい世界を信じるようになっていった。そこでは未知の未来よりも、これまで伝え聞かされてきた物語が人々に、より感情的に訴えかけた。それが現在の陰謀論の隆盛の原因である。

現代の信仰は個人のものとなった。誰にも邪魔されず、人は信じたい情報をピックアップし、それをまた他者に伝えることができる。モジュールは世界中に伝播し変奏される。そのうちにウイルスのように変異種が次々と現れる。

二〇二二年、アメリカが中間選挙の時期を迎えようとしていたころ、匿名掲示板8kunに、「名無しのQ」が再び投稿した。Qアノンウォッチャーや研究者は、再び投稿を開始した名無しのQの動向に注目した。

しかし、あれだけの影響力を誇った「名無しのQ」の投稿はほとんど黙殺されてしまった。Qアノン信者と呼ばれる政治家やネットのインフルエンサーも、ほとんど無視同然だった。

しかし米ワイアード誌は「名無しのQは死んだが、Qアノン陰謀論は永遠である」と題した分析記事のなかで、Qアノンのアカウントが8kunのオーナーであるワトキンス親子ではないかという疑惑[14]があったのが、名無しのQの没落とも言える事態の原因として最も大きいのではないかと断った上で、ただし、Qアノン陰謀論そのものはまったく衰えていないばかりか、むしろ信じる人が増えているとの調査結果を紹介している[15]。

この調査では、「Qアノン」という言葉をまったく使わないで、次のような説を信じるかと尋ねている。それはこのようなものだ。

14　Qアノンのアカウントが8kunのオーナーであるワトキンス親子ではないかという疑惑「Qアノン」の発信元「Q」は、英語圏の画像掲示板「8chan（現・8kun）」管理人、ロン・ワトキンス氏と父親のジム・ワトキンス氏である可能性が指摘されている。

15　Qアノン陰謀論そのものはまったく衰えていないばかりか、むしろ信じる人が増えているとの調査結果を紹介している。Q Is Dead, Long Live QAnon（Vice News）https://www.vice.com/en/article/wxnkzq/qanon-q-drop-micterms

○アメリカでは、悪魔崇拝の小児性愛者の集団が性的な誘拐をしている悪魔崇拝者のグループに、政府やメディアや金融界が操られている。
○もうすぐ嵐がやってきてエリート集団の権力を崩壊させ、正しい指導者がその地位につく。
○そのため、真の愛国者は国を救うために暴力的手段を行使しなければならなくなるかもしれない。

結果はアメリカ人の五人に一人はこれらに同意している。この結果は前回の調査が行われた二〇二一年より三ポイントのアップである。名無しのQは信用しなくても、その陰謀論のフレームは、未だアメリカ人のアーキタイプと共鳴しているのである。

アメリカの宗教のアーキタイプがつくりだす陰謀論は、変異を重ね、ブリコラージュで装いを変えながら、繰り返し波のように、また押し寄せてくるだろう。日本もまたその波の直撃を受けるかもしれない。そのときに、毒性を強めて白人ナショナリズムや日本型の差別的排外主義と結びついた新種になるかどうかは、現状ではまったく予測不可能である。

■参考文献
『日本のいちばん醜い日』（鬼塚英昭、成甲書房、二〇〇七年）
『日本侵略興亡史——明治天皇出生の謎』（鹿島曻、新国民社、一九九〇年）
『世界は燃えている』（ビリー・グラハム著　松代幸太郎訳、いのちのことば社、一九六六年）

『レフト・ビハインド』（ティム・ラヘイ、ジェリー・ジェンキンズ著　上野五男訳、いのちのことば社、二〇〇二年）
『トリビューション・フォース』（ティム・ラヘイ、ジェリー・ジェンキンズ著　松本和子訳、いのちのことば社、二〇〇二年）
『ニコライ』（ティム・ラヘイ、ジェリー・ジェンキンズ著　松本和子訳、いのちのことば社、二〇二〇年）
『ファンタジーランド――狂気と幻想のアメリカ500年史』（カート・アンダーセン著、山田美明、山田文訳、東洋経済新報社、二〇一九年）
『アメリカを動かす宗教ナショナリズム』（松本佐保著、筑摩書房、二〇二一年）
『野生の思考』（クロード・レヴィ＝ストロース著、大橋保夫訳、みすず書房、一九七六年）
『元型論』（C・G・ユング著、林道義訳、紀伊国屋書店、一九九九年）
『忠誠と反逆（丸山眞男集第八巻）』（丸山眞男、岩波書店、一九九六年）
『想像の共同体――ナショナリズムの起源と流行』（ベネディクト・アンダーソン著、白石さや、白石隆訳、NTT出版、一九九七年）
『グーテンベルクの銀河系――活字人間の形成』（マーシャル・マクルーハン著、森常治訳、みすず書房、一九八六年）

フランスとアングロサクソンのコンスピリチュアリティはどう異なるか

竹下節子

「現代フランスのコンスピリチュアリティをめぐる状況」について書くことを依頼されたとき、そんな言葉はフランス語には定着していない、非常にアングロサクソン的概念だと答えた。ここで私がアングロサクソン的と呼ぶのは、イギリスを経由したアメリカのプロテスタント・メンタリティという意味で、大陸ヨーロッパの伝統と対比されるものとして私は捉えている。

とはいっても、同じようにアングロサクソンに特徴的な「政治的公正」「アファーマティヴ・アクション（積極的格差是正措置）」「ウォーキズム（政治的覚醒）」「ＢＬＭ（Black Lives Matter）」などの考え方が、二〇〇七年のサルコジ大統領政権以来、フランスにも広まっていることは事実だ。それでも基本になる文化基盤が違うのでニュアンスは変わってくる。

フランスでは、陰謀論の変種である「終末論」も、『２０１２』『アルマゲドン』などのハリウッド映画の影響にもかかわらず、それほど盛り上がらなかった。聖書の黙示録的な終末思想を煽るような空気は、政教分離の徹底で世俗化しているフランスには広まりにくいからだ。

けれども、二〇二〇年の新型コロナウイルスが最初は武漢から、次はイタリアからと、脅威を増大させながらフランス政府にロックダウン政策を取らせた頃から、陰謀論とスピリチュアルは自然に近寄ることになった。

まず二十一世紀の「陰謀論」と「スピリチュアル」とが極めて二十世紀後半のアメリカ文化を反映していることを見てみよう。

バリュエル神父が唱えた「陰謀論」

もともと、陰謀論は、一神教的ヨーロッパ旧世界とフランス革命で生まれたもので、それが新世界アメリカで変異して今の形があるという歴史的経緯が存在する（一七九二年に革命のフランスから国外に亡命したオーギュスタン・ド・バリュエル神父が一七九七年から二年にわたってロンドンで『ジャコバン主義の歴史のための覚書』という四巻本を出版し、フランス革命は啓蒙思想家とフリーメイスンとババリア・イリュミナティの共同謀議によって準備されたと述べた。アイルランドのフリーメイスンであるジョン・ロビンソン教授の『ヨーロッパのすべての宗教と政府に対する陰謀の証拠』と共に、各国語に翻訳され、近代陰謀論の言説を創始した）。

西ヨーロッパ、なかでもフランスに比べてアメリカがまったく別のメンタリティを持つ理由は、ギリシャ＝ローマ文化を土台に築かれたローマ帝国の版図《はんと》の中でアクシデントのように生まれたキリスト教が、後のヨーロッパ文化を作ったことに起因する。

歴史を振り返ってみよう。パレスティナのエルサレムに聖地を持つユダヤ人は民族神エホヴァによって与えられた律法を共有することでアイデンティティを維持していた。安定したダビデ王国の一時期を除き、古来「離散」と「放浪」を繰り返して各地に散らばる同胞をつなぎとめるためにも「民族の唯一神」由来の一神教を形成していったのだ。

イエスの時代にユダヤ王国を併合していたローマ帝国も、納税の義務だけを果たしていれば各地の「ユダヤ共同体」の一神教を「お目こぼし」していた。そんな時代のパレスティナで、ダビデ王朝に連なる家系ナザレのイエスの教えが一部の人に熱狂的に信奉された。

ユダヤの祭司やローマの総督によって処刑されたイエスを一度は見捨てた弟子たちは、イエスの「復活」と「昇天」、「聖霊の降臨」などという「奇跡」を確信することで、まさにその後の世界史を変えるほどの奇跡的な変身を遂げ、イエスをキリスト=救世主とするキリスト教が生まれた。

そのキリスト教が、ローマ帝国、ヘレニズム世界全体を揺るがすようになったのは、「受肉」した神の子を認め、最後の晩餐でイエスが血と肉をワインとパンに見立てた「聖餐」を毎週分け合うという儀礼が定着したからだろう。性別や民族、社会階級を区別せず毎週「集まって飲食を共にする」キリスト共同体は、婦女子や兵士たちに広がり、結果的にローマ帝国の統治戦略に合致したのだ。

その後、西ヨーロッパは「ローマ教皇」の権威下に入ったが、世俗の王や領主たちと「領主」ともなったローマ教皇との勢力争いが続いた。

フランク王国の分裂以来「神聖ローマ帝国」外となったフランスは、宗教的権威を「国王」に付与することで「聖性」に担保された中央集権国家を作り上げた。その後の決定的な「事件」はマルティン・ルターがローマ・カトリックから破門されて登場したプロテスタントによる西ヨーロッパの宗教地図の書き換えだった。

神聖ローマ帝国のドイツもカトリックとプロテスタントに分かれた。フランスはカトリックにとどまったが、それはもともとアヴィニョンに教皇庁を移してフランス人教皇を操ったほどの「ガリア教会」のフランス国王が聖性を失いたくなかったからだ。

そのフランスで一七八九年に民衆の蜂起と共に革命が起こって王権と共にカトリック教会が廃絶されるという大事件が起こる。ヨーロッパ中が震撼したが、聖なる王や教会が倒されるというのは、これまでのような「神」と「悪魔」の二元論では簡単に説明のできるものではなかった。そんな中で、ロンドンに亡命したバリュエル神父が唱えたのが「啓蒙主義者とフリーメイスンとイリュミナティ」による革命の「陰謀論」だったのだ。

フランスでは「影の勢力」の陰謀論は広がらなかった

もちろん、フランス革命は突然起こったものではなく、政治や社会、経済の問題に気候変動による飢饉まで加わった複雑系の事象であり、成功裡に終決して共和国が完成したわけではない。恐怖政治、ナポレオンの皇帝即位とローマ教皇庁との和親条約、ナポレオンの敗退と王政復古、再びの革命や第二次帝政、戦争などの試行錯誤が繰り返された。「フランス革命」の理念である「自由・平等・博愛」があらためて国家のアイデンティティとして掲げられたのは、一八七一年の第三共和制に至っての選択だった。

政教分離が確立し、フランス内のカトリックも共和国理念を共有することになり、主要フリーメイスンも共和国を支えた。絶対王権時代から続く普遍主義を掲げる「中央集権型」の社会では、「闇の力」による陰謀が「見えない敵」となるという感性は育たなかったと言える。ヴァティカンのような国外に「中枢」を持つ宗教勢力や深刻な人種問題に根差す「仮想敵」を論《あげつら》う必要性もなかった。

政教分離で世俗化した社会では世界の終末を煽るタイプのキリスト教新宗派も登場しなかった。アングロサクソン経由で日本にまで影響を与えた一九九九年の「世界の終わり」予言のノストラダムスはフランス人だが、ルネサンスの文化人で歴史のルーツがはっきりしている。

中央集権を容認するメンタリティが続き、資料をたどることも比較的たやすいフランスでは、フランス革命よりもさらに多くの要因を有する現代世界の天災や人災を「影の勢力」の陰謀論によって煽ったり解明してみせたりするという流れの力は大きくない。アメリカ的な個人主義に根差すナルシシズムにとって、「隠れた真実を暴き陰謀を読み解く」という優越感情が必要とされるのに対して、フランス人には「エリート」の言葉に耳を傾ける心性が前世紀末まで根強くあった。自虐的な優越感というアイロニカルな国民感情も、革命後に転々と変わったイデオロギーの前での生存戦略として根付いたものだと言えるだろう。

フランスではノストラダムスもルネサンス文化人としての位置づけだったから、アメリカで喧伝《けんでん》された「終末予言」も、「逆輸入」のようなものだった。それでも、例えば若者にパニックが広がらないように、大人による牽制が適宜なされていた。お遊び精神が批判精神とペアになっている伝統があるからだ。

フランスのオカルトとスピリチュアル

今のいわゆる「オカルティズム」の起源の多くは十九世紀のフランスの知識人やアーティストにある。韜晦《とうかい》というスタイルがあって、エリート意識と文化的好奇心と遊び心と美的趣味に基づいて、サロンを作ったり古今東西の秘教を混淆《こんこう》したりした（様々な薔薇十字団や、ユゴー、バルザックらを惹きつけた降霊会などがそうだ）。

『ダ・ヴィンチ・コード』の元となった資料の一つである「秘密文書」[1]を偽造することなどもその延長だ。しかし、フランスではサロンのお遊びであるものが、アメリカではディープステートやクークラックスクラン（ＫＫＫ）など秘密結社のディープな狂信にもつながる。多神教的メンタリティのないプロテスタントが作った新しい国特有の真面目さだとも言えるだろう。

スピリチュアルのほうはどうだろう。こちらも「陰謀論」と同じで、フランス革命前後のヨーロッパでもてはやされたオカルティズムやスピリティズム（日本でいうスピリチュアル）にルーツを持つものがアメリカと

1　「秘密文書」『ダ・ヴィンチ・コード』に登場した秘密結社シイン修道会は、十一世紀にさかのぼる歴史を持つと伝えられたが、『秘密文書』という名の冊子が根拠とされた。しかし、『秘密文書』はピエール・プランタールという人物が自ら捏造したと一九九二年に告白したため、シオン修道会は秘密結社ではなく、二十世紀に作られた私的サークルだと判明した。

いうアングロサクソン・プロテスタントの土壌で「変異」したものだ（ペンテコステ派や福音派から派生したものもある）。

そもそも、地縁や血縁、特定の民族を問わないで「救済」の可能性を提供する仏教やキリスト教などの「普遍宗教」は、古今東西に広がっていた各種の自然宗教、シャーマニズムなどの「祭司」、神や死者や精霊などと交信したり夢を解釈したり各種の予言をしたりする「巫者《ふしゃ》」などの権威を否定したり整理したりすることによって広がった。

「超越」や「神秘」にアクセスする手段を確保したいという民衆の欲求は変わることがないので、預言者や占い師たちは普遍宗教の秩序に巧妙に組み入れられて、いろいろな形で存続し続けた。インドで生まれた仏教が、現世からの解脱を求めるという出発点から、道教やシャーマニズム、祖霊信仰、自然神道などと習合して加持祈祷の手順を作ったり、キリスト教が「聖遺物」崇敬によって奇跡の治癒の手順を作ったりしたこともその一環だ。

といっても、「超人間的な存在」の力による「救い」を求める白魔術だけではなく、相手に害を与える「呪術」や「妖術」の「手順」も地下に潜りながら存在し続けたのは言うまでもない。

そのような「迷信」を一括して批判して十六世紀に生まれた初期のプロテスタント諸派の中には、聖人や聖遺物崇敬だけではなく、カルヴァン派のように教会美術や教会音楽などもまとめて排する謹厳なものも現れた。

その中でイギリスでの宗教改革はローマ教会の権威から離れることが主要目的だったから、国王を首長とするだけで、古来の諸聖人崇敬などは温存されていた。そのイギリスで謹厳な改革を望んだのが清教徒（ピューリタン）であり、彼らの一部が「神の国」を築こうと新天地に渡ったのが、アメリカのピルグリム・ファーザーズである。

アメリカで終末論が広がる背景

アングロサクソンのピューリタン社会はローマ・カトリックのような首長を立てず、個人の内的な良心の管理と勤勉さを標榜《ひょうぼう》することになった。勤勉さによって現世に富を積むことができても、天国に行けるかどうかのガイドラインはもはや存在しない。それでも、現世での不幸、死後の世界や罪や裁きに対する不安が消滅するわけではない。その結果、カトリック世界では管理されていた「代替宗教」としてのスピリチュアリズムが広がるフィールドが残された。

一方、フランスでも、王権と結びついたカトリックはすでに政治のツールであったし、ユグノー戦争末のナントの勅令以来のプロテスタントとの共存時代も経ていたから、ルイ十四世によってナントの勅令が廃止された後の啓蒙の世紀(2)にはすでに「信仰離れ」が起きていた。絶対王権の施政が定着していたから共同体分離主義ではない「普遍主義」が貴族やブルジョワや聖職者にも共有された。

フリーメイスンやスピリティズムが流行したのはそのような「非宗教」的社会の自由な文化サロンの中で

2 啓蒙の世紀　十八世紀フランスでは、中世以来のキリスト教会によって代表される伝統的権威や旧来の思想を批判し、合理的な世界観を説き、人間性の解放を目指した啓蒙思想が興った。

だった。フランス系オカルトやエゾテリスム（隠秘学《いんぴがく》）がすでに、前述したノストラダムスに見られるようにルネサンスのカルチャーの一つとして根付いていたという事情もある。そのような混淆状態のバランスが、フランス革命によって瓦解することになった。

王室御用カトリックが強制的に排除され、王族や聖職者たちがギロチンにかけられた光景は、歴史のトラウマとなって残り、ナポレオンによる和親条約や王政復古を経た十九世紀には、揺り戻しのように、「奇跡」や「神秘」への傾倒も見られた。パリ、サレット、ルルド、ポンマンと、次々と起こった「聖母御出現」とお告げがローマの教皇庁からも認定された。地方の貧しい子供たちなどを通した御出現の「神秘」や「奇跡」とは別に、ルネサンスから啓蒙の世紀にまで続いていた都市型サロンの「神秘」趣味も復活した。

前節でも触れたが、フランスの知識人やアーティストには韜晦というスタイルがあって、エリート意識と文化的好奇心と遊び心と美的趣味を基盤にしてサロンを作り古今東西の秘教を混淆する伝統が、ナポレオンの失脚以来復活していた。十九世紀における工業化に抵抗する批判精神は、お遊び精神とペアになり、ダンディズムや耽美《たんび》主義が席巻した。「秘密文書」の偽造などもその一環だ。

けれども、フランスでは高踏的なサロン文化として消費されるものが、アメリカの共同体主義の中では根を下ろして継承されていく。

そのアメリカで醸成されたオカルトが、様々な終末論を掲げたり新しい「教祖」をいただいたりするプロテスタント新宗派と共に、ビジネス・マーケットを形成することになった。「建国」理念の中に「神」が言及される国であるから、政教分離や反社会的教団に対する中央集権的監視機構が働かないのはもちろんだ。また世界中にルーツを持つ「移民の国」であるから、「どこか別のところ」にある秘密の機関に実は牛耳られているという話が説得力を持つことがある。

陰謀論やスピリチュアリティがサブカルチャーとならなかった理由

一方ヨーロッパのオカルトは、ひと続きの歴史の中で繰り返されるエピソードとして相対化されるし、政教分離の徹底したフランスでは持続的に監視されている。

それに拍車をかけたのが、一九六〇年代から広まったニューエイジ運動だ。世界が魚座の時代から新しい水瓶座の時代へ移行するというものだが、この理論も元は『すべての典礼の起源（L'Origine de tous les Cultes）』という十八世紀末のフランス発のものだった。

占星術によると、それまでの魚座（魚はキリストのシンボル）というキリスト教の時代の後には進歩と科学と知性の水瓶座の時代が来るというものだった。それが、アメリカのヒッピーの時代になって、ミュージカル『ヘアー』の「アクエリアス」の賛歌になったように、物質世界から解放された連帯の時代のシンボルとなった。

神智学やオカルトも加わり、仏教系エゾテリスムも合流した。中国に侵攻されたチベット僧の亡命による「ヒマラヤ密教」のインパクトと、ベトナム反戦運動が、新しいスピリチュアリティを増強したのだ。「戦争」という「悪」に対抗するには「意識のレベル」を上げなくてはいけない。

この時代すでに、陰謀論とスピリチュアリティは接近した。軍事産業の大きな力に操られている世界を正すにはコスミックな力が必要だというわけだ。

他国の戦争へと駆り立てられる若者たちの絶望が、世界の問題のすべてを説明しようとする陰謀論者とそこからの解放を示唆するスピリチュアリズムに彼らを招いた。政治や科学や普通の人間の三次元的意識を超えたところにある「光」に目覚めれば、別の次元へと解放されるのだ。このニューエイジ運動は二十一世紀にも続く「自己啓発」メソードや瞑想法による健康増進などのマーケットへと回収されていった。

フランスでは、別の時が流れていた。「努力すれば報われる」というプロテスタント的アメリカン・ドリームはなく、生まれ育ちによる階級の棲み分けは厳然としてありながら、共和国普遍主義による教育社会主義は徹底していたから、「移民の子」であれ「労働者階級の子」であれ、公教育を経てナポレオン以来のグランゼコール(実務的職業人養成教育機関)を卒業すれば、「共和国エリート」になる道は誰にでも開けていた(例えば医学部は国立大学にしか存在せず、学費もかからず、上位の成績さえ獲得すれば二年目から看護助手の資格がもらえてアルバイトしながら国家試験を受ける道がある)。

少なくとも「フランス本土」には奴隷労働の歴史はないし、「国民」だけでなくすべての人間の「自由・平等・博愛」を掲げた「人権宣言」を初めてスローガンにした国だから、ユダヤ人差別や植民地差別にしても、実態は別としても「建前としての平等」意識はいつもあった。だからこそ、第一次大戦後の国際連盟憲章に日本が「人種差別撤廃」を提案したとき、アングロサクソン国が反対した中で、フランスは賛成票を入れるのに躊躇しなかったのだ。

建前の普遍主義が絶対王権時代から今の第五共和政に至るまで「エリート」自身に支えられて途絶えることのなかったフランスで、陰謀論や陰謀世界からの解放策としてのスピリチュアリティが強力なサブカルチャーとならなかったのは決して不思議ではない。

フランスはカルトとどう向き合ったか

政教分離が厳格なフランスでは、エリートの「サロン趣味」としてのスピリチュアルが消滅はしなかったものの、過去のカトリック教会との確執の歴史から、「キリスト教」風の「神秘趣味」は警戒され続けてきた。だからこそ、アメリカで「奇跡の治癒」などを積極的に取り込んだり、世界の終わりの恐怖を煽ったり、救いを約束したりなど、集団心理を利用するメガ・チャーチに代表されるポピュリズム的プロテスタントやカルト宗教が拡大したことを受けて、フランスでは、「セクト監視機構」という名のカルトへの公的な監視機構が生まれた。特にキリスト教系カルトに関しては、歴史的なノウハウがあるから組織的にチェックされていった。

一方、ニューエイジでもスポットの当たったチベット密教や、「瞑想」系「意識レベル上昇」の禅仏教などは、政治的ロビーを形成しない限り「自己啓発」系ムーブメントとして許容されていった。

今でも「洗礼」や「結婚」や「葬儀」などの「家族」を核とする「通過儀礼」ではカトリックが多数を占めているフランスだが、いわゆる宗教への帰属意識は非常に低いレベルにあり、その点では日本によく似ている。

日本でも、「お宮参り」や七五三、初詣、結婚、地域の祭礼、葬儀などのイベントにおいては「伝統宗教」

がそのまま使いまわされるが、特定宗教帰属意識のある人は少なく、明治以来の都市移住や第二次世界大戦後の国家神道の破綻以来の「無宗教」状態が続いた。日本ではアメリカのような「共同体」はないが「世間」だけが再生産され続けていた。

そんな状況の中で「世間」と同レベルで生きられない人々を取り込んだ多くの新宗教や「新・新宗教」ができた。その中でも、昔ながらのシャーマニズムや死者との交信や占いや祖先の慰霊などをツールとするものもあったが、「伝統宗教」系のものは「本家」から警戒されても、外来系、特にアングロサクソン発キリスト教系のものの監視は比較的甘いままだった。フランスで、アングロサクソン系のカルトグループよりもアジア系宗派の識別分別が甘いことと共通している（この甘さが、冷戦後のイスラム系過激派への対応を遅らせた一因でもあることは後述する）。

そんな日本で、政党まで作ったのに選挙を突破することができなかった「オウム真理教」が地下鉄でサリンガス散布テロを起こしたときにフランスを走った衝撃とすばやい反応は注目すべきものだった。その年（一九九五年）の末にはすでに「フランスにおけるセクト（カルト）」という国内の一七二の団体名のリストを公表したのだ。

共和国との戦いや、内部での様々な異端の輩出や逸脱を繰り返すことで「学習」してきたカトリック教会からのアドバイスも貴重だった。ローマ・カトリック教会は一九六〇年代前半に「第二ヴァティカン公会議」を開いていた。

伝統的な儀礼の形にこだわらず、プロテスタントや東方正教との協働である「エキュメニズム（教会一致）」

や他宗教の伝統や価値もリスペクトした画期的な「改革」であり、フランスのカトリック教会は、「共和国主義」がキリスト教の根本理念や価値観と一致することを確認していた。共和国系フリーメイスンであるグラントリアン（大東社）も協力した。

そんな議会の調査委員会が明らかにした「カルト」の認定基準は明快だった。カルトの構成要件とは、メンバーを集めるにあたって、また維持するにあたって、洗脳による精神の不安定化があるか、法外な金銭要求、元の生活環境からの隔離、修行や体罰などによる肉体的損傷、未成年の参加強制があるかどうか、また反社会的、反共和国主義の言説の有無、公共の秩序紊乱《びんらん》、告訴、訴訟の多発、詐欺、脱税、裏金など資金調達における逸脱の有無、公権力への不法な影響力行使の企ての有無などだった。

宗教の「教義」や信教の自由などとは関係がない。オウム真理教が教祖の「空中浮揚」などの「超能力」や予言能力を信じさせていたことや、「ステージを上げる」ための多くの「修行」が実践されていたことなどのような、「内部での信仰活動」そのものにはタッチしないことがわかる。

キリスト教系も含めて「新宗教」の多くは、「霊と交信」する超能力者、過去の救世主の生まれ変わり、「唯一最高神」の受肉者などを「教祖」にいただいたり、新しい「聖典」の発見や口述、既存の「聖典」の新解釈、「隠されてきた真の教えの顕示」、「罪を赦《ゆる》されて救いに至るための新しい通過儀礼」、「世直しのための不況の必要性と義務」などを説いたりするが、それ自体は「表現の自由」の範疇だ。それを実践、展開するにあたって、カルトの構成要件を満たしているかどうかが問題となる。

アメリカ由来の政治色のある新宗教などをフランスが監視してきた実績が、この基準によってさらに明確になった。一方、オウム真理教による地下鉄サリン事件という二十世紀末にフランスを揺るがすほどのカルト宗教によるテロを経験したにもかかわらず、日本は根本的な対策を立てないまま政教分離にも被害者救済にもグレーゾーンを放置してきた。

その中で、日本での陰謀論やスピリチュアルはアメリカ文化のマーケットに呼応しながらも、アニメやゲームを通して、独特のサブカルチャーとして「消費」されることになった。そのおかげで、社会的な危機感のガス抜きができたのは事実だろう。しかし、テロリズムにも利用された陰謀論やスピリチュアルが「商品化」されたことで、二十一世紀のデジタル革命においてさらに危険な「変異」を遂げていったことへの対策がなされないままに放置された実態は否めない。

ではフランスではカルト対策の充実により陰謀論やスピリチュアル言説による社会的リスクを実際に抑えることができたのだろうか。残念ながら、そうではない。

カルトグループが認定されたリストは二〇一〇年代には表向き消滅した。カルトグループが消滅したわけではない。認定基準に該当するグループの数が増えすぎてリストとしての意味をなさなくなったことや、リストにないグループは安全という逆のメッセージを与えることを危惧されたためだ。

カルトグループが一気に増えたのにはいくつかの理由がある。その一つは、一九九〇年の冷戦終結によって、それまで「無神論共産圏」に対する「一神教文化圏」に取り込まれていたイスラム教文化圏の諸国との対立が顕在化したことだ。

二〇〇一年九月十一日にイスラム過激派によって起こされたアメリカ同時多発テロは「キリスト教文化圏」

を揺るがした。ブッシュ大統領の「悪の枢軸」や「十字軍」発言は、一神教的な善悪二元論として批判もされたが、フランスでの反応は特に複雑で多様だった。

もともと百年戦争以来のアングロサクソンへの敵対意識があるし、旧植民地国出身を中心とするムスリム移民を多く抱えていることもあり、共同体ごとの棲み分け型ではなく、フランス風人権普遍主義を掲げているから、その後の英米軍によるイラク侵攻にも最後まで反対することになった。

日本はアメリカに追随した形だったが、イスラム教徒に対する深刻な危機感などもともとよりない。十字軍の記憶はもちろん存在しないし、「戦争」というものを忘れかけていた。それはフランスを中心とするヨーロッパも同様で、第二次世界大戦で大きな犠牲を払って復興したことや、二度の世界大戦の戦禍に懲りて「永久平和」を目指したことは日本と似ている。日本がアメリカとすぐに「安全保障」条約を締結したように、フランスも、敵だったドイツと早急に和解してヨーロッパ連合の基盤を固めた。

フランスでも陰謀論やスピリチュアリティが浸透した

二十世紀後半の世界で、マルス（軍神）・カルチャーと呼ばれる「戦闘態勢」を常に研ぎ澄ませていたのはアメリカとイスラエルだった。ヨーロッパと日本は同じように復興と「平和」に特化し、「防衛」さえ、NATO（北大西洋条約機構）を通してどちらもアメリカの傘下に入っていた。

フランスはドゴール将軍の自由フランスのおかげで第二次世界大戦の「戦勝国」の側だったが、ドイツに占領されていたので、ノルマンディを皮切りに主としてアメリカ軍による無差別な空爆で国土の多くを破壊され民間の犠牲者をたくさん出した。そして戦後はその破壊者であるアメリカの積極的な援助を受けて復興したことでも日本と似ている。冷戦時代に入っても、東西に分割されたドイツや朝鮮半島とは違って、ソ連や北朝鮮を牽制する米軍の基地を置く「緩衝地帯」のような相対的な安全圏にとどまれたことも共通している。

日本やフランスではそんな「お花畑」的状況が続いたから、アメリカのように、世界の警察として至る所に敵を探したり、ソ連共産主義陣営との冷戦に対処するためマッカーシズム（赤狩り）などの内部粛清をしたり緊張し続けたりする必要はなかった。だからこそ、日本やフランスではアメリカン・カルチャーの一環として以外の「深刻な陰謀論」が育たなかったのだ。

それは「九・一一」以降も同じで、フランスがイスラム過激派による連続テロの被害を受けた二〇一五年以降も、地理的にも歴史的にも身近である中東情勢を分析しながら「敵」を特定していたので、「陰謀論」に拍車がかかるということはなかった。「中東情勢」が地理的に遠いアメリカや日本とは異なるし、また「すべての悪の黒幕にアメリカがいる」というタイプの陰謀論も、もとよりアメリカを「正義のヒーロー」と見ていないフランスにとってのインパクトは大きくなかった。

それでも、シラク大統領まではアングロサクソンとの差異化を意識していたフランスでも、二〇〇七年にニコラ・サルコジが大統領になってからはアングロサクソン主導のグローバリゼーションが一気に進み、金融資本主義の増大による格差が進んだ。多くの規制が撤廃され、アメリカのビジネスモデルがフランスの文化モデルを凌駕するようになった。市場論理が共和国の原則を超えたとき、アメリカ発のカルトがフランスに浸透し始めたのは当然だった。

具体的には、冷戦末期に「資本主義諸国」の多くが、それまで弱者を守る担保として維持していた社会民主主義（揺り籠から墓場まで型の手厚い福祉や組合活動の保証）を手放したことだ。すでにソ連の社会主義体制は経済的に破綻していたから、ソ連の新自由主義への移行はたやすかった。

福祉や公共事業の私営化を進める「小さい政府」が推奨され、費用対効果を重視する生産性の追求が弱者の切り捨てや貧富の格差の増大につながった。社会民主主義の伝統を守っていたフランスも、同じ道を歩み始めた。

ヴァーチャルな取引が発展したことで、相互に関連のない異業種部門の企業の買収・合併による、多国籍、多角的な巨大企業も次々と生まれた。税金の安い地で形だけの「籍」を登録することで、実際に利益を上げている国へは納税しない等の操作（タックス・ヘイブン）や、裏金操作もどんどん複雑になっていくばかりか、少数の超富裕層が複数の政府や閣僚と癒着し、汚職が常態化する国も少なくない。

その中で「闇に潜む悪を暴く」タイプの「陰謀論」は、むしろ「わかりやすい物語」でスケープゴートをあぶり出すことによって、庶民の不満や人生の不全感へカタルシスを与える機能を持つに至った。「王」や「教皇」や「大領主」や「金持ち」や「秘密結社」が悪いという古典的な物語から、目に見える身近な「敵」を組み合わせて告発する「情報戦」が開始された。

通信傍受、偵察衛星、などのテクノロジーを利用すれば、実態がない「陰謀」は無際限に増幅できるし、無節操にコピーもできる。匿名の発信が何の検閲も受けずヴァーチャル世界で市民権を獲得し、奇妙な信念体系の島宇宙があちこちに形成される。

それらのうちで営利システムに取り込まれるものも少なくない。映画や製品のプロモートのために目的を隠した疑似サイト（ティーザーサイト）が封切や発売の何ヶ月も前から立ち上げられることも常態化している。

アングロサクソンの「共同体主義」の多様性が互いとの差異化のもとに閉鎖的に併存しているのと違って、「多様性」を尊重しながら普遍主義の理念の中で統合しようとするフランス型の社会も、グローバリズムには抵抗できなかった。陰謀論やスピリチュアリティが浸透してきた理由は、陰謀論やスピリチュアリティの「中身」が受け入れられたからではない。規制のない資本主義経済の中で格差の拡大によって転落した中流層の不満の方向を誘導しようとするポピュリズムの力なのだ。

ディープ・エコロジーのシンボルは「若い女性」

アングロサクソン型の陰謀論やその解決の一つとして広がるタイプのスピリチュアリティとは別の形でヨーロッパに浸透したものに、ディープ・エコロジー言説がある。もちろんアメリカにおいても、ディープ・エコロジーは「陰謀論とスピリチュアリティ」の結びついたものとして存在する。

ニューエイジと共に登場した「ヒッピー」文化はアメリカ発だった。とはいっても、二十一世紀に台頭したヨーロッパのエコロジーとの最大の違いは、アメリカのそれが、「共同体主義」文化のご多分に漏れず「ロビー」に囲い込まれることだ。

ある企業がどんなに有害な物質を排出していても、その企業のロビーのほうがエコロジーのグループよりも強大であれば、「政府の方針」が変えられることはない（かつてアメリカにあった多国籍バイオ化学メーカー、モンサントなど）。排気ガスの温室効果によって地球の温暖化が進み「放っておけば手遅れになる」というタイプの言説があっても、それを不都合とするロビーはいくらでもその反証となる言説を繰り出すことができる。いくら「科学的」と呼ばれる検証や仮説があろうと、「単純な真実」などもとより存在しないのだから、何が「フェイクニュース」なのかを含めて、すべては単純なパワー・ゲームに収束し、それがまた新たな陰謀論を生み出すのだ。

それに対して、ヨーロッパは全体として、「普遍的」で「科学的」な知見を保持してきたという「自負」があるから、主流とされていた言説を否定して「過去を反省し未来を志向する」というタイプのエコロジーは徹底されない傾向がある。EUという枠組みの存在もそれをたやすくする要因の一つだ。

日本の「フクシマ」にすぐ反応したドイツが原発エネルギーを廃止することを直ちに宣言しても、寒い季節の暖房がフランスよりも必要なドイツは、冬場はフランスから原子力発電によるエネルギーを調達できるなど、柔軟な対応が可能であり普通でもあるからだ。ディープ・エコロジー勢力がドイツの石炭エネルギーによる炭素ガス排出量増加を攻撃すると、EUは「きれいなエネルギー」としての原発増産を掲げることになるなど変わり身も速い。

フランス革命と同じように、中央集権的「スローガン」だけは勇ましく維持しても、実態はグローバル企業の各種利権を測りながらの試行錯誤が続いている。そんな中で急進化するのが「陰謀論とスピリチュアル」の結びつきがほどよくポピュリズムに適合したディープ・エコロジーだった。

アングロサクソン的な地域、人種、宗教などの共同体を持たない社会において、可処分所得の低下と、組合、福祉の後退によって生活を脅《おびや》かされる「大衆」にとっては、巨大企業と政治家の結びつきを訴える「陰謀論」が、とりあえずの納得を与えるものになっていった。二〇一九年にフランスを席巻した「黄色いベスト」運動は、SNSによる不満の共有で、見ず知らずの者がリアルに集合してできた新たな「共同体」だったのだ。(3)

スピリチュアルは、ディープ・エコロジーの大衆化における看過できない隠し味になった。「文明」を全否定して「自然に回帰する」とか、人間の食文化からあらゆる生き物を排除するとか、動物園、サーカス、各種の動物を使った人間の娯楽（イルカショー、闘牛など）などのビジネスへの批判は、ボイコットだけでなく時として襲撃事件に至る過激なものになった。

そのようなディープ・エコロジーのシンボルが「若い女性」であることが少なくない。ヨーロッパ諸国の中学高校で、生徒たちによるデモや授業のボイコットもあった。

若者は、少年であっても、自然を支配する「大人の男」ではない。ディープ・エコロジーが地球環境が汚染されているのを告発するときには、まだ「強権支配」に汚染されていない「無垢」の若者に訴えて前線に立ってもらうことが戦略的に実際に有効だという思惑もあっただろう。

ジャンヌ・ダルクは英仏百年戦争でイギリス軍に包囲されていたオルレアンを救ったヒロインだが、フランスだけでなくアングロサクソン国でもヒロインとされている。天使や聖人の「声を聞いた」という「巫女《みこ》」要素が、ローマ・カトリックが習合してきたヨーロッパ古代のシャーマニズムと合致していたからこそ、イギリス軍を本気で恐れさせたわけで、そのパワーへの憧れが共有されたのだ。

フランス革命で「近代」に突入したはずの十九世紀のフランスにおいても、南西部ルルドの洞窟で聖母マリアの「御出現」に立ち会いお告げを聞いた十四歳の少女ベルナデットのように、大人の利害関係に汚染されていない「無垢の少女」が多くの人々の「信心」を復活させた。男性司祭しか認めないカトリック世界でジャンヌ・ダルクのように「異端」認定されて火刑で葬られる運命をたどることなく、神秘体験を語る若い娘が修道女として独身のまま囲い込まれたりシンボルとして生きたりする道が開かれたのだ。

妊娠出産をする女性は常に「自然」の側にあるという古代からの心性は、「神の母」聖母マリアへの崇敬に根差している。ローマ帝国の父権制社会から逸脱する数多くの処女殉教者（セシリア、ルチア、アガタ、アレクサンドリアのカタリナなど）は、ディープ・エコロジーの源泉の一つであると言えるだろう。「指導司祭」に従う枠の中で生きる「女性神秘家」の伝統は、ヨーロッパ型スピリチュアルに合致して「権力者」側にも都合のいいものになった。

新宗教の形成と内面型のスピリチュアル

アメリカ型のディープ・エコロジーのほうは「共同体」主義に取り込まれるから、「普遍主義的な正義」の

3 「黄色いベスト」運動　二〇一八年十一月にパリで始まったマクロン政権に対する抗議運動。デモの参加者が黄色い安全ベストを着用していたことからこの名がついた。

衣をまとう必要はない。大統領が堂々と「アメリカ・ファースト」を唱えて環境問題の国際合意を軽視することも可能だ。ポピュリズムが製造する「偶像」は多様であり続けるし、聖母や聖人崇敬を排除したピューリタンの開拓者精神に支えられたマッチョな「ヒーロー」像は、全体としてスピリチュアルを圧倒してきた。「力」に対抗するのは「力」であり、軍事力、警察力は、強さを誇示するために「仮想敵」も必要とする。「権力の座」にある者が想定する「仮想敵」のヴィジョンと、「陰謀論」の世界は相性がいい。

そんなアメリカにおけるスピリチュアルの流れは、ニューエイジの時代から大きく分けて二方向に進化していった。一つはプロテスタントの共同体主義社会ならではの、「新宗教」「新宗派」「カルトグループ」の形成だ。エバンジェリスト（福音派）などに代表される「新宗派」は中南米でもカトリックに迫る勢いとなっている。

アメリカはもともと宗教迫害を逃れて建設した「神の国」だから、フランス型の政教分離はできるわけもなく、「信教の自由」の名のもとにフランスでならば明らかに「カルト」認定の要件を満たすグループが跋扈《ばっこ》するし、「信仰」を公にするのは各種ロビーとの関係構築のために必要でもある。

マーケティングを研究しつくした演出や布教方法、メガ・チャーチに教祖、カリスマによる「奇跡」、集団によるマインドコントロールなどが「スピリチュアル」を大きなマーケットにした。

もう一つは、ヨーロッパ型の「女性」や「若者」を特にシンボルとして利用しないことは同じだが、「力」や「男性優位」や「熱狂」をベースにするわけでもない、「内面型、克己型のスピリチュアル」だ。これも、実は、プロテスタント的心性に合致している。

様々な力を誇示する熱狂型スピリチュアルが、「神秘」を排除したプロテスタント社会における民衆信仰の欠如を埋めてポピュリズムの波に乗ったものだとしたら、内面型、克己型スピリチュアルは、劇場型神秘を排して、努力によって自分のステージを上げるというピューリタン型心性と相性がいい。

それに加えてニューエイジ以来知られるようになった「東洋系」スピリチュアル（例えば禅やチベット密教など）の影響もあり、一見して「既成宗教」や「宗教的蒙昧《もうまい》」とは一線を画する都市生活者、高学歴者、安定した中産階級をターゲットにした「努力によって成果を上げる」系のスピリチュアルが新しく登場したのだ。

その二つの流れを挙げよう。

アメリカの「自己啓発」とコーチング

「神秘」や「シャーマン系の陶酔」を前面に出すことなく、いわば「強者のスピリチュアル」としてアングロサクソン主導のグローバル世界に登場したものには、大きく分けて二種類ある。一つは自己啓発系で、もう一つが健康増進系だ。

まず自己啓発系について見ていこう。「自己啓発」とは、もともと、ニューエイジと同時期に登場した民間のグループ・セラピーで、自分では意識していない、あるいは抑圧されている「自己の可能性」を探り当てて開発することでコミュニケーション能力、社会性を高めるというものだ。自己の意識変容を目指し、自己責任も担うという覚悟はプロテスタントの自力メンタリティとも合致している。

アメリカにとっての「外来宗教」である瞑想や禅などの用語や方法論を使って「自己啓発」のノウハウを伝授するビジネスも登場した。もとよりその質を保証する公的な資格制度などは存在しないから、私企業による有料サービスだけでなくカルト団体による詐欺まがいのものも現れる。

講師や生徒が複数であればセミナー、一対一であればコーチングと呼ばれるが、巧妙な依存関係が構築されることも少なくない。より上位にある者が下位の者を従属させるという「ヒエラルキーによる支配のシステム」に変異することがあるのだ。

自己啓発の「啓発」というと啓蒙主義と同じで「啓《ひら》く」という語感だが、ビジネスとしての「啓発」やコーチングのほとんどは、「蒙昧を啓く」啓蒙どころか、むしろ指導者への絶対的信頼という情緒に働きかける「反知性主義」がベースになっているのが実態だ。

「自己」というからには、各人が自分の生育環境なども分析した上で、本来持っているはずなのに抑圧されていた「自己」があり、その可能性、「生来の才能」を発見してそれを育てていくことが目指されているようだが、実態はそうではない。唯一の「自己」どころか、環境に適合した「あるべきモデル」を設定することで、本来多様であるはずの「個人」をその「理想」に向かって誘導する、「洗脳」のような戦略が張りめぐらされているのだ。

自己啓発の中でも、主として現役で働いている人々に、ステップアップや進路変更、目標達成のノウハウを教えるなどするものがある。

一対一の「コーチング」は各クライエントの特質に適合したプログラムを組んでくれるというわけではなく、

既成のプログラムのほうにクライエントを適合させる。スポーツ活動でのコーチのように、「勝つ」確率を上げることが目標となり、「勝者」を多く出したコーチはカリスマ的存在になる。

そのアプローチは当然「指導的」なものとなり、「生徒」の潜在能力を発見、解放して育成すると言いながら、「コーチ」自身には「実績」以外に資格も条件もない（コーチ養成講座という名のもとに「資格」そのものを商品にするケースはある）。

多くの場合は、ダイエット講座やエチケット講座などと変わらず手軽に消費されるビジネスチャンスなので実害はないが、中にはクライアントを「指導者」に精神的に依存させるシステムもあり、マインドコントロールによって果てしなく消費を促すものもある。一度そのシステムの中に取り込まれれば、「コーチ」の提示する理想のモデルを目指すのだが、決められた「型」にはめられていくことには変わりない。

しかも、達成できないときの失望や敗北感が大きいときは、「コーチ」の指導の是非は問われず、自分自身の努力や能力の欠損であるという図式が最初から設定されている。たとえ達成されたとしても、満足感や目に見えるメリットがある場合でも、そこにあるのは最初に探し求めるはずだった「本来の自由な自己」などではなく、同じ型、同じ目標を目指すグループの中での「優越」の感情にすり替わっていることがほとんどだ。

このようなアングロサクソン由来の「自己啓発」には「パーソナル開発」「パーソナルサクセス」「パーソナルモチベーション力」など、「パーソナル」というカタカナ語が氾濫《はんらん》している。これは英語のpersonalから来ているが、もとになるpersonの語源は、ペルソナ（仮面）から発してキリスト教由来の「三位一体のペルソナ」を人間に応用した概念となり、「自己決定のできる個人」を意味している。

その意味でも、「あるべき姿」を外から与えられて、コーチの方針に従って努力するなどというのでは、目指されるのはパーソナルどころかその反対のインパーソナルimpersonal（つまり、非個人的で誰にでも通用する）ではないだろうか。まさに「看板に偽りあり」なのだが、「信仰」の一種だと思えば不思議ではない。社会の中で自分の立場が不安定であり生き難いと感じている人に必要なのは、自分自身で自分の生き方を問い続け試行錯誤して生きる哲学であるのは事実だが、そこに大量消費マーケットに通用するような万人向けの方法論が跋扈するのは皮肉な現象だ。

自己啓発系の書籍は至る所に出回っているし、何よりも、今は、ある種のユーチューバーとかインフルエンサーと呼ばれる人がネット上で、生き方指南をしたり、サクセスストーリーを誇示したりして「カリスマ」モデルを提供している現象がある。ひと昔前のように、もともと生育環境が違うとか特別な才能が認められているなどと差異化されていずに、ある意味で「努力すれば誰でもできる」と、ハードルが低くなっているからこそ、それができない、そこから外れたと思った人がさらに生き難さを覚えたり、鬱《うつ》状態になったりするのは深刻な事態だ。

さらに、そういうヴァーチャル世界の「カリスマ」と「信奉者」や「ファン」の間にはある種の共依存関係が生まれる。「カリスマ」はファンの多さによって自分の優越と支配力を本気で信じるようになり、信奉者は、批判精神抜きにそのモデルに憧れるようになるのだ。「これまでのあなたの生き方は間違っている」「これからはこのように考えてこのように生きなさい」と言われることに唯々《いい》諾々《だくだく》と従うようになるわけである。これと同様なものは「覚醒」や「解脱」を促すカルトの心理学の中に見られる。

この「思考停止」現象は、一部の人にだけリスクが大きいというものではない。このような一見「民主的」ポピュリズムのベースがすでにあったからこそ、コロナ禍の初期から、「専門家」や「政府」や「自治体」がメディアを操作しながら繰り出す警告や警報や対策や規制が、「個人主義」や「自由主義」であったはずの国々で受け入れられたのだ。その「非常時」における「全体主義」の裏には、医薬産業などの莫大な利権が動いていただろうことは疑いがない。

コロナ禍と「健康」志向のスピリチュアル

もう一つは、まさに、コロナ禍によって「変異」を余儀なくされた「健康」志向のスピリチュアルである。コロナ禍以前の「健康志向」は多様なビジネスモデルを生んでいた。先進国の医療技術が劇的に進んだこと、大都市型生活の中で老いや死や病が「家庭」から専門施設へと追いやられたこと、若さと性的魅力をアピールできる人物がサクセスモデルやビジネスモデルになったりすることで、すべての人がそれを目標にするというマーケットが生まれていたからだ。

一方で、都市の安定した中流層以上の階級に属する人間といえども、老いや病からは逃れられない。平均年齢は延び、リタイアしてからの時間が長くなり、高齢になっても精力的な活動を発信できるモデルが次々と現れた。「健康寿命」を延ばすという目標が掲げられ、美容整形はもちろんあらゆる形で「老い」を撃退する「高額医療」が提案される。

そのベースにある心理操作は、実は陰謀論、特に「終末論」の方法と通底している。ディープ・エコロジーに見られる「環境破壊」の恐怖は、「個人の死」への実存的不安と連動したものなのだ。特に、終末論を軸にした「世界の終わり」型のプロテスタント宗派が少なくないアメリカでは健康スピリチュアルが根付きやすかった。

一方で、フランス政府のカルト的逸脱監視調査会は、小規模な健康カルトや治療者の名をも公開して糾弾することがある。デトックスや菜食や断食、呼吸瞑想法などは、それ自体ではある程度の市民権を得ている「健康法」だと言えるものの、それらが時として、重篤患者を医学の介入拒否や治療中断に至らしめ、霊的な癒しや「浄化」を約束する高額の投資や献金を促した上に死に追いやるカルトグループやカリスマたちの売りつける「商品」と化すことがあるからだ。

医師免許のない者による医療行為の禁止や医薬品認可におけるエビデンスの確立などは法制化されているものの、民間療法や健康法や各種セラピー、まして占いやスピリチュアルなどは、宗教と同じで真偽や正誤の線引きは難しい。かといって、放置すれば、心身の不安定な状態にある人が洗脳されて悪質な「商品」を買わされて深みにはまることがある。相手が大きな組織でなくローカルなものであれば、その被害の実態を調査することさえも容易ではない。

終末論的ディープ・エコロジーは社会全体の生活不全感の上によって立つことが多いが、代替医療は、伝統的な共同体が喪失した社会で実存的な不全感を持つ個人の消費行動を促す。その二つが連動していることも少なくない。

発信者の顔も受信者の顔も見えにくい匿名性の高いデジタル情報の洪水の中で、血液型や星座別の語りかけは、「特別に自分に向けられた情報」だという幻想的な付加価値を持つこともあるだろう。人類が未来に遭遇するカタストロフィや陰謀論に増幅された地球の破壊予想に震えあがった後では、「××座生まれのあなたの今週のラッキーカラー」というような個別的で具体的な語りかけに信頼感、安心感をそそられて癒されるわけだ。だからこそ、「グローバルで脅してピンポイントで救う」という販売戦略が成り立つ。

あなたが運動不足なら、都市生活者なら、家系に××病の人がいるなら、一定の年齢を過ぎているなら、健康診断の数値が平均を外れていたら、あなたは自分では気づかぬうちに「放っておくと確実に死に至る」大変な事態に陥っているのであり、ひょっとしたらすでに手遅れかもしれない。しかし、私の言うことを聞き、コーチングに従って、療法や薬の摂取を続ければ、あなた「だけ」は、救われるかもしれない。

かけがえのない地球、かけがえのないあなた。地球や人類やあなたを救う道は必ずある、という甘い言葉を裏付けるために、様々な「成功体験」がばらまかれる。そして人は、ネガティヴな脅しに魅せられるのと同じように、無邪気な救済譚をも聞きたがる。

劇的に効く痩せ薬やしわ取りクリーム、健康食品、健康法。もちろん、「生活習慣の改善が基本だ」というようなまっとうな言説もあるのだけれど、すでにネガティヴなスパイラルにはまっていたり依存に陥っていたりする人が本当に耳にしたいのは、マイナスがたちどころにプラスに代わる奇跡の成功体験なのだ。

他の人や正論はどうあれ、自分だけは「楽して直ちに救われたい」というのは癒しを求める多くの人がはまり込む幻想だ。「癒し」が金で買えるものならば惜しまない。

このような健康系スピリチュアルがすでにスタンダードになっていた先進国高齢者にとって、コロナ禍が大きなトラウマ体験を用意したのは言うまでもない。

エゾテリスム2・0と魔女の復権

コロナ禍で外出規制が続いたフランスで、「エゾテリスム2・0」という言葉がささやかれるようになった(«La Vie» No 3967など)。

すでに述べたように、隠秘学、秘教を意味するエゾテリスムは共和国以前のフランスでも、「政教分離」のフランスでも形を変えながら続いてきた一種の社交的「サークル」活動だった。だからこそ、ヨーロッパ各地からあらゆる種類の「超能力者」や「詐欺師」が出入りするエリアでもあったし、ルネサンス以来二十世紀半ばに至るまで、錬金術、薔薇十字団やフリーメイスンなどを通して近代ヨーロッパを形作った影の潮流の一部でもあった。

「錬金術」が「化学」となり、「占星術」が「天文学」になった後も、未来を知りたい気持ちや大切な故人と通信したいなどの願いの受け皿となる「サロン」は存在した。それが本当に「下火」となったのは、ヴァーチャル・リアリティが定着し、誰もが携帯で不特定多数の人とつながることが可能になった二〇一〇年頃だった。

それなのに、コロナ禍のロックダウンで、ますます「対面」のリアルが遠のいたにもかかわらず、若者の間では蝋燭やタロットその他いろいろなグッズを使うアナログなエゾテリスムの儀式が広まっているというのだ。様々な「未知の世界」とのコンタクトを試したり、自分や知人の運命を探ったり、影響を与えたりしようとする様々な試みは昔ながらのものだが、この「新型エゾテリスム」は特に若い女性の間で密かに広がっているという。

その背景の一つには、「魔女の復権」がある。ヨーロッパの森には古くから不思議な力を持つ魔女が住んでいた。二十一世紀になってフェミニズムの流れとエコロジーの流れが合流した世界では「魔女」がその原型であり、シンボルだと見なされるようになってきたのだ。

カルトグループの集会に誘われるわけではなく、個人がネットを通して学ぶことも「新型エゾテリスム」の特徴だ。コロナ禍でのリモートワークやリモート授業などで、若者が一人でネットに向かう時間が増えたからだけではない。

二〇二〇年春から猛威をふるったコロナ禍において、隔離やロックダウン、防護服など、まるで中世と同じような対策が展開されたことが人々の意識を変えた。非現実的な光景の中でそれまで全能だと見えていた科学の限界を多くの人が感じることになったのだ。

死者数の増加や重症者の様子が繰り返しメディアに取り上げられることで高まる不安の中で、人生の意味を知りたい、霊的なものにアクセスしたいという欲求が人々に生まれてきたのも自然な流れだった。「スピリチュアル」をサークルの中でエンターテインメントとして共有して消費する時代は、インターネットの発展によって終わっていたものの、疫病による実存的不安と、公共の場所を失うという状況が「スピリチュアル」への感性を呼び覚ますことになった。

インターネットによって、過去の様々な「スピリチュアル」の情報がたやすく手に入るようになって以来、情報配信の形もコンテンツもすでに進化していた。「ハリー・ポッター」と共に育った若い世代には、呪文が飛び交う各種のゲームの世界に耽溺《たんでき》することで、魔術へのハードルが心理的に低くなっていくばかりか、すでにポジティヴなものにさえなり、ソフト・ドラッグとして機能する場合もあった。

そこに訪れたのがコロナ禍だ。「自粛」を求められた人々は不安と閉塞感と将来の見通しのなさに悩まされ、アメリカでは、コロナ禍の始まり以降、「ネットを介した占い」の消費は十倍にも増えた。「魔術」の中でも病を治すなどの「白魔術」と人に害悪を与える「黒魔術」はそれぞれ古今東西の社会で管理されてきたが、デジタル世界で無限に広がる「多様性」の中ではもはやそのような区別がない。

「魔術」を生活のツールとして扱い、ユーザーのリクエストに応える「儀式」を手軽に伝授するものが広まっている。ネットで検索したカード占い師、霊媒、ヒーラーなどをディナーパーティにゲストとして招くのは十九世紀のブルジョワ社会で流行した交霊術、心霊術の再来のようにも見える。

だが、コロナ禍の社会では、未来の見えない悲観的な状況や刹那的な状況で生き難さを抱えて新しいオカルトに出会う人々の中には、やがて他者を傷つけることに「オカルト」を使う欲望が生まれることもある。実際、それを自覚して「オカルト」や「魔術」への依存から離れようとする若者もいる。

人は理論や理性、合理性や科学の言葉だけでは生きられない。「身近な他者」への共感を育て助け合って生きていく以外に本当の人生の良好感は得られない。それなのに、コロナ禍とそれにまつわる様々な利権の中で、リアルな人間関係の中で育まれるはずの生活が理不尽に損なわれた。

近代の順調な「成長」神話が崩壊した世界での多様な生き方の一つだった陰謀論とスピリチュアルも、行動規制と監視、検査や隔離、ワクチン接種などの全体主義的言説の海の中で、確かな変異を遂げている。

コロナ禍の初期に「これは戦争だ」と大統領がぶちあげたフランスでは、その「緊急事態」下の絶対主義が持ちこたえられなくなった頃、ロシアによるウクライナ侵攻が勃発した。「ほんものの戦争」「経済戦争」の対処へと舵《かじ》が切られ、気候変動による猛暑と豪雨と旱魃《かんばつ》、山火事などの災害も危機感に拍車をかけている。

私たちが本当に警戒すべきなのは、メディアで大々的に取り上げられる暴動など、「陰謀論」の目に見える逸脱だけではない。大規模な引きこもりの体験を余儀なくされた世界中の若者たちにひっそりと感染していくコンスピリチュアリティの変異を見逃さずに対処法を考える時が来ている。

失われた希望や霊性をネットの中に求めてしまうのは若者たちだけではない。コロナ禍で先が見えなくなった中高年が「金運」上昇にすがろうとする需要に応えて、各種「占い師」「メンタリスト」などもネット上に跋扈する。

「秘密」を暴く「陰謀論」や「超越」と触れ合うスピリチュアルの世界でナルシシズムを満足させ、宗教間対話や異文化理解を怠っていると、結果的には、より大きい暴力装置の保全に加担することになるかもしれない。「救済」の社会システムが崩壊しテクノロジーだけが進歩した社会で私たちに求められているのは、いつの時代も、自然の中で互いに支え合える健全な関係性の中でしか成り立たない人間性の復活なのだ。

■参考文献（「アメリカの『自己啓発』とコーチング」）

Julia de Funès/«Le développement (im)personnel : Le succès d'une imposture» Ed. L'Observatoire
«L'Express» No 3708

巻末対談　コンスピリチュアリティは「新しい」のか？——陰謀論の現在

横山茂雄×栗田英彦

コンスピリチュアリティの「今」、そして「古い」流れ

横山　二〇二二年十月末にアメリカのナンシー・ペロシ下院議長の夫が襲撃されるという事件がありました。日本ではあまり報道されなかったけれども、犯人のデイヴィッド・デパプは、約十年前には緑の党[1]の支持者だったことがわかっています。

その後、陰謀論のほうに大きく傾斜していって、彼がSNS上に書き込んだと推定される発言には、コロナはやらせでワクチンは有毒、二〇二〇年の大統領選挙は不正、ユダヤ人やイルミナティが陰謀を画策といった主張だけでなく、アトランティス大陸やUFO、エイリアンへの言及などが含まれていたという。また、自分は妖精と交信しているとも信じていたらしい。つまり、以上の情報が正しければ、この対談の話題であるコンスピリチュアリティとぴったり重なる人物であったわけです。

1　緑の党
アメリカ合衆国緑の党は、環境対策、非暴力、社会的正義、草の根の民主主義、反戦、反レイシズムなどの政策を掲げている。

二〇二一年のアメリカ議会議事堂襲撃のときには、ジェイク・アンジェリという人物が、明らかにネオペイガニズム(2)の信奉者だとわかる格好で現れて注目を浴びました。陰謀論とスピリチュアルとの結びつきを体現しているということなんですけれども、その一年半後のペロシ襲撃事件も、やはり同じようなメンタリティを持つ人物による可能性が高い。

さらに二〇二二年十二月上旬には、国会議事堂の襲撃などによって国家転覆を画策していた極右グループがドイツで摘発されました。メンバーには軍人や裁判官が含まれていましたが、ドイツがディープステートに支配されていると信じていたらしく、アメリカのQアノンの影響を受けていたとの報道がなされています。

一方、日本では、二〇二二年七月の参議員選挙の投票日直前に安倍晋三元首相が狙撃されて亡くなるという事件がありました。犯人が旧統一教会に対する怨恨から事件を引き起こしたというので、今、国内では一気にいろいろなことが噴き出してきている状況ですね。

興味深いのは、朴正煕の軍事政権時代に統一教会はKCIA(韓国中央情報部)の反共工作活動と深い関わりがあったとされていて、そこに岸信介や笹川良一が絡んでくるわけですね。つまり、日本と韓国の長い戦後の歴史のなかで、現実的な陰謀、謀略ともろに関わる部分があったということ。

また、それとは別に、安倍元首相の妻の安倍昭恵さんが明らかにスピリチュアル系の人物であるという点。要するに、安倍元首相は決してコンスピリチュアリティとダイレクトに結びつきがあるわけではないけれども、あの事件には何か象徴的なところがあると僕には感じられる。

さらに、その選挙の結果、参政党という新しい政党が一議席確保した。参政党は、有機農業を政策の柱のひとつにする、排外主義的な右派系の政党ですね。参政党を眺めていて思うのは、古くからの流れを継承する典型的なパターンだということです。

栗田 古い流れというのは?

横山 候補者の中にはマクロビオティック実践者がいたり、小麦批判の演説をしている人がいますね。マクロビオティックというのは桜澤如一(一八九三〜一九六六)が提唱した玄米正食のことですが、彼が戦後に創立した日本CI協会は、菜食主義、自然食や有機農業の世界において大きな影響力を持ってきたし、今でも持っている。

党員のどれくらいが桜澤如一の信奉者かはわかりませんが、桜澤は戦中期には過激な反ユダヤ主義、ユダヤ陰謀論を唱える人物だった。西洋近代医学をユダヤ医学と呼んで排撃して、玄米正食によってのみ健康、長寿が獲得できると主張した。また、菜食主義のヒトラーを賛美していた。桜澤如一の思想の核をなすものとして身土不二《しんどふじ》（身体とその育った環境が一体である）という概念がありますが、これはナショナリズムと不可分ですよね。

だから、有機農法、有機食品、自然食というと何となくリベラル系と思う人もいるかもしれないけれど、実は右派や陰謀論とつながる部分があるわけで、そういう意味では、参政党は突然出てきたものではなくて、戦前から日本にずっとあった流れが政治運動において初めて成果をあげたという見方も可能かなと。

栗田　確かに。

横山　それから参政党支持者の一部に「アートテン農法」の関係者がいる。アートテン農法はオカルト色がとても強い自然農法なんですが、この農法の創始者である高橋呑《どん》舟《しゅう》氏の履歴を紹介するサイトを見ると、彼はマクロビオティックだけでなく、人智学(3)のシュタイナー農法（バイオダイナミック農法）や楢崎皐月（一八九九〜一九七四）の

2　ネオペイガニズム
キリスト教以前の古いヨーロッパの信仰とされる「ペイガニズム」を復興させようとする運動。自然崇拝、多神教、女神信仰、ウィッカ、ケルト文化などを要素として持ち、北米などの先住民文化を取り込むこともある。一九七〇年代にカウンター・カルチャーと結びついて流行し、ニューエイジ運動の一部とも考えられている。

3　人智学
ドイツ神智学協会幹事長だったルドルフ・シュタイナー（一八六一〜一九二五）は、神智学と訣別して、一九一三年に人智学協会を設立した。人智学は、神智学の一部を基盤としつつ、シュタイナー独自の神秘思想を展開したもので、教育、芸術、医療、農業などの分野においても実践的活動を行ってきた。

カタカムナ[4]にも影響を受けているらしい。

まあ、そもそも、十九世紀後半以降の欧米における菜食主義や自然食の一部には、神智学などオカルトの影響が非常に強いから、これ自体は驚くことではないけれどね。さらに、高橋呑舟氏はUFO界隈とも接点がある。

どういうことかというと、一九七四年に北海道北見市仁《に》頃《ころ》で宇宙人コンタクト事件が起こり、その当事者の藤原由浩という人物は円盤に乗せられただけでなく、やがて宇宙人からいろいろなメッセージを受け取るようになった。この藤原氏に高橋氏は九五年に出会って大きな感銘を受けたらしい。

実際、アートテン農法の根本をなすのは、高橋呑舟氏の頭に宇宙から送り込まれてくる情報なんだよね。僕は何と七四年夏に藤原由浩さんに会いに北見まで赴いて円盤着陸跡と称されるものまで見ているんだけれど（笑）、それはともかく、参政党の背景には七〇年代UFOブームの残響さえ聞き取れるわけで、僕にとっては非常にわかりやすいという気はしました。

栗田　ただ、参政党自身はスピリチュアルとも言い切れないような有機農業に依拠しているわけで、陰謀論を公言しているわけでもない。日本では陰謀論が大衆的に流行《はや》っているというよりは、SNSとか限られたメディアで流行っているだけだというのが実際のところなのかな、と。

一方、アメリカの広がり方というのは、ドナルド・トランプにしても、共和党支持者および共和党寄りの有権者の三五パーセントが次の大統領選の共和党候補にふさわしいのはトランプ前大統領だと答えていますね（米国中間選挙の後に行われたYouGov Americaの調査結果による）。二〇二〇年の大統領選挙の結果を否定しているトランプがそれだけ支持されているということは、陰謀論支持の広がりの規模はアメリカのほうが日本よりはるかに大きいのだろうと感じます。

横山　もちろん、僕もそう思いますよ。逆にいうと、アメリカの状況は世界的に見ても極端なところがある。

栗田　そうですね。

横山　アメリカではキリスト教のエヴァンジェリカル（福音派）という宗派の人口比率がかなり高い。エヴァンジェリカル系はいわゆるキリスト教原理主義者、根本主義者です。千年王国などの終末思想や、悪魔、反キリストの実在を堅く信じる世界観を持っていて、陰謀論と結びつきやすい。というより結びついてるわけで、そのこともあって日本とは全然状況が違うわけです。

「コンスピリチュアリティ」という分析は正しいか

横山　ここまで「コンスピリチュアリティ」という言葉を注釈なしに使ってきたけれど、まずこの言葉について検討しておいたほうがいいと思う。

栗田　そうですね。この言葉はシャーロット・ウォードとデイヴィッド・ヴォアスが、'The Emergence of Conspirituality'（二〇一一）という論文で提示した造語ですが、この論文が、スピリチュアルがリベラルで、陰謀論が右派的で、それがくっついていてびっくりですね、みたいな内容で。

横山　そうそう、だからこれを読んだときに、ずいぶん単純な見方だなと思った。

栗田　それはその通りです。

横山　同時に語呂がよかったんだよね、英語では。

栗田　（Conspiracy と Spirituality をくっつけて、Conspirituality にしたという意味で）ダジャレみたいなものですもんね。

横山　ある意味では、学問っていい加減なものだなと思いますね（笑）。

栗田　そういう側面もあります。で、「コンスピリチュアリティ」という分析のいい加減さはすでに批判されていて、E・アスプレムとA・ディレンダルが、陰謀論とスピリチュアルの結びつきはもっと前からあると指摘していたりします（'Conspirituality Reconsidered', 2015)。

横山　それは確かにその通りなんだけど、腑分けが必要ですよね。つまり、陰謀論とスピリチュアルの結びつきが従来からあるのは確かなんだけれど、今の状況には何か新し

4　カタカムナ
一九五〇年代頃に、技術者である楢崎皐月が、兵庫県六甲山中で平十字と名乗る人物から筆写を許されたとされる謎の古文書。楢崎によると、太古には現代科学の体系と異なる「直観物理学」に基づく高度な「カタカムナ文明」があったという。

いものがあるのか、あるいは、ないのかという点を確認しておかないと、議論が混乱するだけだと思う。

それから「コンスピリチュアリティ」という分析でもっと気になったのは、スピリチュアルの定義がめちゃめちゃ甘いことなんだよね。何がスピリチュアルなのかよくわからないのに、リベラル女性中心だったはずのスピリチュアリティ界隈に陰謀論が広まっていると言われても説得力がない。

栗田　そうですね、女性的でリベラルなスピリチュアリティと男性的で右派的な陰謀論という二項対立にしていますね。

横山　そもそも、女性の陰謀論者は昔から結構いるわけです。『シオン賢者の議定書』の草稿をロシアに持ち込んだとされるユリアナ・グリンカ（一八四四〜一九一八）とか、二十世紀前半にユダヤ／イルミナティ陰謀説を広めるのに大きな力があったネスタ・ウェブスター（一八七六〜一九六〇）とかね。

しかも、グリンカは神智学の熱烈な信奉者で、ウェブスターにしても自分を革命期のフランス貴族の生まれ変わりだと信じるような人物だった。だから、「スピリチュアル系の女性は本来は陰謀論となじまない」という議論は、はじめからあまり成立していない。

栗田　スピリチュアルとは何かということも大きな問題ですね。スピリチュアリティという言葉は教団の拘束のない個人志向の宗教性を意味していますが、歴史的には一九七〇年代のアメリカで始まるニューエイジ運動とその日本版として精神世界ブームがあって、そのコンテンツを引き継いだ言葉として一九九〇年代頃から使われ始めたようです。特に日本では、コアな精神世界がオウム真理教と関連付けられたこともあり、そのマイナスイメージを払拭しようとして、二〇〇〇年前後に「スピリチュアル」という言葉が流通していったように思います。

横山　そうだね、日本では、オカルトや精神世界の旧来のイメージをローンダリング、「洗浄」したのがスピリチュアルという言葉だという側面は確かにあると思う。

栗田　それと、一九九八年にＷＨＯ（世界保健機関）の健康の定義に spiritual という項目を追加するかどうかが検討され、療法やケアの分野でも使われるようになったこともイメージの変化に拍車をかけたかもしれません。ニューエイジや精神世界に比べて、かなりマイルドになった印象ですね。

ですが、宗教学ではスピリチュアリティの定義はずっと議論されていて、共通認識には至っていないように思います。それに日本のなかでスピリチュアルと言われているものと、例えばアメリカのニューエイジ系のスピリチュアルなものは明らかに違う。

既成教団への対抗性ということから考えても、キリスト教圏ではニューエイジは仏教を含むけれども、日本からしたら仏教は既成宗教ですよね。一般的に仏教はお葬式をするものという感覚からすれば、欧米における仏教のスピリチュアルなイメージとはかけ離れてくる。この言葉でイメージされるものは文化によっても異なるし、個々人のあいだでも統一がない。その中身も様々です。

ですから、そもそも陰謀論とスピリチュアリティに必然的な結びつきがあるとか、ないとかという単純な議論はできないと思います。様々であるだけでなく、スピリチュアリティの定義が難しいので……。

横山　スピリチュアリティっていうよりはむしろオカルトと言ったほうがわかりやすいと思うんですよね。疑似科学や代替医療、UFOや超古代史なども含む広義のオカルト。僕の考えでは、オカルトやスピリチュアルというのは、今ある現実に対して、それ以外のリアリティ、現実があるんだということを開示するものなんですよ。

だから、現実にある事件が起きる、あるいは何かの事象がある、それに関して確たる説明ができない場合に、オカルトを援用するという思考パターンになっている。他方、陰謀論もやはり「別の現実」を開示しようとする点では共通している。だから、オカルティズムとかスピリチュアルの一部が陰謀論と結びつくのはごくごく当たり前の現象にすぎない。

栗田　でも、最近だとオカルト概念もまた宗教学で議論になっていたりするんですよね。現代日本のオカルト概念は、コリン・ウィルソン『オカルト』（一九七一年／一九七三年翻訳）をきっかけに定着し、それと桐山靖雄（後の阿含宗開祖）が牽引した密教ブームが重なって成立したと言われています（韓相允「一九七〇年代日本における「オカルト」概念の受容と展開」『学際日本研究』一巻、二〇二一）。この概念に秘境ブームや超能力、UFOブーム、偽史ブームも重なって、現在のポップ・オカルトの領域が形成されていきますが、これはその前の神智学協会に代表される「オカルティズム」を継承しつつも、ちょっとずれるというか文化的・大衆的に拡大している。

「オカルト」がこのように歴史的に限定された概念であることを踏まえると、横山さんがおっしゃったような、今の現実と違うような現実につながろうとする思想だったり、体系だったりを何と呼ぶかは、宗教史的には難しい問題ではあるんですけど、そういうものが常にずっとあるっていうのはその通りです。そしてこれは狭い意味の宗教運動だけじゃなくて、マルクス主義のような政治運動も含まれてくるでしょう。資本主義的な現実とは異なる現実として、共産主義社会が想定されているわけですから。

オカルトやスピリチュアリティとか狭く捉えるんじゃなくて、もっと広く思想的に捉えないと陰謀論の絡みはあんまり見えてこないのではないかと思うわけです。霊的なものと関わるかどうかだけでは足りない。

横山　最近いくつか出ている、陰謀論の蔓延を警告する本の類には、なかば近現代オカルト史の簡略な解説となっている場合がある。要は、陰謀論というのは詐欺まがいのインチキ・オカルトと同じものなんだから、信じてはいけない、騙されるなと。

オカルトと陰謀論が絡み合い、他方、オカルトを利用した詐欺商法が氾濫しているのは事実でしょうが、でも、その観点からだけで陰謀論を扱うのはどうなのかな。昔ながらの迷信撲滅論とほとんど変わらないのでは。

栗田　それから、陰謀論という言葉の成立自体が政治的背景を持っているということを認識しておく必要もありますね。現在のような否定的ニュアンスの「陰謀論」という概念は、二十世紀中頃、「全体主義」や「権威主義」と呼ばれる体制の台頭を批判する文脈で組み立てられていったという研究があります（M. Butter & P. Knight, *Routledge Handbook of Conspiracy Theories*, 2020）。

まず、陰謀論概念の形成期に重要な役割を果たしたのが、フランクフルト学派（非ソ連系の西欧マルクス主義グループ）の哲学者テオドール・アドルノやアメリカの政治学者ハロルド・ラスウェルの仕事ですね。アドルノは、戦中に英国を経由して、米国に亡命しています。次に、アメリカの政治学者のリチャード・ホフスタッター、イギリスの科学哲学者カール・ポパーらが使っていって、それが広まります。ホフスタッターの陰謀論概念などは、マイケル・バーカンも受け継いでいて、特に政治学のなかでは広く流通する。

これらの論者たちは、陰謀論を「パラノイア」のような精神病理学的状態にたとえたり、社会現象を誰かの意図に還元する間違った社会科学だとして批判します。過度に社会現象を単純化し、敵を作って対立的世界観で人々を煽ることが「陰謀論」とされるわけですね。問題はこの概念が生まれてきた政治的背景です。

これらの論者が陰謀論としてまず問題にしていたのは、ナチスドイツやソ連の政治的言説です。つまり、第二次世界大戦から冷戦という状況下では、陰謀論の批判的研究は、連合国および自由主義陣営によるプロパガンダの一部——つまり、敵対国のイメージをわかりやすく戯画化したものに還元することで戦争行為の継続や国民の意思統一をよりスムーズにするもの——として機能したわけです。敵を単純化して批判するのは戦争中ならどこでも見られるプロパガンダですが、ドイツやソ連などが「民族」や「主義」などのイデオロギーで敵と味方を単純化したのに対して、英米では「陰謀論」研究などのイデオロギー批判を通じて敵を単純化して批判したわけですね。

こうしたイデオロギー批判は合理的に聞こえ、プロパガンダとしてとてもうまくできている。しかし、陰謀論批判が、しばしば一種の「陰謀論」と化すのは、それ自体が本質的には政治対立を強化するためのレッテルだからでしょう。陰謀論批判は、「陰謀論者」を非合理的な（＝理解不能な）他者として表象して攻撃しがちで、それは理解不能な「敵」が世界を脅かしているという「陰謀論者」と基本的に同じ構造を持ってしまうわけですね。

といっても、「陰謀論」という言葉を使うなと言っているわけではなくて、それ自体は主題を掲げるためにも必要ですし、そもそもできてしまった概念は失くせない。「陰謀論」概念を様々な事象に当てはめることも、理解の助けにはなる。しかし、社会科学的な体裁を取っていたとしても、「陰謀論」という言葉は本質的に政治的な概念なのだということは、意識しておく必要があると思います。

オウム真理教と太田龍

栗田　そういったことを前提とした上で語っていきたいんですが、陰謀論的スピリチュアリティと言えば、まずオウム真理教が挙げられますよね。

横山　オウム真理教は大きい。

栗田　それから、私の研究対象でもある太田龍（竜とも。一九三〇〜二〇〇九）の地球維新党。この二つはどちらも一九九〇年の衆議院選挙に出馬して一議席も取れず、オウムは無差別テロ（地下鉄サリン事件、一九九五）に走りますが、太田龍の場合は陰謀論にぐっと舵を切るという流れです。この二つの軌跡の違いが気になる。

横山　オウム真理教は、まさにオカルトと陰謀論をくっつけた宗教団体だった。地震兵器という発想をかなり早くから取り込んだりとかね。

カルト的な宗教団体が、迫害されているという妄想から陰謀論に陥る、そういうメカニズムは理解できるんですよ。だけど、オウムの場合はさらに攻撃に転じてるでしょう。そこがわからない。オウムとよく並べて語られる人民寺院[5]とかブランチ・ダヴィディアン[6]の場合、結果的には外部の人間や官憲側にも死者が出たにせよ、基本的には外側の世界への攻撃を目標としていない。

ところがオウムの場合は明らかに自分たちから積極的、組織的に攻撃をしかけている。皮肉というのも変だけど、武装革命を夢見た太田龍がそれを実現できなくて、オウムのほうが逆に武装革命みたいなことをやってしまった。

栗田　そういうことですね。現在は陰謀論者として知られる太田龍ですが、元を辿ると日本共産党の党員で、一九五〇年代にトロツキストとして共産党に反旗を翻して日本の新左翼党派の源流を作った人物です。七〇年代にはさらにアナキストを経てマルクス主義を含む近代主義全般を批判するようになり、アイヌや沖縄や第三世界——特にアイヌですが——に依拠した辺境革命論[7]とかを唱えるようになった。東アジア反日武装戦線など、辺境革命論に影響を受けた無差別テロ的な爆弾闘争も頻発します。

けれども、八〇年代にアイヌ文化振興法の準備などが進んで体制側の囲い込みが進み、革命の根拠としてアイヌに依拠しきれなくなっていくという面もあって、日本原住民や縄文に向かう。自然農法とか自然食とか、エコロジカルなほうにシフトを切っていたのがこの頃だと思います。

そのときに桜澤如一とかにも触れてますね。このあたりから、後のユダヤ陰謀論につながる考え方が出てくる。比較文明論的な見方から、ユダヤ教を含む一神教文化というものが、科学とか資本主義とかマルクス主義とか、そういう西洋近代文明の基本にあるんだと。それで、一神教文化の末裔《まつえい》である近代文明が自然を支配し、大多数の人類をも奴隷化、家畜化して支配している。こうした一神教文化に対抗してアニミズム的な「呪術」を評価したり、自然調和的な社会組織としてトーテミズムを評価したりします。一神教的でない文化の復権を唱えるんだということですね。「地球維新」という考えには、「ゴキブリからの革命」というような極端なスローガンもありますが、人間中心主義的な近代文明に対抗して、人類以外の生物との共存を意味

---

5 人民寺院
一九五五年に、米国で設立されたキリスト教系新宗教。教祖のジム・ジョーンズは共産主義の理想を出発点として人種平等的なコミューンの形成を目指した。しかし、米国の主流社会と軋轢を生み、最終的にガイアナに移転、一九七八年、アメリカから人権蹂躙調査団の派遣を受けたことをきっかけに、集団自殺を遂げた。

6 ブランチ・ダヴィディアン
セブンスデー・アドヴェンチスト教会から分派したキリスト教グループの末裔。一九九三年、テキサス州ウェーコの教団本部を、米国の法執行機関が包囲、信者たちは武装して抵抗し集団自殺に至った。この事件はウェーコ包囲と呼ばれて米国政府の対応に疑問の声が上がり、後のオクラホマシティ連邦政府ビル爆破事件の動機の一つとなった。

7 辺境革命論
太田龍が『世界革命』（栗原登一名義、一九六七）や『辺境最深部に向かって退却せよ！』（一九七一）で主張した革命論。資本主義の〈帝国〉とそれによって取り込まれない〈辺境〉との対立として世界を捉え、〈帝国〉を〈辺境〉が包囲して革命戦争が起こるとした。〈辺境〉には、第三世界、黒人、アイヌ、沖縄などが想定されている。

する「万類共尊」を目指していくということです。けれども、それを抑圧していく一神教文化、つまり近代文明がどんどん強まっている。選挙に敗北したとき、太田はこの善悪二元論的な危機意識を強めたのでしょう。そこから、ユダヤ陰謀論という明確な形を取っていきます。

横山　太田龍は、戦前の国際政経学会（一九三六年発足）の残党のひとりに出会ったことが契機でユダヤの陰謀に目を開かされたと語っています。つまり、その点で彼のユダヤ陰謀論はまったく新しくないわけですね。国際政経学会は、反ユダヤ主義者、ユダヤ陰謀論者の牙城だった団体で雑誌『猶太研究』などを刊行していました。例えば桜澤如一も会員だった。

栗田　はい、そうですね。

横山　太田龍の陰謀論は戦前の日本の一部にあった流れを継承したもので、もちろん、そこからさらにレプティリアン（爬虫類系の宇宙人）陰謀論にまで拡張されていくけれど、根っこは新しくもなんともなくて、わかりやすい。

それに比べると、オウムの場合、陰謀論に陥ったところまでは理解できるにせよ、外部に対してテロをやるというメカニズムがわからないんですよ。それについて説得的な議論があった気もしないし。

栗田　これは結構難しい問題で、オウムは世界的にも研究者に注目されて、いろいろな研究や議論が積み重なっていますが、無差別テロに踏み込む決定的な要因はなかなか説明しきれていないと思います。もちろん、麻原（彰晃）自身が言うように、選挙の結果が期待通りではなかったことがテロへのドライブになったのでしょうが、だからと言って選挙に負けた地球維新党がテロに走ったわけではない。とすると、組織や思想の違いが問題なのか……、というように結局は複合的になっていきます。

でも、例えば、教義や組織のあり方を問題として指摘した場合、それを社会的な危険性の指標として、他の宗教集団に短絡的に当てはめられてしまう可能性があります。それは〝怪しげ〟な団体や運動に対する、市民による排除や警察の監視を強めることにつながるかもしれないし、研究の実践性の議論とも絡んで、なかなか今ここで簡単に言える問題ではないです。

一方で、太田龍のほうは、もともと武装闘争、革命戦争とか言って結構むちゃなこともやっていたのに、そうじゃなくなっていくというのは、一九七〇年代以降、左派の運動が革命という大きな目的から、反差別運動やフェミニズム、エコロジー運動といったマイノリティ運動や当事者運動など、個別的な問題へとシフトしていくという世界的な流れに沿っています。トゥレーヌやハーバーマスのような社会学者がいうところの「新しい社会運動」ですね。

現在のリベラルの価値観は、おおむね七〇年代以降の「新しい社会運動」に根があります。そして、そのような左派の変化と入れ替わるように、まさに九〇年代ぐらいが一つの転機だと思っているんですけれども、イスラーム原理主義だったり、ビルマ（現ミャンマー）の969運動のような仏教徒による過激な民族主義的な排外主義運動などが起こってくる。

つまり、マルクス主義的な革命運動が失墜し、マイノリティ運動やエコロジー運動が正当性を獲得するなかで、革命運動の代わりに宗教や民族主義が近代的価値観やグローバル資本主義への積極的なカウンターとして目立ってきたということです。太田が九〇年代以降に極右的な陰謀論を主張するようになるのは、こうした動向を追いかけてのことだったんじゃないかと思います。

その意味では、オウム真理教は八〇年代の精神世界ブームのなかから現れた新宗教ですが、コミューン志向の強い人民寺院よりは、九〇年代以降の宗教的なカウンターの激化、例えば世界貿易センター爆破事件（一九九三）とか九・一一アメリカ同時多発テロ（二〇〇一）とかと並べたほうがよいように思います。これらはイスラーム原理主義者によるものですが、伝統宗教か新宗教かという区分はもはやあまり重要だとは思えません。はっきりとした善悪二元論を構成した宗教的または民族主義的な思想や集団の一部が、「悪」からの逃避よりも「悪」との対決に向かうきっかけに九〇年代の変化があるように思います。陰謀論もそういった善悪二元論の一つで、実際、この時期に白人至上主義的な陰謀論（『ターナー日記』[8]）に影響を受けてオクラホマシティ連邦政府ビル爆破事件（一九九五）が起こっています。

分岐点となった一九九〇年

横山　確かにもう一つのポイントは一九九〇年前後ということですね。アメリカの近年の陰謀論というと必ず言及されるのがパット・ロバートソン（一九三〇〜　）の*The New World Order*という本で、九一年に出版された。

パット・ロバートソンはテレビ伝道師で、エヴァンジェリカル系キリスト教の大物のひとり。そちらの世界では影響力がある人で、この本はアメリカでベストセラーになった。

「The New World Order（新しい世界秩序）」という言葉自体はH・G・ウェルズの書物（一九四〇年）のタイトルをはじめ、いろいろなところで用いられてきて、九一年の湾岸戦争のときには当時の大統領ジョージ・ブッシュが使ったりもしていたけれど、ロバートソンのベストセラーの題名ってことでさらに広まっていくわけです。もちろん、彼の本では、「新しい世界秩序」というのは、グローバルな規模で私たちを支配しようとする邪悪な勢力が目標とする「秩序」を意味しています。

ロバートソンの主張がどんなものかというと、きわめて古典的な陰謀論です。アメリカもソヴィエトも同じ影の勢力に操られているという旧来的な陰謀論なわけ。彼がこの本を書いているときにも、また出版時にも、ぎりぎりソ連は崩壊していないんでね。

彼は一般向けということを意識して、キリスト教右派色は本の前半のほうではかなり抑えており、政治経済、社会の問題を中心に語っていくんだけど、でも、結局は、キリスト教徒とそうじゃない連中の闘争なんだという、キリスト教右派の福音主義的な終末論になってくる。

僕の印象では、この本が旧来型の陰謀論の最後に開いた大きな花だった。しかし、九一年末に完全にソヴィエトは崩壊してしまうわけで、ここでもう誰が見ても世界構造が大きく変わってしまった。

結局、左翼、マルクス主義陣営は、これ以降、現実とどう向き合うかという大きな問題を抱えていくことになるわけです。

栗田　パット・ロバートソンは旧来型の最後だということですが、これ以降はどういう意味で新しくなっていくわけですか？

横山　いや、新しいといっても、もちろん表面的にですよ。ロバートソンの場合、相変わらずネスタ・ウェブスターあたりに依拠して、イルミナティがどうたらこうたらと。さらに、ニューエイジ思想、オカルトは完全に陰謀の主体側、はっきりと敵側だと考えている。デニケン[9]（一九三五〜　）の本まで批判しているしね。そこは典型的な旧来型です。

ただし、すでに八〇年代から、アメリカの辺境——辺境といっても地理的なものじゃなくて、社会的・思想的な辺境、UFO界なんかの部分——において、陰謀論が入り込んでくるという、表面的には新しい動きが起きている。そうした状況のなかで、ソヴィエト崩壊によって、エスタブリッシュメントの世界でマルクス主義が大きく力を失っていくと、陰謀論も表面的には姿を変えていくっていうのが僕の印象です。

栗田　表面的なレベルでいうと、九〇年以降ぐらいから陰謀論を唱える側にニューエイジ的なものも合流してくるという印象があるということですか？

横山　そうですね。ニューエイジと呼ばれるものの中に、従来はニューエイジとは相いれないと思われていたものが入り込んでくるという印象です。

例えば、ネオペイガニズムの一部に白人至上主義の要素が目立ってくるとかね。ネオペイガニズムは異教復興運動なので、パット・ロバートソンなどからしたら不倶戴天《ふぐたいてん》の

8　『ターナー日記』
米国の極右活動家ウィリアム・L・ピアース（一九三三〜二〇〇二）が執筆した小説。白人至上主義の秘密結社が、ユダヤに支配された米国連邦政府に革命闘争を仕掛けて有色人種の粛清を実行、最終的に核兵器によるホロコーストに至るというストーリーで、米国の反体制右翼活動家に大きな影響を与えた。

9　デニケン
エーリッヒ・フォン・デニケン。スイス出身の作家。一九六八年に出版した『未来の記憶』などにより、太古に宇宙人が地球に来訪して人類の文化、文明に影響を与えたとする説を広めた。

敵なんですけれども、そこにキリスト教右派の一部、例えばクリスチャン・アイデンティティ⑩運動に見られるような白人至上主義、レイシズムの要素が入ってくる。

一部であれ、ニューエイジの中にそういうものが入ってくるというのが九〇年代から目につくようになるわけですね。パット・ロバートソン型の世界観では括れない状況に変化したという気がしています。

栗田　なるほど。ただ横山さんがあくまで表面的には、とおっしゃるように、もうちょっと深く見てみると、同じようなことを繰り返しているんじゃないかと思うんですね。

例えば桜澤如一にしても、ユダヤ陰謀論を唱えつつマクロビオティック、玄米食をやっているわけで、玄米食をニューエイジの区分に入れるんなら、それと右派的な反ユダヤ主義が結びついているということになるわけですね。同じように、ヨーロッパでも戦前に遡っていくと、エコロジカルな自然保護や有機農業とナチズムの関連というのがある。そういう歴史のサイクルというか流れが重要だと考えているんです。

これをもうちょっと俯瞰《ふかん》してみると、ロシア革命後の一九二〇年代や第二次世界大戦以降など、マルクス主義的な価値観がバーッと流行る時期のほうが逆にちょっと例外的で、この時期はインテリ層を中心にユダヤ陰謀論や非合理主義が否定され、周縁化されていきます。近代主義批判も左翼、もっと正確に言えば新左翼とかヒッピー・ムーヴメント以降の文脈から起こるので、自然食・自然農法やヨガ・瞑想なども左派的なものと見られ、ニューエイジも左派的、リベラル的な流れで理解される。

ですが、それ以外の時期は、そもそも広義のナショナリズムは知識人にとっても大前提で、陰謀論的な解釈も社会の主流にあったように思います。自然保護的発想は「山河を守れ」という保守や農本主義的立場から出ていたし、高木兼寛《かねひろ》（海軍軍医）や石塚左玄（陸軍軍医）など食養の源流は軍隊でした。岡田式静坐法のような瞑想法・修養法も、木下尚江のような社会主義者だけでなく、頭山満《とうやまみつる》や筧克彦《かけい》や橘《たちばな》孝三郎といった一般的に右派とされる人物にも実践されています。

そもそも、自由民権運動の実態はナショナリズムやアジア主義だったし、五・一五事件や二・二六事件に見られるように反体制右翼の水脈は確実にありました。それが、戦後になると左翼は反体制で、右翼は体制という固定観念が一般化します。イタリアのファシズムやドイツのナチズムも、もともと社会主義の要素を取り込んだ反体制右翼という側面があったわけですが、戦後は諸悪の根源のような扱いになります。

横山　そのあたりは、大本教についても言えるよね。大本は戦前に二度にわたって国家による熾烈な弾圧を受け、他方、戦後は一九五〇年代半ばから原水爆禁止運動に積極的に加わったので、以降、左翼やリベラルから持ち上げられるようになっていきます。しかし、例えばファシストの下《しも》位《い》春吉や黒龍会の内田良平が出口王仁三郎と密接な関係があった事実に端的に現れているように、戦前の大本の活動の一部はファシズム、右翼と呼べるもので、国家の側からは体制を覆す危険が大きいと見なされた。

栗田　確かに大本教は、この問題についての重要な例ですね。政府に弾圧された戦中の右派系の運動は、他にもファシズムを掲げた中野正剛の東方会や原理日本社系の精神科学研究会など、実際には数多くあります。宗教団体の「ひとのみち」は、教育勅語を教典としていたのに弾圧されました。

また、満州事変首謀者の陸軍軍人、石原莞爾《かんじ》の反東條英機的言動は有名ですし、逆に東條内閣下の言論統制を担った大日本言論報国会の幹部は、東條内閣崩壊後には反体制的になります（栗田英彦「日本主義の主体性と抗争」近藤俊太郎・名和達宣編『近代の仏教思想と日本主義』法藏館、二〇二〇）。体制か反体制かは、右派か左派かなどで決まるのではなく、状況や条件によっていかようにも変わっていくものです。

ちなみに、原理日本社領袖の三井甲之《こうし》はレイキ系の手の

10　クリスチャン・アイデンティティ
キリスト教系右翼のイデオロギー。アングロ・イスラエル主義（英猶同祖論）から派生し、キリスト教会牧師のウェズリー・スウィフト（一九一三〜一九七〇）らによって主張された。ヨーロッパ系の白人を「選民」とし、ユダヤ人や黒人、その他の有色人種を悪魔の子カインの末裔であると見なす。白人至上主義のキリスト教グループや武装民兵組織に影響力を与えている。

ひら療治を熱心に実践して広め、言論報告会幹部には岡田式静坐法実践者もいます。石原莞爾の東亜聯盟《れんめい》でも霊術（民間精神療法）を行っていました。大本教も含め、このあたりは右派とスピリチュアリティの近さの事例でもありますね。

陰謀論的な解釈については、当時は「陰謀論」とは呼ばれていないとしても、社会の中心的な言説だったように思います。これは十九世紀の話ですが、『共産党宣言』でもウィーン体制の列強にはびこる共産主義陰謀論について揶揄《やゆ》されているし、革命側でもアナキストのバクーニンも反ユダヤ主義・ユダヤ陰謀論を主張しています。社会学者のゾンバルトも『ユダヤ人と経済生活』（一九一一）で、ユダヤ人そのものというより、ユダヤ教の精神を資本主義に結びつけ、反ユダヤ主義・ユダヤ陰謀論的と読める議論を展開しています。このような見方は、ユダヤ系のマルクスにさえ見られます（『ユダヤ人問題に寄せて』）。宗教的（キリスト教的）な反ユダヤ主義ではない、世俗的反ユダヤ主義が興ってくる流れですね――ゾンバルトやマルクスの反ユダヤ主義は思想的・社会科学的で、ナチスの反ユダヤ主義の主流は生物学的・優生学的ですが。ともかく、陰謀論的な反ユダヤ主義は、革命家や学者にも広がっていたわけです。

つまり、十九世紀、および一九三〇年から四〇年代前半と一九九〇年以降がむしろ自然につながっているのではないかと。基本的に近代の資本主義や科学技術に対しては左右問わず常に一定数の批判があって、その問題の把握方法として陰謀論的なパターンがあり、そのオルタナティブな現実として農村共同体や自然的な生活とかがあった。これを抽象的な唯物史観や未来の共産社会として、アクロバットに読み替えたのがマルクス主義です。

おそらく、このマルクス主義的解釈が、従来は左右に広がっていた陰謀論や失われた共同体への憧憬《しょうけい》を、右派や民族主義の側に押し込めたのでしょう。近代批判の文脈を、戦後の半世紀ぐらいをマルクス主義的な表層、ニューエイジ的な表層が覆っていて、その下をくぐり抜けるように右派的なものがずっとあるというのが私の歴史イメージなんですね。

オカルト史はサイクルを繰り返している

横山　当然、そういう見方もあるし、正鵠《せいこく》を射ている面もあるでしょう。僕自身は一九七〇年代中期の日本でのオカルト大ブームの渦中にいたわけで、その当時の洋物オカルトの一部には、反体制的な要素というか、反体制的な気分が含まれていたように思う。一方、「その下をくぐり抜けるように右派的なものがずっとある」というご指摘については、僕の場合、少なくとも大学の一、二回生あたりまでは、そのあたりがよく見えていなかったね。

日本のオカルト・ブームは、一九六〇年代の欧米でのオカルト・リヴァイヴァルの影響下で起こったわけですが、欧米のオカルト・リヴァイヴァルというのはリベラル系の連中というか、ヒッピー・ムーヴメントが中心になっていたわけで、キリスト教から見ると完全に異教的で、体制側からすれば反体制なんですね。一九七〇年代中期の日本でも、その感覚は一部には伝わっていた。

ただし、もうちょっと歴史のスパンを長く取って二十世紀の全体を眺めた場合には、それが必ずしも常態ではなかったというのも事実ですね。同時に、さらに遡ると、十九世紀後半の欧米でのオカルト・リヴァイヴァルにおいてはリベラル／左派がオカルトに惹かれて、オカルティズムや心霊主義がリベラル／左派の一部と深く結びついたというのも事実であって、リベラル／左派＝オカルトという状況も過去にやっぱりあった。

栗田　そうですね。ヨーロッパのいわゆる一八四八年の世界革命以降に、オカルトと社会主義の融合みたいな事態が起きていたということがありましたね。それこそ、社会主義者から魔術師へと転身したエリファス・レヴィがそうですけど、イギリス社会主義の父とも称されるロバート・オーウェンさえ——彼は既成宗教の激しい批判者ですが——、一八四八年革命以後は心霊主義に傾倒して、社会主義と心霊主義を結びつけた人類の変革を説くようになって、サイクルしている感じがすごくする。

横山　そういう意味で、サイクルが繰り返されているという面は確実にある。結局のところ、時代とか地域によってそれが左派と結びつく、あるいは右派と結びつくということが起きているわけですね。

右派的なものとオカルト的なものや非合理的な思想が結びつくのは、我が国の戦中期には普通に見られたことです。敗戦後、その流れは文化の表舞台からは姿を消して、かなり長い間、アンダーグラウンド化、辺境化するわけですが、九〇年代以降はそれがまた明確に表に出てきたわけで、サイクルがまた戻ってきている感じです。この場合、マルクス主義の退潮というのは本当に大きいと思いますね。リベラル／左派側の知識層は、そこでかなり混乱をきたしている。

栗田　まさにそうだと思います。それからこのサイクルは、サイクルといっても単にオカルト文化の自律的な動きだけでは説明できないような気がしています。

まず転換点として重要なのが、先ほどご指摘くださった一八四八年革命、そして第一次世界大戦・ロシア革命ですね。一八四八年革命でウィーン体制は崩壊して国民国家が各国で成立しますが、社会主義は挫折して反体制思想としてもぐり込みます。このとき、マルクス主義やアナキズムなど社会主義の多くは、第一・第二インターナショナルや各国の社会主義政党などを通じて継承されていくわけですが、一部の社会主義者——先ほどのエリファス・レヴィやオーウェン、もう少し後にはウィリアム・モリス系統のマルクス主義者から神智学協会二代目会長となったアニー・ベサントなど——は同じく異端的なオカルトや心霊主義と結びついていきますね。

ロシア革命ではマルクス主義が一気に世界史の表層に浮上しますが、それに対抗して社会主義的側面を持ったオカルトや宗教がナショナリズムと結びつきながら、必ずしも主流にならないにせよ、ドイツや日本などで知識人層のあいだで広く流通したように思います——ナチズムとオカルトの問題ですね。

次の転機が、第二次世界大戦と冷戦期です。この時期、マルクス主義は自由主義陣営ではオルタナティブな現実として主流の知識人層に受容され、一方でオカルトや偽史とか陰謀論が地下文化にもぐり込みます。これを戦後最初に政治的な文脈で再評価したのも、自由主義にも〝正統派〟マルクス主義にも乗れない、ヒッピー・ムーヴメントや、日本なら一九六八年の学生叛乱《はんらん》に敗れた新左翼や全共闘の末裔たちではないかと思います。

このとき、太田龍に見るように、オカルト再評価はエコロジーやマイノリティ運動と結びついていました。しかし、東欧革命（一九八九革命）から冷戦終結で、共産主義と自由主義という対立が失効します。

宗教運動が対抗的政治運動として立ち上がってくる一方で、エコロジーやマイノリティ運動は社会運動で、オカルトはポップ・カルチャーのなかでさらに大衆的に浮上していきます。このとき、反差別運動や環境運動、そして比較的ライトなスピリチュアリティはリベラルと結びついて公共空間における正当性を獲得していきますが、オカルトのなかでもオウムに流れ込んだような、陰謀論などのコアな部分は民族主義や右派と結びついてリベラルと対抗していきます。

ですが、どちらも冷戦期は地下文化や反体制として地続きでつながっていた。ですので、スピリチュアリティと呼ばれるものの要素は、いつでも右派の側にも流れ込みうる。

このようにしてみると、オカルトの文化的位置の変化は、いつも革命や世界大戦というものが大きな転換点になっているわけですね。だとすると、再び大きな革命や戦争のようなことが起こらないと、現状の抜本的な変化は訪れないと思うんです。ですので、陰謀論やスピリチュアリティの現状に不満を持つ方には、革命を起こすことをオススメします（笑）。

横山　陰謀論自体が近代以降はそういう革命のときに現れてくるわけですよね。フランス革命のときにはイルミナティやフリーメーソンの陰謀だと唱えられ、ロシア革命が起きたときにも、イルミナティやユダヤの陰謀だとされたわけで。

まあ、旧来型であろうとなかろうと、大半の陰謀論者にとっては、背後には常にイルミナティがいる。イルミナティが今でも生き残って我々を操ろうとしているというのが彼らの世界観で、そこのところは十八世紀末からずっと生き残っている。まったく変わらない部分もあるわけ。

栗田　そうですね。

横山　フランス革命なんて、どでかい変動だよね。王政が崩れちゃうんだから。ただ、ソ連の崩壊もどでかい事件だったけれども、そのわりには陰謀論はあんまり広まらなかったんじゃないかな。

栗田　そうですかね、ロシアでは、冷戦後に反西側諸国の陰謀論がかなり広まったという研究があったと思います（Ilya Yablokov, *Fortress Russia*, 2018）。

横山　もちろんロシア国内ではあったでしょうが、世界的には広がらなかったように思う。

栗田　アメリカとか西側陣営を中心に見るとそうなのかもしれませんね。なんといってもアメリカは冷戦に勝利したわけですから。だからすぐには陰謀論が主流には出てこなかったのかもしれません。逆に負けたロシア側は、内なる敵を探してすぐに陰謀論が主流の言説になる。

冷戦時に荒唐無稽な陰謀論が表面に出てこなかった理由の一つには、アメリカから見た場合にはロシアがKGBとかを通じて陰謀をやっているのは間違いなくて、本当に陰謀をやっている人たちがいる以上、現実的な陰謀の可能性の話をすればよくて、オカルト的な陰謀論をしなくてもよかったということでしょう。逆にロシア側から見たら、アメリカはCIAとか陰謀をやっているわけだから、荒唐無稽な陰謀論が生まれなくてもよかった。具体的な敵があると、例えばアメリカの人がソ連のせいだと言えば、みんなそうだよねってなる。

けれどもグローバル化しちゃうと、敵が見えないからどうしても荒唐無稽な敵を想定せざるを得ない。アメリカでUFOカルチャーを通じて陰謀論が一般化していくのは、そのあたりが理由なのかもしれません。

横山　具体的な敵が存在する場合で言えば、アメリカは戦後、赤狩り[11]をやっている。あれは明らかに陰謀論を現実的に捉えた結果だよね。

栗田　そうですね。

横山　当時はソ連が元気というか健在だったから、ソヴィエトの指令を受けた危険分子が国内にいてアメリカを転覆しようとしている、どんどん摘発しないといけない、特に知識人の奴らが怪しいということでやったわけです。あれなんか多数の被害者が出たけれども、陰謀論によって起こったこと。だから今、陰謀論で現実にいろいろと事件が起こるというのは、特に目新しくはないと言える。

レプティリアン説は有効なメタファー

横山　荒唐無稽な敵というとレプティリアンで、僕もさすがにあんまりだとは思うけれど（笑）、あれも考え方によっては有効なメタファーでありうるんですよね。

栗田　そうなんですよね。

横山　巨大金融資本や軍産複合体といった勢力が、私たちの生を支配している状況を言い表そうとする場合、反ユダヤ主義などのレイシズムに陥らずにやろうとするなら、レプティリアンというメタファーが有効に機能しうるということです。

武田崇元さんという人物がいるでしょう。本邦オカルト界の黒幕（笑）と一般には見なされているのかもしれないけれど、本当はどんな思想を持っているのかについては、近く刊行される予定の彼と僕との対談本『霊的最前線に立て！――オカルト・アンダーグラウンド全史』（仮題、国書刊行会）を読んでいただくとして、彼なんかは太田龍とは異なったレベルでレプティリアン説を支持している。

要するに、レプティリアンによって、実際に存在する悪を語れるということです。実際に巨大な体制側の悪が存在するけれど、それを語るためには、ユダヤ人が操っている、ロスチャイルドやロックフェラーがどうだとか、そんなのはもうダメなんだ、古いと。今の時代だったらレプティリアンが有効、そちらのほうが訴求力があるというのが、新左翼としての武田さんの考えなんですよね。

栗田　レプティリアンがユダヤ陰謀論の持つ負の歴史や限定性を避けるという効果は、確かにあると思うんです。レプティリアン陰謀説を主張するデイヴィッド・アイク（一九五二〜　）は、レプティリアンはユダヤ人の隠語ではないかと頻繁に疑われるんですが、メタファーなんかじゃなく文字通りレプティリアンなのだと繰り返し主張しています。実際、ロスチャイルドとかだけでなく、英国王室や

11　赤狩り
国家権力が共産主義者や社会主義者を弾圧したり検挙したりすること。アメリカでは、一九四〇年代末から五〇年代中期にかけて、共和党の上院議員ジョセフ・マッカーシーの主導によって、多数の政治家、役人、学者、言論人、芸術家、映画人などが共産党員あるいは共産党シンパとして告発された。

米国大統領、日本の天皇までレプティリアンだとしているし、ヒトラーをレプティリアンの手下と言ったりしていて、それを反ユダヤ主義というのは確かに矮小化しているように思える。

横山　アイクは排外主義みたいなのも嫌っていて、だからレプティリアン一本で行くんだよね。

栗田　ただ、巨大な悪というのをマルクス主義だったら資本とか資本家というわけでしょう。左派からすれば、資本主義が問題なんだって言えばいいじゃないか、それなのになぜわざわざレプティリアンだのユダヤだのと言うのか、ということがあると思うんです。

文化批判や社会批判を行うカルチュラル・スタディーズ⑫――いわゆる「文化左翼」――とか、フレドリック・ジェイムソン（一九三四〜　）のようなマルクス主義文芸批評の分野では、そういうことが言われています。こうした学問領域では陰謀論に肯定的なことも少なくないのですが、同時に陰謀論は本当は資本主義批判、あるいは技術支配や医薬産業、軍産複合体への批判なんだけれども、みんな抽象的な社会科学的議論ができないから、とりあえずレプティリアンだのユダヤだの言ってるだけで、結局その本質はそういったことへの異議申し立てなんだという解釈をする。これは確かに一理あるんですけど、この種の議論も今の陰謀論研究では否定的に見られているところがある。

というのは、「こういう議論は当事者の世界観や認知能力を評価するようで否定していて、結局は研究者や分析者の世界観や認知で啓蒙するような態度なんじゃないの？」というわけです――ただし、ジェイムソンは確信犯的に「マルクス主義者」を名乗ることで敢えて開き直っているようで、これはこれでとても重要なやり方だと思いますが。

ともあれ、実際、細かい学術的な議論は別として、単に資本主義が悪いって言うのは、別に理解しにくいわけでも、そんなに難しくもないと思うんです。それなのに、なぜレプティリアンとかユダヤとかというふうに表象しなきゃいけないのか。

横山　それは資本主義に対抗するはずだった共産主義とか社会主義が機能しないから、対抗が出せないからということが大きいんじゃないですか。資本主義を批判する、資本主義に替わるものはこれだって主張できないから。

栗田　そのように言うこともできると思います。マルクス主義のような抽象的、理論的な議論では、本質的には対立軸や理想社会の具体像が掴めない。

冷戦下のように具体的な国家が社会主義と資本主義を代表していれば別ですが、そうでなければ、そういう抽象的な批判はせいぜいガス抜きやきれいごとにしかならなくて権力に対抗できない、ヘタすると構造的には権力の手先になってしまっている。そういうことを、一般の人とか左派／右派の文脈に囚われない人のほうが肌感覚で感じているんじゃないかと思うんです。

もちろん、レプティリアンなら有効かどうかというのはまた別問題で、それもサブカルにとどまれば消費文化のコンテンツになっていくとは思うんですけれども。ただ、権力に対抗できないということなら、マルクス主義やカルチュラル・スタディーズでももはや本質的には同じなわけです――マルクス主義やアカデミズムのサブカル化とでも言えるでしょうか。

すべてがサブカル化しているとすれば、他者を啓蒙できるような高みは実質的にはなく、啓蒙できると思っている点で実はリベラルや文化左翼のほうが、自分が見えていない。少なくとも、レプティリアン陰謀論のほうが、世間から見た自分の異端性は見えているはずですし、その上で真剣さを帯びてくれば「敵」ははっきりと見えてくる。こういう問題を、リベラルとか陰謀論批判をする人はちょっと考えないとまずいのではないでしょうか。

リベラルは「ひどい啓蒙主義」に気づいていない

横山　このところの陰謀論の隆盛は、コロナ禍ともかなり大きく関連していますよね。コロナ禍で僕にとって特に印

12　カルチュラル・スタディーズ
大衆文化、若者文化、サブカルチャーなど多様な文化領域や文化実践を分析する学問研究の潮流。一九六〇年代のイギリスのニューレフト（新左翼）の文化主義に源流を持ち、バーミンガム大学現代文化研究センターを拠点にマルクス主義に記号論やポスト構造主義など視点を加えて発展、学問による批判的実践を志向した。

象的だったのは、リベラル系の人たちの多くがはっきりと管理強化を訴えた点。リベラルならば、これはいかがなものなのかなと。

アメリカでは、例えばエヴァンジェリカル系の人は、そういう支配を極端に嫌う。彼らは、グローバルな管理や支配を目標にする勢力が台頭するのを反キリストの出現が近いというふうに捉える。だから、今回のコロナ禍では、例えばWHOがまさに反キリストの手先に見えるわけ。

エヴァンジェリカル系の人たちにとっては信仰が第一で、彼らが従うべきは神しかない。世界をコントロールしようとする勢力なんていうのは、あってはならない悪の存在なんだよね。だから、保守頑迷だと思われているエヴァンジェリカル系の人たちのほうが管理統制を拒否するという具合に、逆転現象が起きている。

彼らは、ワクチンにしてもマスクにしても、おれたちの自由なんだからお前らが勝手に決めるなと主張する。ところが、リベラルの多くは、「ワクチンはいやだ、危険だとかそんな非科学的、反社会的なことを唱えていては、ダメだよ」と、彼らの自由な選択を否定するわけです。

栗田 本当にそうです。

横山 まったく時代が大きく変わっちゃったという印象ですね。リベラルの人々が管理統制の強化を訴えて、リベラルの側からは「信心に凝り固まっている」と見なされる人々が管理統制を拒否しているわけだから、このコロナ下で、陰謀論がいっそう加速するというのも故《ゆえ》なしとしない。日本にはそういう原理主義的な宗教、宗派の人々の数は少ないけれども、信仰とは無関係に管理はいやだという人はかなりいるはずですよね。

栗田 そうですね。管理社会化という問題はすごく大きいと思います。結局、左翼もリベラルも管理社会化に与《くみ》してしまう。左翼における管理社会の問題は、ソ連のスターリン体制における官僚主義や全体主義からすでに現れていて、このスターリン主義を批判するところから、新左翼とか全共闘のノンセクト・ラディカルとかが登場してくるわけです。

けれども、新左翼にせよノンセクトにせよ、大学自治会を奪取するとスターリン主義的に振る舞ってしまうし、その極限に連合赤軍事件もあった。そこから逃れるべく、太田龍や全共闘の活動家で気功指導者になった津村喬といった人たちは、スピリチュアルのほうに流れていきます。太田は先に言ったような軌跡を辿りますし、津村の気功は身体の「自主管理」ということを目指すものでした――それでも本質的に逃れられるかどうかは検討されるべきですが。

ともあれ、この種のスピリチュアリティには、本質的にこうした集団や社会の管理からの解放という側面があります。ですから、反ワクチンに行くのはわりと必然的だと思うのです。こういう、反ワクチン派が持つ反管理社会の側面、あるいは肌感覚でワクチンを強制されるのがいやだと感じる人々のメンタリティとかを理解しない人が、大衆レベルだけでなく知識層に結構いる印象があります。

ちなみに、アメリカのほうが反管理の意識が強いですよね。政治的にも連邦制度を取っていて、各州の自治も強く、思想的にも社会民主主義的なリベラルだけでなく、リバタリアニズム（自由至上主義）の伝統が強固にある。

横山　信仰の自由という意識も重なるしね。これに関わることでは、反知性主義の問題もあるでしょう。

アメリカにおける反知性主義というのは、それなりに伝統と思想的基盤があって、権威主義的な知的エリートに対する不信を示す言葉なんだよね。つまり、超エリート校で高等教育を受けた、体制側の人間たちは信用できないし、真の知性は高等教育の外で育まれるはずだという信念なんですよ。ある意味、それは正しいところもあるわけだし。

栗田　私自身は反知性主義という言い方は使わないようにしていますけれども。

横山　誤解を招きやすいからね。

栗田　日本だと意味が全然変わってしまって、侮蔑《ぶべつ》的なラベリングみたいな感じで使われているでしょう。

横山　頭でものを考えない人、馬鹿げたことを信じている人というのが、もっぱら反知性主義の意味になっちゃっている。それではただの「バカ」の言い換えだよ。そうじゃない、もっとラディカルな意味を孕《はら》むものなんですよ。

栗田　かなり注釈をつけてなら使えると思いますけれども、注釈なしで反知性主義というのは、誤解を招くし、まあ使わなくても説明できることが多いですし。

横山　戦後の日本では反知性主義の伝統は弱いけれども、とはいえ、知的権威に対する反感はかなり広く存在するんじゃないかな。この点をリベラルの人はあんまり理解していないのでは。

彼らは例えばレプティリアンとかいうようなことを信じる人の存在自体を見下しているしね。そういう人たちが世間にはごく普通に存在するという事実をしっかりと受けとめられなくて、しかも、教育すれば「治る」と思っている。

栗田　ですよね、本当にひどい啓蒙主義ですよ。

横山　僕なんか十代の終わりからそういう世界に触れてきたから、かなりの数の人たちが学校で受けた教育とは全然相容れないことを信じているという事実を少なくとも実感はしている。

リベラルの人たちは、そこのところを理解していない上に、しかも先ほど言ったように管理統制を訴えるとなると、やはり強い反感を持つ層が出てきて、そうした人たちが陰謀論に走るというのは、本当にわかりやすい。

栗田　素朴な啓蒙と管理はおそらくセットですよね。ワクチンも正しい知識をみんなに教えれば、反ワクチンにならないはずだと本当に思って、一所懸命ツイッターとかいろんなところで啓蒙しているんですけど、多分あれは逆効果。

そもそも知識の体系が違うんだという理解をリベラルは持たないといけないんですよ。多様性とか言うならば、その上で、異質なものとどう対立しつつ共存するかが課題になるはずです。むしろ、リベラルから批判される側のほうが逆に、相対主義的な視点を持っている可能性がある。

信仰を持っている人なんかは、自分のほうが社会的には異端視されているという認識があるだろうし、陰謀論を信じる人たちもテレビとかに出てくる情報と自分の情報が違うということまでは認識している。つまり相容れない二つの、あるいは複数の思想があるということを、陰謀論を信じる人たちのほうがわかっているのに対して、リベラル側、啓蒙側はわかっていないということが、現状の一番の問題点ではないかと思うんですよね。

オカルトには社会を動かす力がある

横山　その問題は大きいでしょう。例えば統一教会問題で、霊感商法が問題になっていますが、大昔から、宗教、オカルトと「詐欺」には密接な関わりがあるわけで。

栗田　その通りです。心霊治療でトリックを用いることはよくあることですし、それでも「治った」とか「救われた」と思われることもあります。例えばレヴィ＝ストロース『構造人類学』でよく知られていますが、懐疑的青年のケサリードが、トリック暴露のためにシャマンの弟子になったけど、トリックを使って心霊治療するうちに人々に呪術師として尊敬されていってしまうという話があります。

それに、宗教では基本的に何かを売るときには、霊的な何かでプラスアルファの価値をつけて売るんだから、霊的な何かを信じない立場からしたら、すべてが詐欺的になる。そうすると統一教会のいわゆる「霊感商法」や「高額献金」の問題は、程度の差はあれ、本質的には宗教全般にも拡大されるわけです。

正体を隠した布教が云々《うんぬん》されますが、もともと統一教会は公然と布教していたのが左翼とジャーナリズムの批判に対応してそうなっていったわけですし、そもそも伝統仏教や神社神道は歴史の授業とか様々なパブリックな空間で「文化」として教えられて圧倒的優位を持っているわけです。こういう世間的バイアスによる格差を無視して統一教会を「カルト」「反社会的」と決めつけ、その手口だけを「詐欺」や「マインドコントロール」扱いすることには問題があると思います。実際、「カルト」も「マインドコントロール」もジャーナリストや批判者の言葉であって、中立性が求められる宗教学の論文では使われることが少ない言葉です。

けれども今、宗教界に関わりを持っていたり、信教の自由の侵害を懸念する宗教学者や宗教関係者は、カルトやマインドコントロールの概念の使い方についていろいろ言いながらもそれらの言葉を使って、統一教会の問題が宗教全体の批判へと向かわないように、非常に防衛的に言説を組み立てていると思うんですよね。これはもちろん、宗教学者としては理解できるし、一理あるとも思うんですけれども、統一教会側から見ると、こうした言説は非常に欺瞞的に映るでしょう。

しかし、そのようにしていかないと、今度は統一教会批判者から「なんだ？　あの統一教会の仲間たちは！」と見えてしまうわけですね。そう見えるのは単純化しすぎだ、間違いなんだと言っても、構造的にはそういう振る舞いをしてしまっているなら、虚《むな》しい抗弁にしかなり得ない。しかもそれが大学教授や研究者のような知的エリートによるものなので、ますますエスタブリッシュメントへの疑いが強まってしまう。そうなると、宗教学者も陰謀論のピースになっていくかもしれませんね（笑）。

そうならないように、宗教学者が率先して統一教会に厳しい措置を求める動きを起こしています（二〇二二年一〇月二十四日、島薗進氏と桜井義秀氏が会見し、宗教研究者二十五人の声明として国に解散命令請求も視野に入れた対応を求めている）。これは、オウム真理教事件のとき、宗教学者がオウムに寛容だったことに対してかなり大きな批判を浴びたこともトラウマとしてあるのでしょうが、オウム事件や九・一一以降に管理社会化が急激に進んだことを考えると、簡単に政府や法に解決をゆだねることには十分注意しなければならないと思います。

横山　そう、管理統制の強化とつながる問題だという点は少なくとも認識しておく必要があるでしょうね。

栗田　ちなみに、陰謀論では一見対立して見えるものが、実は大きな一つの支配を進めるための戦略だと考える見方――例えば東西冷戦はレプティリアンとかが人間の奴隷化を強化するために仕掛けたものだというような見方――がありますす。統一教会vs反統一教会の動きも、後からそのような陰謀論的分析で捉えられてしまうかもしれませんね（笑）。意外に陰謀論的な社会分析が的を射ることもあります。

あともう一つ、統一教会の問題で印象的だったのは、銃撃事件の実行者の山上（徹也）氏は、反カルトなんですよね。オウム事件ではカルト的な、社会から疎外された団体が社会を「敵」としてテロを起こしましたけど、今回の場合は、特定の団体に属していない一般市民が社会の周縁部である統一教会を「敵」として、それとつながりを持った安倍元首相を銃撃したわけです。

対立軸はまだ混沌としていますが、山上氏への世間的な共感は思いのほか高いようです。従来、市民はカルト的暴力の被害者だったと思いますが、市民の暴力が無差別ではなく特定の「敵」に向かうというのは、陰謀論的現実の大衆的な浸透と関係があるようにも思います（この事件に関して、対談後、栗田英彦「一九六八年闘争と統一教会――

ポストコロニアリズムから「ゼロ」としての〈日本〉へ」『情況』二〇二三年二月号を脱稿した)。

横山　ところで、暗殺と言えば、ロシアのウクライナ侵攻のさなか、二〇二二年八月に娘が殺されたアレクサンドル・ドゥーギン[13]（一九六二〜　）は、プーチンのイデオローグのひとりと目されていますけど、陰謀論も唱えている。のみならず、伝統主義に立つエソテリズム、オカルティズムの信奉者でもある。

栗田　ロシア国内ではオカルティズムと陰謀論が主流側に広く共有されているようですね。ロシア正教会もそれに与している。それと同じような現象が、中東、アラブ社会にもあるようです。

　例えば、フランスの元マルクス主義者の哲学者ロジェ・ガロディ（一九一三〜二〇一二）は、太田龍と似たような軌跡を辿って、最後はイスラームに改宗するんですが、アラブ社会でユダヤ陰謀論、アメリカ陰謀論を唱える講演を繰り返して、アラブ社会で偉大な哲学者としてもてはやされる。陰謀史観がアラブ社会の主流の言説になっているわけですね。

　中東とロシアの現象というのはパラレルに考えられると思います。冷戦下では、アラブ社会はＰＬＯ（パレスチナ解放機構）に代表されるように社会主義・共産主義イデオロギーが主流であり、広義の東側陣営の一つだった。イスラエルを含む西側諸国との闘争け、先に述べたように本当に陰謀が渦巻いていたわけで、西側諸国陰謀論は十分に現実的な言説だったし、共産主義がアラブの夢を担うことができた。

　しかし、ソ連が崩壊した後、共産主義イデオロギーも失墜してしまう。第二次世界大戦の敗戦国は、うまく戦後処理されて報復感情は燻《くすぶ》りはしても全面化しなかったけれ

13　アレクサンドル・ドゥーギン
ロシアの政治運動家、哲学者。元モスクワ大学教授。神秘主義やオカルトのシンパとしても知られる。西側諸国の理念や価値を批判して共産主義とファシズムを評価、新ユーラシア主義を掲げる。冷戦後、政治運動家のエドワルド・リモノフ（一九四三〜二〇二〇）と国家ボリシェビキ党を結成、リモノフとの決裂後はプーチンを支持している。

ど、冷戦終結はなし崩し的だったこともあって対立感情は残りながら、新たなイデオロギーへの刷新が求められることになる。そこでまずハマスのようなイスラーム主義政党が一気に勢力を伸ばし、それに基づいた歴史観が再構成されることになる。

　これは宗教的な二項対立に基づくので、共産主義的な抽象理論ではなく、宗教的なイメージで解釈され、それを信じない人たちには荒唐無稽なものに見えてしまう。

　ロシアがエソテリズムやオカルティズム、あるいはロシア正教の世界観に依拠しながら対立図式を解釈するのも、そういった理由でしょう。マルクス主義と違って、基本的な価値やロジックを共有しないので対話は難しく、旧自由主義陣営からは荒唐無稽な陰謀論と思われてしまう。逆にロシアやアラブは、実際に軍事行動を起こしていくことで、陰謀論の敵を実体化させていくことにもなる。

　つまり、陰謀論的現実を、またなんとか作り出そうとしているというか。陰謀論的世界観を実際に闘争によって実現していくと言えばいいんでしょうか、戦ってみたら、「ほらやっぱりアメリカは……」とか「イスラエルは……」と言えるという。

　革命とか戦争が陰謀論を生み出すと同時に、陰謀論的世界観がテロとか戦争をすることで現実化されてしまう。それが陰謀論を再強化する。現在、アラブ社会やロシア社会で生じているのはそういう事態ではないかと。陰謀論の実践としての戦争、戦争が生み出す陰謀論……という形でどんどん繰り返されていく。日本の国内では、アメリカ側に立っちゃってるからピンと来なくても、ロシア社会やアラブ社会では、陰謀論はリアリティをもって受け止められているように見える。

横山　今回のそういう陰謀論の問題というのは、現在の宗教社会学などでスティグマ化[14]された知識と呼ばれたりするオカルトというものが、人間の社会には常在していて、しかも、良きにつけ悪しきにつけ社会そのものを動かす力があるということにつながると思うんですよ。

　僕の個人的なことをちょっと言わせていただくと、一九七四年の本邦オカルト・ブームの渦中に入り込んでからずっとオカルトと関わっているわけですけど、広義のオカルティズムが近代以降の欧米の文化、思想に少なからぬ影響を与えている事実を強く認識したのは、七六年、大学三回生の頃でした。とりわけ、イギリスの在野のオカルト史研究者ジェイムズ・ウェブの著作には瞠目《どうもく》させられた。オカルティズムが左派、右派の思想のどちらとも結びついてきたという観点は、当時の僕には非常に衝撃的でしたからね。

それまでは僕もナチ＝オカルト説なんて単なる煽情的な与太話にすぎないと思っていたわけですが、これは真剣に勉強してみる必要があるなと一念発起して、人種論の側面に焦点を絞るかたちで研究を十年ほど続けた後に拙いながら『聖別された肉体――オカルト人種論とナチズム』（一九九〇）を刊行した（『増補　聖別された肉体』として二〇二〇年に創元社より再刊）。

とはいえ、当時はほとんど評価されなかった。というか、無視、黙殺されたというべきかな。

14　スティグマ化　特定の属性を持った事象、個人、集団に対して、負の烙印を押すこと。

一九九〇年の時点では、知識層の人々のほとんどがオカルトが現実社会に及ぼす力についての問題意識を持っていなかっただけでなく、学問の世界ではオカルティズムを研究対象にすることさえスティグマだったんだよね。でも、今こうなってみると、その点についての認識がようやく日本でも変わりつつあるのかなと思います。

魔女とポリコレとスピリチュアル

横山　スピリチュアルということでは、最近ブームになっているとされる魔女についても触れておきたいと思います。これもまた僕の眼からすると、ひと巡りしてきたのかという印象なんです。「今頃？」というか、周回遅れで日本にブームがきたのかなと。

つまり、一九六〇年代欧米のオカルト・リヴァイヴァルの流れを承《う》けて、七〇年代以降はウィッカ⑮（wicca）――この言葉そのものは、それ以前から用いられていましたが――要するに、「新しい魔女」みたいな概念が流布していく。ウィッカとフェミニズムは密接に結びつくところがあったから、基本的にリベラルや反体制派です。もちろん、キリスト教の側からしたら論外もいいところですよね、魔女《ウィ》や《ツチ》ウィッチクラフトなんて。

欧米では急速に広まって勢いがあったけれども、日本にはゆっくりと入ってきたように思う。八〇年代にはまだ片隅でという感じじゃなかったのかな。

ただし、日本と欧米では状況が大きく違う。キリスト教文化圏では、特に七〇年代だったら教会の力もまだそこそこ強いので、魔女をやるのはかなりの「根性」、覚悟がいったんだよね。自分を魔女と公言するようなことはやばい。熱心なキリスト教信者だけでなく、世間の多数派からも、ウィッチクラフトをやるような人物は「あぶない」と見なされる危険がある。

二十一世紀になっても、ハリー・ポッターのシリーズ（一冊目は一九九七年刊行）がアメリカの少なからぬ数の公共図書館、学校図書館で禁止図書になった、あるいはそうしようとする動きがあった事実は知っておいたほうがいい。

ところが、日本の場合には、魔女、ウィッチクラフトといっても危険視されることはない。児童文学、ファンタジー小説、マンガ、アニメ、映画などには頻繁に登場してくるから、巫女《みこ》、女性祈祷師、ユタなんかよりなじみがあるし、むしろかっこいいというイメージを持たれるのかもしれない。それで徐々に浸透してきて、今は持続的なブームになっているのかな。

魔女を特集した雑誌などを見ると、現在積極的に発信している人たちはどうやらリベラル、フェミニストが中心らしいから、欧米における魔女＝リベラル／フェミニストという流れがようやく日本でもはっきりと出てきて、右派系、陰謀論系のスピリチュアルが目立つようになった昨今、そちらとは明確に異なる動きという理由で注目を集めているというのが僕の印象なんだけれど。

栗田　現在の魔女の運動というのは、フェミニズムと基本的に結びついているものでしょうか。占い師でも魔女を名乗る人もいるみたいで、大衆的な広がりもある感じがしているのですが。

横山　数が急増しているなら、インテリ系とは違った関心や動機から惹かれている人々も多いんだろうね、占いやお守り、おまじない系から入ってくる人たちとか。そうだとすると、ふたつのかなり異なる層が併存していることになる。

栗田　フェミニズム史の流れで言えば、MeToo運動に代表される近年の「第四波フェミニズム」の流れからというよりは、その前の、一九七〇年代のラディカル・フェミニズムの一部や、特に多様な女性性を肯定する「第三波フェミニズム」（一九九〇年代〜）の流れが魔女と結びついているようですね。

横山　実際の内実は措くとして、右派的、民族主義的な思考や陰謀論に流れないオカルト、個人主義的、リベラルなオカルト／スピリチュアルという観点から、このところ、魔女に注目が集まっているんでしょうね。陰謀論もそうだけど、日本ではだいたいアメリカからかなり遅れてやってくるから。

　ポリティカル・コレクトネス（ＰＣ）にしても、セクシュアリティの差別問題にしても、日本とアメリカではずいぶんタイムラグがあるでしょう。例えば、先ほど言及したパット・ロバートソンの *The New World Order* ですけれど、刊行の前年の一九九〇年にブッシュ政権下で成立した法律「ヘイトクライム統計法」（Hate Crime Statistics Act）を強く批判している。この法律がホモセクシュアル、バイセクシュアルもヘイトクライムの犠牲者に含めたからで、同性愛を罪とするロバートソンの信仰からすれば許し難い暴挙なわけだし、「新しい世界秩序」を目指す勢力が拡大している証拠のひとつに他ならないと映る。

　だから、ＬＧＢＴの問題でも、リベラル／左派側と反リベラル／右派側の戦いになるだけでなく、陰謀論が絡んでくる。

栗田　確かに、ＰＣの問題というのは、一般的には反体制と目されてきたリベラル／左派が推し進めてきた言説を体

15　ウィッカ　キリスト教以前の多神教的世界観や西洋儀式魔術等により再構成された現代魔女術の主流派。

制側が採用していくという流れから出てくるので、PCに対抗する反リベラル／右派が反体制側に回るということが起こってくる。そのなかで、陰謀論の融合現象が多分起こるんでしょうね。

ただ、魔女の場合、そもそもPCに親和性があるフェミニストがその世界に入っていくということは、結構例外的なものを持っているのかもしれませんね。魔女研究の専門じゃないので確かなことは言えないんですけれども、「魔女」という用語の持つ非日本的な感じ、いかにも西洋に由来する言葉だということは結構大きいんだろうなという印象はあります。

横山　僕もその通りだと思う。

栗田　日本のオカルティズムというのは、反体制という形でやっていても、仏教にしろ神道にしろ、日本文化自体が西洋から見たらオカルトみたいなものなのだから、ナショナリズムとか、自国の主流の文化とかに回収されやすいわけですよね。

日本の霊術（民間精神療法）運動の多くも、近代科学のメインストリームには対抗的でしたが、むしろ日本の文化や伝統宗教とは親和的でした。人文書院（京都の学術出版社）の前身の霊術団体、日本心霊学会にしても伝統仏教の支援が最初の出発点だったし、大正末には神道や民俗学にも接近しました（栗田英彦編『「日本心霊学会」研究』人文書院、二〇二二）。

日本における神智学の受容にしても明治以来そうだし、いろいろな場面で、もうずっとそういうことが起こってきた。だから、フェミニズムと絡んでよく取り上げられる女性の霊性の問題にしても、明治くらいからずっとこういう問題があるわけですね。平塚らいてうの女性解放宣言文（「元始女性は太陽であった」）は、禅による自身の神秘体験や千里眼実験の御船《みふね》千鶴子の登場と関連があったし、『青鞜《せいとう》』に対抗した木村駒子らの女権運動グループ、「新真《しんしん》婦人会」もどっぷりと霊術や修養の流れに浸かっていた（吉永進一『神智学と仏教』法藏館、二〇二一）。

横山　木村駒子はとりわけ尖鋭的だね。夫はアメリカで同時代のオカルトを仕入れてきて「観自在術」を創始した木村秀雄――駒子もこの霊術の師範を務めていたんだけれど、後にアメリカへ渡って舞踊家として活躍した際には同国の女性参政権運動にも本格的にコミットした。

栗田　他に、私の研究している岡田式静坐法も女性の実践者が少なくなく、後継団体の京都静坐社のリーダーは小林信子という女性です――インドのオーロビンド・アシュラム指導者「マザー」（＝ミラ・リシャール）とも深く交流した人物です（栗田英彦「国際日本文化研究センター所蔵静坐社資料――解説と目録」『日本研究』四十七巻、二〇一三）。ただ、いずれも日本文化との結びつきがあり、ナショナリズムや伝統宗教、あるいは天皇を肯定していく側面があった。

女性霊媒を中心とした心霊主義《スピリチュアリズム》が、イギリスやアメリカで女権運動と関わるというのもよく知られていることですけども、問題はそうした女性の霊性がどう表象されて、文化全体のなかでどういう位置にあるかということなんです。これまでは日本の歴史や文化、ナショナリズムに回収されやすかったと思うんですよね。柳田国男『妹の力』なども、古代や農村における女性の宗教上の役割の高さを論じて一応ジェンダー平等志向的とは言えますが、それは農業や家制度という、柳田が考える日本の文化的基盤を前提としています。さらに、この手の言説は、霊力の高さを女性の資質に還元してジェンダー・バイアスを強化してしまうという指摘もあります。

だからこういったことを念頭に置くと、敢えて「魔女」と名乗るということでどういった対抗性を維持できるのか、あるいは「魔女」と名乗ることでいったい何に回収され得るのかということが、重要な問題になると思います。結局、巫女に回収されて、神道とか既存のジェンダーの分脈につながるかもしれないし、逆にある種のナショナリズムやジェンダー規範を突破しながら、別種の文化的枠組みを再構築していくのかもしれない。

それは良い悪いの問題じゃなくて、ともかくどうなっていくのか。あるいは、そういう日本的な女性の霊力といった言説に、魔女の人たちは敢えてつながらないように注意しているのか、それともすでにつながっている人がいるのかということもよくわからなくて、そういったところも見ていかなければならないと思います。

横山　今の段階では、魔女と日本文化、ナショナリズムとの親和性は低いんじゃないかと思いますが、ただ、今後どうなるかはわからない。

栗田　そうですね。その点は注目したいですね。

剥奪理論が孕む問題に自覚を持つべき

栗田　日本の新宗教には天理教の中山みきや大本の出口なおなど女性の教祖も多く、信者にも既成宗教よりは女性が多いんですが、そうした人たちが既成の枠からはみ出した新宗教やスピリチュアリティと関わることを、少し前の宗教社会学では「剥奪理論《はくだつ》」で説明することがあります。

剥奪理論というのは要するに、貧・病・争――貧しかったり病になったり、あるいは何かしら争いごとを抱えたとき、また何かしら社会的な劣位に置かれている場合、例えば女性の場合は男性との関係において社会的地位の問題を抱えているときに、そのように自分が望むあり方から相対的に「剥奪」されているとき、新宗教やスピリチュアリティがその補償を提供する、というようなことを前提とした分析理論のことです。

横山　まあ、立教以前の出口なおの人生なんか貧・病・争そのままだから、妥当性がなくはない。

栗田　宗教社会学では今でもしばしばこの手の分析が見られると思うんですけれども、最近の研究ではこれが批判されているようなんです。最近執筆依頼を受けた海外の学術出版社の千年王国・黙示録運動に関する論文集の序論的なアブストラクトが、剥奪理論批判に終始していました。

それで、剥奪理論に拠らない場合、ここまでの話につなげるならば、スピリチュアリティとフェミニズム、あるいはコンスピリチュアリティとフェミニズムでもいいんですけど、その関連をどうやって語るのかという問題が起きます。剥奪理論でいくと、スピリチュアリティの希求というのは本質ではないということになる。スピリチュアリティで形作られている意味世界は実は表層で、その根底には剥奪された真の欲求がある、という議論の構造になっています。

こうなると、当人の世界観を否定する啓蒙という問題が起きてくる。ただ、剥奪理論がマイナスだけかと言えばもちろんそんなことはなくて、例えば黒人のラップとかが白人への異議申し立てになっているんだけれども、これはアメリカ内での権利や社会的地位が剥奪されているからなんだというふうに説明するのも剥奪理論で、これはこれで重要な意味がある。政治的な意味でね。

ただ、スピリチュアルに惹かれていく人々の内面を、政治的な異議申し立てへと転換して、例えば下部構造的な議論にそれを回収していくというのはどうなのか、と。先ほど言った海外の論文集の序論を書いた人は、剥奪理論は中立的でなく、バイアスがかかってしまっていると主張するわけです。

こうした意見が出てくるのは、おそらくマルクス主義の失墜と関わっていると思うんですが、それはともかく、私はこれはこれで問題だとは思う。グランドセオリーのようなものがないと、どんどん相対主義になって現象の記述に終始するからです。でも剥奪理論が基本的に持っている啓蒙性は、スピリチュアリティを信奉する当事者がどう思っていて、どういう世界観で生きているのかということとぶつかることもあるわけですね。

つまり、スピリチュアルな形で何か自己実現をしたいんだって思った場合に、剥奪理論的な解釈をすれば、社会的な問題が解決されればそれで回収されるし救われるかもしれないけれども、そうとは限らない可能性もあるわけです。それは男女平等では実現できない何かかもしれない。それは当事者の信奉するスピリチュアルな語彙《ごい》でしか説明できないものかもしれないし、あるいはそれでさえ説明できない欲望かもしれない。剥奪理論は、そういうことを取りこぼすことになってしまうわけです。

先ほどの論文集の序論の執筆者もそう主張するし、私も基本的には同意しています。けれどもそうすると学問としては相対主義的な方向になっていかざるを得ない。しかも相対主義に徹しても、完全に当事者の声と同一化することもあり得ない。たとえ、ある当事者が研究者になったところで同じことです——研究という営為における啓蒙性や権力の非対称性の問題ですから。この問題をどう乗り越えるかというのは、今の学問の課題になっていると私自身は認識しています。

私としては、ここで各々の研究者自身のイデオロギーや目的意識の拠って立つところを自覚し、たとえ当事者とズレが生じたとしても、自らの立場から言葉を立ち上げていくしかないと思っています。そのようにしてこそ、初めて研究者も当事者たりうる。だから、学問の「中立性」や「客観性」を無批判に掲げたり、逆に抽象的な「市民」とか「大衆」とか、あるいは「当事者」に中途半端に依拠する人より、ジェイムソンのように今どき敢えて「マルクス主義」を標榜する人のほうがよっぽど信頼はできますね。

横山　この対談の冒頭で触れた、オカルトという概念の定義の困難さともつながる問題じゃないのかな。

栗田　確かにそうですね。「スピリチュアリティ」や「陰謀論」の概念にも言えそうです。そういうレッテル貼り、ラベリングによっても、当事者の世界観や問題意識をこちら側の語彙や問題に回収してしまう。

この問題意識が宗教社会学とか宗教研究でどこまで十分に共有されているかはわかりません。ただ、この問題が乗り越えられる／乗り越えられないということとは別にして、剥奪理論が孕む問題は意識しておく必要があると思っています。無自覚に剥奪理論的になっていることも、どうしてもあると思うので。最低限、その自覚を持つべきではないかと思いますね。

時代を象徴するキーワードはぐちゃぐちゃ化

横山　栗田くんに送ってもらった宗教社会学の本をパラパラと読みましたけど、結局、ラベリングが多いんだよね、名前を付けて分類する。それが学問なんだなあと。

栗田　まあ社会学系は特にそう見えますね。そういうのを避けようという立場もあると思いますが。

横山　広義のオカルトを「スティグマ化された知識」と呼んだマイケル・バーカンは、その世界では権威のひとりですよね。彼は一九九〇年代以降の陰謀論の状況を「即興的千年王国主義（improvisational millennialism）」という言葉で表現しているけれど、それは単純に言えば、無節操にごたまぜにしてる、ぐちゃぐちゃになっているって意味なんだよね。

栗田　そうそう。

横山　それをちょっと格好よく言い換えてみましたってことにすぎない（笑）。ただ、そのぐちゃぐちゃ化っていうのは、いわゆるコンスピリチュアリティを考える場合のキーポイントでもあって、それが九〇年代以降、目立つようになったのは事実だと思うんです。

典型的なのがオウム真理教で、バーカンも書いていたけれども、本当にインプロヴァイゼイショナル、即興的なんだよね。何でも節操なく取り込んでしまった。そういうようなインプロヴァイゼイショナルと呼ばれるあり方、本来は同時に取り込みようもないはずのものを取り込んでいくという状態が、このところ加速しているんじゃないかな。

その起点は確かに一九九〇年前後かもしれない。そしてこれはひょっとしたら、先ほども触れた、資本主義に替わるものがもう今、誰にも出せないという状況のせいではないかと思うんですよ。つまり、対立している価値観があって、どちらかを選べばいいという状況が、九〇年以降は明らかになくなってしまった。それでぐしゃぐしゃ化が起きてくると。どうでしょうか。

栗田　それはあると思います。ある意味、先ほど申し上げた学問の中の相対主義とパラレルということでもありますよね。学問のなかでも中心軸・中心的理論がなくて行き詰まっていきますが、現実の運動のなかでも伝統宗教も新宗教も、オカルトも政治的イデオロギーも等価に並ぶようになっていく。

そう考えると、陰謀論とスピリチュアリティの結びつきが珍しいんじゃなくて、福音派キリスト教とオカルトやニューエイジが結びつくほうが、びっくりなことなんじゃないですか？

横山　そう言えなくもない。

栗田　福音派とニューエイジの反キリスト教的な流れがごっちゃになったり共闘したりしているということのほうが、コンスピリチュアリティよりもむしろ驚きなのかもしれない。

横山　本来、敵対していたもの、相反するものを同時に取り込む人がいるということ。同時にそれは、西洋社会におけるキリスト教の位置が低下していって、どんどん世俗化が進んでいるということの現れでもあるでしょう。

栗田　確かに、西洋社会的には世俗化の問題とも言えそうですね。

横山　日本の場合、それは思想の頽落《たいらく》として現れているのかもしれない。例えば、日本では天皇制の問題は常に大きい問題なんですが、二〇〇〇年代に入ってから、リベラル、場合によっては左派までが天皇を擁護するようになった。共産党すら、平成天皇を評価する。それでもってネトウヨの側が天皇を売国奴だとか反日だとか呼ぶわけよね。この顚倒《てんとう》ぶり。

栗田 共産党は二〇〇四年の綱領で反天皇を取り下げましたからね。

横山 共産主義者が天皇制を否定しない時代だから、そういう意味では知らないうちに社会は大きく変わっていた。

栗田 リベラルが天皇制を支持するということの意味を、リベラルを自称する人はもう少し自覚的に考えたほうがいいと思います。

横山 リベラルが天皇制を支持する、リベラルが管理統制化を声高に語る。これは本当はやばいんだという点は意識したほうがいい。

栗田 「私たちは大衆の管理を進めたい体制派ですよ、リベラルじゃありませんでした」と言うなら、「そうですか、リじゃあ仕方ないですね」と納得できるんですけど（笑）。

横山 ただ、これは一種のぐちゃぐちゃ化ではないかと考えると、時代を象徴している事態だと見ることもできます。

栗田 政治的には、ソヴィエト連邦の崩壊以後は、右派と左派もごちゃごちゃになってくるわけですね。

横山 もうひとつ、世俗化ということで触れておきたいのは、レプティリアンのことですね。

栗田 そこにこだわる（笑）。

横山 知識人、もしくは「常識」のある人はレプティリアンをバカにしていますよね。わかります。それはそうですけれども、しかし、世俗化された社会で考えてみた場合、神――あるいは悪魔――とレプティリアンでどちらにリアリティがあるかといえば、レプティリアンということになりませんか？

栗田 まあ宇宙人ということなら、そうかもしれませんが。

横山 僕は声を大にして言いたい（笑）。知識層ではない普通の人にすれば、神や悪魔に比べるとレプティリアンには実体がありますからね。まあシェイプシフト(16)とやらで姿形も変わるみたいだけど（笑）、ともかく実体があるとされる存在なんだよね。

栗田 実際、レプティリアンを検索したら画像が出てきますからね。Googleで検索したらシェイプシフトしたレプティリアンの姿が出てくる。これはこれで、自然な知覚以上に人工的なメディアを介した知覚によって現実が構成されるという、メディア社会におけるリアリティの問題と関連しそうですね。

横山　で、顔もわかるんでしょ。

栗田　そう、証拠として出てくる。

横山　レプティリアンと聞いた瞬間に、荒唐無稽、リアリティがないきわみと思う人が多いかもしれないけれど、もしかしたらそうは感じない人々が少なくないんじゃないかな。でないと、例えばデイヴィッド・アイクの人気は説明がつかないのでは。

二十世紀の終わりから二十一世紀にかけて、一部の人々にとっては、レプティリアンのほうが神や悪魔なんかよりよっぽどリアリティがある存在となったかもしれないという可能性。冗談じゃなく、こういう事態を真剣に考えたほうがいいと思うんです。

栗田　リアリティの意味による気もしますが、一理あると思います。

メディアとインターネットの影響を考える

横山　今ちょっと出たメディアの話もしておきたいですね。例えばこのところ大ヒットしている新海誠のアニメでは、神社とか巫女が大きな意味を担っていますよね。例えば『君の名は。』（二〇一六）ではヒロインがもろに神社の娘で、巫女的な体質を持っている。

『天気の子』（二〇一九）の場合も、ビルの屋上にある鳥居と祠が大きな鍵、重要なシーンになっていて、「天気の巫女」という言葉も出てくる。ああいう神社の出し方を見ていると、一番ゆるい形でのスピリチュアルのひとつの現れなんじゃないかという気がするわけです。これらの作品が国民的にヒットしているということを、現在のスピリチュアルを考える場合には念頭に置いておかないといけな

16　シェイプシフト
爬虫類型宇宙人は人間の姿に変身できるとされる。

いのかな。

栗田　そうですね。新海監督の作品もそうだけれども、そもそも宮崎駿《はやお》の作品がすでにそうでしょう。むしろ、よりはっきりとそういうものを出している。

『風の谷のナウシカ』（一九八四）にしてもエコロジカルで神話的な、陰謀論的な世界観を提供しているし、『となりのトトロ』（一九八八）にしても『もののけ姫』（一九九七）にしても、エコロジーとか神といった問題を直接的に出していますよね。そういう意味でいうと、近年に限った話じゃなくて、八〇年代くらいから、そういうメディアの影響があるんじゃないでしょうか。

スピリチュアリティ的なエコロジー、さらにはすごくゆるい意味でのナショナリズムというか、自然的な故郷を愛するとかいったもの、それを根拠にして陰謀論までいかなくても文明を批判するとか科学を批判するという現象自体はメディアを通じて広がっているという気がします。そのいちばん典型的なものが八〇年代の宮崎アニメだと思います。

横山　陰謀論を広めるのにメディアが大きく影響したという見方がありますよね。

栗田　ウォードとヴォアスによれば、コンスピリチュアリティの場合にはインターネットだと言いますね。バーカンによれば、アメリカでは陰謀論はテレビドラマ『X－ファイル』（一九九三〜二〇〇二）だとか映画『陰謀のセオリー』（一九九七）とかで大きく広まったのですが、その前にもメディアの影響はあって、パルプ・マガジン（二十世紀前半にアメリカで出版された大衆向け雑誌）とかも陰謀論に影響していた。

例えば、レプティリアンも、パルプ・マガジンの『ウィアード・テール』に掲載されたロバート・E・ハワードの『影の王国』（一九二九）に出てくる変身能力を持った蛇人間が起源で、それがクトゥルフ神話に取り入れられ、神智学系グルのモーリス・ドーリルの著作に影響を与えて、デイヴィッド・アイクに引き継がれたのではないか、という指摘があります。スピリチュアリティや陰謀論と大衆メディアの関係を考えるのは大事ですね。

横山　僕も小説『アクアリウムの夜』（一九九〇年――角川スニーカー文庫で二〇〇二年に復刊）で金星蛇人というのを

取り込んでいるんですけれど（笑）。それはさておき、UFOの世界で陰謀論が前面に出てくるのが一九八〇年代の後半です。アメリカ政府が墜落した宇宙人の円盤を隠している、しかも宇宙人と秘密裡に接触して協定を結んでいるという説で、その機密が記されているとされる政府資料、いわゆるMJ－12《トゥエルブ》文書が表の世界に出てくるのが一九八七年。

なお、ぐしゃぐしゃ化との関連で指摘しておきたいのは、この時点では、公的文書を偽装した「証拠」が依然として必要とされた点ですね。ところが、二〇〇〇年代になると、本当らしく見える「証拠」なんてもはやどうでもよくなってくる。杜撰《ずさん》きわまりない（笑）。

ともかく、UFO陰謀論の代表的論者ミルトン・ウィリアム・クーパー（一九四三～二〇〇一）が表立った活動を始めるのが一九八九年――九〇年代に入るとそれがUFO界から外部に広まっていき、ほどなくしてテレビドラマ『X－ファイル』の世界に取り込まれていくわけです。クーパーは極右勢力、ミリシアとの関係も含めて興味深いですよね、彼は本気の人だったので、最後には警察と銃撃戦をして死んでしまう。

こういうふうに、八〇年代後半にUFOサブカルチャーの世界で陰謀論が跋扈《ばっこ》し始め、九〇年代以降それが外部に拡散していくという構図で、『X－ファイル』のほうがサブカルに影響を受けている。僕の立場としては、今起きていることは、もちろん今突然起きたわけじゃなくて、場合によってはもう数世紀前から起きていることもあり、場合によっては数十年前から起きていることもある、というものです。

栗田　確かにそうですね。メディアの影響というのはむしろ仲介的。その前にある何か、もしかしたら局所的または突発的かもしれないし、もしかしたら長い歴史のある古層的なものかもしれないけど、リアルに何かがあって、それがメディアとして表現されて、それが再帰的にまた浸透していく、というサイクルがあると思います。

この点で考えたいのは、そのメディアの外部で起こっていたそれとは何なのか、それはもう長い歴史があって変わらない何かなのか、それともある時期に変化があってそれが起こったのかという問題です。それは本当に新しくて驚くべきことなのか？　そういうことをきちんと考えないといけないと思うわけです。

例えば先ほどからの九〇年頃が転換点になったという話で、潜在的には七〇年代・八〇年代にすでにそういう変化が現れているのではないかと思うんです。クーパーもそうですし、デイヴィッド・アイクだってそのもっと前ですしね。層としてすごく広まったのは九〇年代だとしても、その根っこは多分、七〇年代後半ぐらいから……。


横山　実際にはもっと古いと思いますよ。ジョージ・ハント・ウィリアムスン（一九二六〜一九八六）みたいな、一九五〇年代の宇宙人コンタクティが、デニケンに先駆けて、宇宙人が地球文明を作ったと唱えつつ、国際金融資本による陰謀説も同時に唱えていますから、根っこは古い。

拙著『何かが空を飛んでいる』（一九九二年。『定本 何かが空を飛んでいる』として二〇一三年に国書刊行会より復刊）でUFO界とアメリカ極右勢力との関係に触れた際に指摘しておいたように、ウィリアムスンはアメリカの戦前からのファシストでオカルティストのウィリアム・ダドリー・ペリー（一八九〇〜一九六五）という人物と接触があったので、さらに時代を遡る面がある。

また、戦前から戦後にかけての本邦オカルト界の重要人物のひとり、三浦関造[17]（一八八三〜一九六〇）は一九三〇年か三一年頃からペリーと親交があった。そんなふうに常に連続性がある。

ただし、こういうのはかつてはまさに周縁部、辺境だった。それがサブカルチャーあるいはポップ・カルチャーの中心近くに到達するのには、かなりの時間がかかったわけですね。

栗田　なるほど。

横山　ともかく、メディアの問題は単純ではなくて、メディアがあるものを出して、それがどんどん広がっていく場合、メディアによる洗脳という観点もあるだろうけど、受容する層が爆発的に増えていく際には、同時に受容側がそれを欲していたという側面もあるはずだしね。
メディアとリアリティ感覚ということでは、『マトリックス』（一九九九）が一つの興味深い視点を提供してくれると思う。公開当時、僕はあの映画をまずまずおもしろいB級SFアクション作品として見たんだけれども、それとは全然違う見方をしている人が多いんだと後で知って、少し衝撃を受けた。

例えば、教え子の学生なんかは、『マトリックス』を見て、こういう世界観があるのかと思って感動したと語るんだよ。「え？　あの映画を見て、世界観に感動するの？」とこちらは驚いた。

要するに、自分たちは支配されておりニセモノの現実を見せられているけれども、「覚醒」したら「本当」の現実が見えるという世界観ですが、そういったものに『マトリックス』を通して初めて触れる層が少なくないということですね。

栗田　スピリチュアリティ、あるいは陰謀論にしても、ネガかポジかは別にして、今の現実の世界とは違うものが向こうにあるという発想ですよね。それこそ元を辿ればグノーシスとか、仏教の悟りとかもっといろいろあると思うけれども、そういう発想自体は珍しいものではないんじゃないですか。

横山　もちろん珍しくもなんともないんだけれど、ポイントは、『マトリックス』という娯楽映画によって、そういう世界観に目を開かれて感激した人々が多いんじゃないかというところ。「学校ではそんなこと教えてくれなかったぞ！」と（笑）。しかも、『マトリックス』はとてもわかりやすい形で表現しているしね。

陰謀論界隈では、デイヴィッド・アイクをはじめ多くの人々が『マトリックス』に言及するばかりか、レッド・ピラー、つまりレッド・ピル（赤い薬）を飲む人、レッド・ピルを選ぶ人という言葉が、「覚醒者」という意味で用いられている。『マトリックス』では、レッド・ピルを飲むことで真実の世界に目覚めるからです。しかも、レッド・ピル、レッド・ピラーという言葉は一般の世界にも広まり、今や普通の辞書に載っている。

栗田　つまり、宗教的な説教とか哲学書とかではなく、映

17　三浦関造　大正・昭和期の神智学徒、ヨガ指導者。もとは青山学院神学部を卒業したクリスチャンであり、ルソー『エミール』の翻訳で知られていた。多数の神智学の文献の紹介を行い、第二次世界大戦後にはヨガ実践団体「竜王会」を設立して活動した。

像メディアが提示したものが、フィクションの境界を超えて、現実にダイレクトに影響を与えているということですね。具体的に言えば、陰謀論的世界観のリアリティを保証してしまう。

横山　そうです。あと、インターネットの問題がある。ネットが陰謀論の拡散に影響している、していないというのはずっと議論になっている点で、ネットはあまり影響していないという調査結果も出ていますね。

ところで、英語には lunatic fringe（ルナティック・フリンジ）という言葉がある。ルナティックは「頭がおかしい」という意味で、フリンジは「周縁」。例えば、空飛ぶ円盤／UFO界隈の熱狂的な人々や過激で奇矯な陰謀論者たちは長らくルナティック・フリンジだった。

しかし、ネットの急速な普及によって、ルナティック・フリンジがもはやフリンジ、周縁でなくなったことだけは確実だと思う。ネット以前の社会では、ルナティック・フリンジの側からすると、発信がきわめて困難だった。印刷物をつくるには資金がいるし、個人出版しても微々たる部数しか売れない。ところが今はお金をかけずにネット上で大量の情報を世界中に流すことが可能になった。他方で、PCやスマートフォンで検索すれば、周縁どころか瞬時に辿りつける。おまけに、検索の技術、知識が乏しいと、周縁と本流の区別はつかない。

要するに、ネットによって、かつては存在すら一般には認識されていなかったルナティック・フリンジが一気に可視化、顕在化され、周縁性すら希薄になったわけですね。

ただし、ネットの影響によってルナティック・フリンジに属する人々の数が増加したのか、否かという点はまた別の問題でしょう。昔から数はそんなに変わっていないけれども単に可視化されて目立つようになっただけなのか、あるいは、それとも実際に増えているのかという問題は今後もずっと議論されるにちがいない。

栗田　議論は続きそうですね。ただ、重要なのは、見えるようになったということ自体が、現実に影響するということだと思います。実数が変わっていないとしても、結局それに引っ張られて学問とかジャーナリズムも議論してしまうということがある。だから、見えること自体が社会現象であると。これはメディア論的な捉え方かもしれないですけれども。

横山　見えるようになったのは間違いない。ただ、僕の実感からすると、「周縁」だというのはやっぱり知識層の持っている印象、認識にすぎず、実際にはそんなに超少数ではなくて、昔から結構な数がいるんじゃないかと。

栗田　なるほど、もともとね。

横山　というのは、一九七四年のオカルト・ブームのときに、大学の外にいる、UFOをはじめとする多くのオカルト関係の人たちと直接コンタクトをとるようになったんですが、そうすると、「え、こんなことを信じているの⁉」というような方々が掃いて捨てるほどいるわけですよ。ごく普通の生活を送っている人物のように見えるのに、いきなりわけのわからないことを言い出す。

まあ、そういう現場にいた実感からすると、フリンジの規模は思っているほど小さくないのかもしれない。ほんのひと握りの変人というのではなくって、それなりの数が昔からいたけれども一般には認知されておらず、それが今は可視化、顕在化しているだけなんじゃないかとも思う。

栗田　そうですね、確かにそうかもしれません。でも難しい議論ですね。国ごとの違いもあるでしょうし、そもそも何をもって「ルナティック・フリンジ」だとするかというのが難しい。集団化すればわかりやすいでしょうけど、個別にうっすらと持っているような人たちというのは本当にわからないですよね。

それからメディア論的によく言われるのは、SNSやブログによって情報が民主化したということです。従来、情報というものは、国家とかジャーナリズムのような権力が発信していたけれども、SNSによって皆が発信できるようになった。これは個人の数だけ真実があふれるということでもあると思うんです。

メディア論では、情報というのは、必ず送り手による検閲や改竄や捏造などによって加工され、何かしら意図性を持たせて受け手に届けられるものだと考えます。つまり、単なる事実の提供はないということです。従来は、そのような情報発信は、国家や「第四の権力」とも言われるマスメディアに限られていたのですが、SNSによって個々人が行えるようになったわけです。

SNSでインスタ映えするように自撮りしてアプリで加

工してアップするというのが、ごくありふれた個人による検閲・改竄の例でしょうけど、ともかく様々な送り手によって様々な情報がもたらされるようになった。それは鉤《かぎ》括弧《かっこ》付きの「真理」を個々人が自由に自分から発信できるようになったということなんです。

誰でも情報を加工してパブリックに流せるし、場合によってはTwitterで批判して炎上させ、社会的地位を失わせるなんていうこともできる。従来であれば体制側やある程度権力を持った人しかやれなかったことを、うまくやれば誰でもができる。そのような情報の民主化という基盤によって、たとえ発信者が少数だったとしても、陰謀論が公共空間に躍《おど》り出てきて、大きな影響を及ぼすということがあるのでしょう。

重要なことは、陰謀論の流通と情報の民主化は切り離せないということです。もしも民主主義がよいと思っているのであれば、多様な陰謀論がはびこることを肯定する必要があると思うんです。これではダメだと言うのなら、それこそ中国共産党のようにネットにも及ぶ情報統制を肯定しないとダメです――アメリカ系のＳＮＳサービスでも企業による規制はありますが。ともあれ、「民主か独裁か」（竹内好が六〇年安保闘争のときに突きつけた問い）という問題は、今でもやっぱり考えておかないといけないと思いますね。

「陰謀論」というレッテル貼りの問題点

横山　インターネット関連では、ＳＮＳやYouTubeで発信されている陰謀論を危険視する風潮がありますよね。こんなひどい代物を流して……という立場も当然あるだろうけれど、明らかに娯楽として消費する層が存在するんじゃないかな。

栗田　それはいますね。

横山　一九九〇年代以降、実話怪談もずっと流行っています。あるレベルでは、荒唐無稽な陰謀論も実話怪談と同じような都市伝説の範疇に属していて、「本当か嘘かわからんけど、おもしろいよな」という形でエンターテインメントとして受容する層が一定数いるのだと思う。

フィクションと現実との区別という問題とも関わってく

るけれど、「フィクションでも現実でもどっちでも楽しければよい」という場合もあるだろうし、はっきり区別しながら楽しんでいることもあるでしょう。要するに、実話怪談ならよくて陰謀論だと危険視するのはどうかなと。

栗田　確かにそう思いますが、娯楽と本気の境というのは、個々人のレベルでは意外に融合していくところもあるのではないでしょうか。例えば、共産主義をウォッチングする人のことを「共産趣味者」なんて言いますけれども、興味本位や冷笑的なウォッチャーの場合が多いですが、自己韜《とう》晦《かい》や謙遜の意味で「共産趣味者」と名乗る場合もあって、結構グラデーションになっていると思うんですよ。だから娯楽として見ている、本気になって信じているというのも、一概に切り分けられないと思いますね。

横山　確かに娯楽であるにしても世界観とは絡んでくるから、そう単純には分けられない。これは厄介な問題ではありますが、オカルト寄りの娯楽として消費されている現実はあるんじゃないか。

栗田　そうですね。曖昧な部分はありますが、そういう受容の仕方はあると思います。これはオカルトに限らず、宗教的なテキストを文学的に読むという、近代に登場してくる現象の一つと言えるかもしれませんね。

横山　最近になって陰謀論ってことさらに騒ぐけれども、陰謀説そのものは昔からずっとあるわけで、「こんな無茶苦茶な話を信じている人がいるんだ！」みたいな驚きのある世界ではない。先ほど触れたぐしゃぐしゃ状態、野放図《のほうず》な混淆《こんこう》状態は新しいとしても、変わっていない部分のほうが多いというのは疑えない。

栗田　そうですね。

横山　ぐしゃぐしゃ化は世界のイデオロギー上の変化に伴って起きてきたものであって、陰謀論の個々の要素自体は昔から存在するものをほぼ継承している。

　ピザ店が児童売買業者、幼児性愛者の拠点となっており、それに民主党の関係者が絡むというデマを流したピザゲート（二〇一六）なんかは、好例と言える。子供の性的虐待といった面に着目すると、これは八〇年代後半にアメリカとイギリスで頻発した「悪魔崇拝者による児童虐待」パニックの変奏とも呼べるでしょう。

組織化された悪魔崇拝者たちが悪魔儀礼を実践していて、

幼児を性的に虐待したり殺したりしているという「証言」に基づいて、多くの告発がなされたのです。「被害者」の封印された記憶を掘り起こすと、悪魔崇拝者に虐待された体験が蘇ってくるということで、かなりの数の裁判になりました。子供が父親を告発して裁判になり、有罪判決が下されるという事例もあった（ローレンス・ライト『悪魔を思い出す娘たち』稲生平太郎・吉永進一訳、柏書房、一九九九年を参照）。

こういった記憶の「回復」は記憶の「捏造」だという見解がやがて優勢になりましたが、しかし、悪魔崇拝者たちのネットワークが実在して児童の性的虐待を含む極悪非道な儀礼を密かに行っていると信じる人々は今なお少なくない。しかも、強調しておくべきなのは、これが西欧における反ユダヤ主義や魔女狩りが描き出した像を祖型として現代で反復されている点でしょう。

中世以降、ユダヤ人たちは悪魔を崇拝し、キリスト教徒の子供を誘拐して、儀式のために殺すのだという話が広まったし、他方、近世の魔女狩りにおいても、魔女たちはサバトで乱交を行い幼児を殺害したり、食べたりすると信じられた。こういった土壌、伝統があるから、キリスト教文化圏の近代陰謀論では、フリーメーソン、イルミナティも悪魔崇拝者、悪魔主義者とされることが多く、また、こういった連中は性的に忌まわしい行為を行うと見なされてきた。

要するに、私たち日本人の目には狂気の沙汰とも映るピザゲートですが、実はこういった祖型、先例におけるユダヤ人、魔女、フリーメーソン、悪魔崇拝者などが民主党に置換された事例に他ならないと言えるわけで、だからこそ一部の人々には十分なリアリティが感じられたわけです。

「悪魔崇拝者による児童虐待」騒動は二十一世紀になっても英米で散発的に発生しています。例えば二〇一四年にはロンドンのハムステッド地区でそういう告発がなされて騒ぎになりました。結局、警察の調査によって告発者側のでっちあげと判明しましたが、本当に起こったのだとする説がネット上に広まった。この事件に関連して注目すべきなのは、コンスピリチュアリティという概念を提唱した論文 'The Emergence of Conspirituality'（二〇一一）の共著者であるシャーロット・ウォードが、ハムステッドの事件、そしてピザゲートは虚偽ではないとネット上で唱えていたという情報が出てきていること[18]――つまり、この情報が真実ならば、ウォード自身がコンスピリチュアリストではないかと。

栗田 ウォードの話は、確かだとすれば、非常に興味深いですよね。無自覚に陰謀論的になる研究者はよくありますが、これほど自覚的にこの種の陰謀論にコミットメントしているのは珍しい気がします。いずれにせよ、社会科学と陰謀論、あるいは研究者と当事者の境界は、一般的に考えられているより、ずっと壊れやすいものなんでしょうね。

横山 話を元に戻すと、「新しい世界秩序」をもくろむ勢力側が性的に忌まわしい行為を行っているという説の極端な例としては、キャシー・オブライエンの *Trance Formation of America*（一九九五）という本が挙げられる。「MK＝ウルトラ計画[19]（Project MK-Ultra）」はCIAが過去に行った洗脳実験として悪名高いものですが、著者のオブライエンは、MK＝ウルトラ計画から派生、発展した「モナーク計画（Project Monarch）」なるものが存在すると主張する。のみならず、自分はその犠牲者のひとりで、自分も娘もごく幼い頃からマインド・コントロール下で性的奴隷として働かされていたのだと。

彼女が性的に奉仕させられた人物として、ロナルド・レーガンやジョージ・H・W・ブッシュなどを筆頭に多くの超大物政治家が名指しされるばかりか、全員が性的変質

18　これについては、例えば以下などを参照。'Conspirituality,' *RationalWiki* [https://rationalwiki.org/wiki/Conspirituality]; El Coyote, 'How Charlotte Ward's "conspirituality" videos led us to Jacqui Farmer,' *Hoaxtead Research* blog [https://hoaxteadresearch.wordpress.com/2017/09/30/how-charlotte-wards-conspirituality-videos-led-us-to-jacqui-farmer/]; Matthew Remski et al., 'The Red-Pilled "Academic" Who Named Our Podcast,' *Conspirituality* podcast [https://www.conspirituality.net/episodes/123-the-red-pilled-academic-who-named-our-podcast].

19　MK＝ウルトラ計画
一九五〇年代から一九七〇年代初めにかけて、アメリカ中央情報局（CIA）が極秘で実施していた洗脳、マインド・コントロールの研究・実験計画で、LSDなどの薬剤が被験者に投与された。

者として描かれる。また、このようなおぞましいマインド・コントロール計画にカトリック教会、フリーメーソン、マフィア、KKK、悪魔崇拝者、殺人鬼などが加担しているとされる。

要するに、てんこ盛りの陰謀論とポルノグラフィが合体したような、とんでもなく怪しげな「実話」「自伝」だけれど、そこそこの数の読者がいるらしい。なお、詳細は省略しますが、同書で『オズの魔法使い』が重要な役割を果たしているのは、虚構と現実の関係という観点から僕には興味深かった。

栗田　悪魔崇拝者の児童虐待、性的虐待という、陰謀論における「悪」のモジュールが古くから使い回されていて、こうしたリアリティを支えるキリスト教文化の古層があるというわけですね。他には、生き血を吸うとか生贄《いけにえ》を捧げるとか、レプティリアンの源流も、聖書でサタンが蛇や竜としてイメージされることにあるのでしょう。こういう古層的な歴史なんかもきちんと検証しておかなければいけないですね。

それから私が陰謀論に関して危惧するのは、なんでもかんでも「陰謀論」と一括して表象してしまう風潮です。ニューエイジとか自然食品とかを取り込んでいるグループにしても細かく見るとかなりの違いがあるように、同じ陰謀論でも様々な濃度やベクトルがあると思うんですよ。例えば九・一一後に出てきた真相究明運動《トゥルース・ムーヴメント》と、レプティリアン支配説を同じ陰謀論と言ってしまうことにはそれなりに問題があると思います。

真相究明運動には、ブッシュの進めるアフガニスタン侵攻やイラク戦争への異議申し立てという側面が含まれて、真剣な検証もあって、結構大きい運動にはなっていたわけです。この運動の参加者は単純に「陰謀論」扱いされることには抵抗があるでしょう。ここからディープステート陰謀論やレプティリアン陰謀論につながることもあるでしょうが、だからと言っていっしょくたにして済ませてよいわけではない。対象が交錯するとしても、個々の陰謀論や陰謀論者が登場してくる背景や目指すベクトルは、きちんと腑分けして押さえておく必要はあるでしょう。

また、「陰謀論」で概括されがちな反ワクチン派について言えば、科学が絶対ではなく常に反証可能性に開かれていることや、また科学が過去に様々な過誤《かご》を犯したり、政治・経済的思惑に左右されたりしてきた歴史を知っていれば知っているほど、単純に「陰謀論」で切り捨てることができないはずです。福島の原発事故のとき、科学の想定が間違うこと、科学者のあいだでも原子力の評価が様々であること、そしてジャーナリズムでもさんざん「原子力ムラ」の問題が指摘されたことは記憶に新しいでしょう。反マスク派は、シンプルに同調圧力批判の側面があることは見えやすい。それをすべて「陰謀論」で片づけてしまっては、そのようなレッテル貼りこそが物事を単純化していて、もはやどちらが陰謀論かわかりません。

少なくともジャーナリストとか学者は、先ほども話したように陰謀論概念には政治的背景があるし、バイアスのある言葉だということを考えて使わないといけないです。最低限、異論封殺に手を貸すかもしれないことを自覚しておかなければならない。相手の主張を否定したければ全部「陰謀論」というレッテル貼りで葬り去れるんですから。逆に言えば、仮に「正しい」主張をしていた場合でも、それが「実証」されていない、あるいは世間的な「正当性」を得ていない段階では「陰謀論」として扱われる可能性は常にあるということです。

横山　それで思い出したけど、日本でも帝銀事件(一九四八年の銀行強盗殺害事件)とか下山事件（一九四九年の国鉄総裁の轢《れき》死《し》事件）とか、敗戦後ほどない時期に起きた重大事件では、陰謀説が出てきたよね。GHQの絡む謀略ではないかと。重大で謎めいた事件が起きると、陰謀論のようなものが立ち上がってくるわけで、日本だって過去にそういうことを経験している。アメリカだったら、一九六三年のジョン・F・ケネディ大統領暗殺事件の「真相」については、いまなお延々とやっているし。

栗田　陰謀論的な発想というか、今公式見解として言われていることについて、そうじゃないんじゃないかと考える発想自体はむしろ普遍的な、人間の批判精神そのものなんであって、誰であれ持つわけですよ。学問的な批判精神はOKで、一般の人とかあるいは極左とか極右とか過激派とか言われるような反体制的な活動家が抱く考えのようなものは陰謀論だとか、デマだとか言うのは、どうなのか。やっぱり研究者とか学者という立場に立つのであれば、その点について自覚的でなければならないと思います。

横山　そうだね、そこは学問の側にも問題のあるところでしょう。

栗田　結局のところ、研究者にとって陰謀論のテーマが重要なのは、学問とか科学とは何かという問いかけを投げかけうるからではないでしょうか。そういう自己反省的な視点を抜きにして、単に「おかしなもの」としてカタログ的に並べているのでは、世間一般の見解をなぞって増幅させているだけで、何ら発見的なものはない。

一般的には、学問はより客観的な情報を提供すると信頼されていますが、陰謀論はその信頼を疑い、学問が支配の手先になっていると糾弾してきます。学問のイデオロギー性を問うているわけです。これと同じことを、マルクスとエンゲルスは『ドイツ・イデオロギー』で言っています――支配階級のイデオロギーは、学問のように必ず価値中立的な形を取ると言うわけです。

マルクス主義が失墜した今、陰謀論が大衆的な形でイデオロギー批判を行っているように思います。マルクスのように理論的な形ではなく、もっと具体的な、実体的なイメージを伴って行われるわけですが……。

横山　市井《しせい》の人たちの見方と言えば、コロナのワクチンにはマイクロチップが入れられている説とか、ああいうのもリアリティを感じる人は結構多いと思うんだよね。

栗田　そうかもしれませんね。

横山　実際のところ、スマートフォンを持っていれば情報が知らない間にどんどん抜かれていく社会になっており、管理統制にマイクロチップなんか必要ない現実を今や僕たちは生きているわけですが、その不安を表象する物質的「実体」としてマイクロチップは機能している。まあ、これも宇宙人に誘拐された人間の体内には小さな器具《インプラント》が埋め込まれているという話の変奏と呼べるんだけれど。

栗田　ＧＡＦＡなんかは実際に情報を握って世界支配をしているといっても過言ではないわけですからね。あまりにも現実的すぎるからか、便利すぎてそれなしではもはややっていけないからかはわかりませんが、なぜかＧＡＦＡ陰謀論とはあまり言われないようです。

横山　陰謀論の隆盛の背後には、日常で感じる不安や恐怖を何か明確なものに表象させたいという欲求、欲望が潜んでいると思いますね。それを単にバカだ、愚かだといって片付けるのは無意味でしょう。

栗田　基本的に陰謀論はすごく変な思想というよりは、大衆的な一般的な思想なのではないかという気がします。

（二〇二二年十一月二十八日に行われたオンライン対談をもとに加筆・修正した）

辻 隆太朗（つじ・りゅうたろう）

1978年生まれ。北海道大学文学部卒業。同大学大学院文学研究科博士後期課程単位取得退学。修士（文学）。専門は宗教学。著書に『世界の陰謀論を読み解く――ユダヤ・フリーメーソン・イルミナティ』（講談社現代新書）があるほか、共著書に『よくわかる宗教社会学』（ミネルヴァ書房）、『面白いほどよくわかるキリスト教』（日本文芸社）、『情報時代のオウム真理教』（春秋社）がある。

堀江宗正（ほりえ・のりちか）

1969年生まれ。東京大学大学院人文社会系研究科死生学応用倫理専攻教授。宗教学、死生学、スピリチュアリティ研究。

2000年、東京大学大学院人文社会系研究科宗教学宗教史学専門分野博士課程修了。2008年、博士（文学）。カリフォルニア大学バークレー校客員研究員、聖心女子大学文学部准教授を経て現職。

著書に『歴史のなかの宗教心理学――その思想形成と布置』『スピリチュアリティのゆくえ（若者の気分）』『ポップ・スピリチュアリティ――メディア化された宗教性』『現代日本の宗教事情（いま宗教と向きあう 第1巻）』［編著］、『死者の力――津波被災地「霊的体験」の死生学』［高橋原との共著］（いずれも岩波書店）、『宗教と社会の戦後史』［編著］（東京大学出版会）。訳書にF･X･チャレット『ユングとスピリチュアリズム』、エーリッヒ･フロム『よりよく生きるということ』、エーリッヒ･フロム『聴くということ』［共訳］（いずれも第三文明社）、トニー・ウォルター『いま死の意味とは』（岩波書店）。

横山茂雄（よこやま・しげお）

1954年大阪府生まれ。英文学者、作家。京都大学文学部卒、博士（文学）。奈良女子大学名誉教授。筆名に稲生平太郎、法水金太郎など。著書に『神の聖なる天使たち―ジョン・ディーの精霊召喚 一五八一～一六〇七―』（研究社）、『異形のテクスト―英国ロマンティック・ノヴェルの系譜―』（国書刊行会）、『増補 聖別された肉体――オカルト人種論とナチズム』（創元社）、稲生名義で『アクアリウムの夜』（書肆風の薔薇、のちに角川スニーカー文庫）、『アムネジア』（角川書店）、『定本 何かが空を飛んでいる』（国書刊行会）、『映画の生体解剖―恐怖と恍惚のシネマガイド―』（高橋洋との共著）（洋泉社）など。編著書に『危ない食卓―十九世紀イギリス文学にみる食と毒―』（新人物往来社）、水野葉舟『遠野物語の周辺』（国書刊行会）、『日影丈吉全集』全9巻（日下三蔵との共編）（国書刊行会）など、翻訳書にマーガニータ・ラスキ『ヴィクトリア朝の寝椅子』（新人物往来社）、J･G･バラード『残虐行為展覧会』（法水名義）（工作舎）など多数がある。

雨宮 純（あまみや・じゅん）

オカルト・スピリチュアル・悪徳商法研究家。思春期にカルト宗教による事件が多発したことから、新宗教に関心を持つ。オカルト検証好きが高じて（ノストラダムスの大予言が外れ、成長と共に懐疑派に転向）、理工系大学院を修了し現在に至る。悪質商法、疑似科学、陰謀論、オカルト史などについて調査し、記事や動画で情報発信中。第二回地下カルトクイズ甲子園王者。著書に『あなたを陰謀論者にする言葉』（フォレスト2545 新書）、共著に『カルト・オカルト 忍びよるトンデモの正体』（あけび書房）がある。

栗田英彦（くりた・ひでひこ）

1978年生。佛教大学等非常勤講師。東北大学大学院文学研究科修了。博士（文学）。専門は近代宗教史、思想史。主な論文・編著に「岡田虎二郎の思想と実践」（第12 回涙骨賞最優秀賞受賞）、『近現代日本の民間精神療法』（塚田穂高・吉永進一との共編、国書刊行会）、『「日本心霊学会」研究』（人文書院）など。陰謀論については、「革命理論としての陰謀論——陰謀論的スピリチュアリティにおける太田竜の問題系」（『現代思想』2021 年 5 月号）、「マルクス主義的陰謀論の諸相——デリダ・ジェイムソン・太田竜」（茂木謙之介・小松史生子・副田賢二・松下浩幸編『〈怪異〉とナショナリズム』青弓社）がある。

清 義明（せい・よしあき）

1967年生まれ。神奈川県出身。中央大学文学部卒。ルポライター・ジャーナリスト。株式会社オン・ザ・コーナー代表取締役。

著書に『サッカーと愛国』（イースト・プレス）、『2 ちゃん化する世界——匿名掲示板文化と社会運動』（共著、新曜社）など。

竹下節子（たけした・せつこ）

比較文化史家・バロック音楽奏者。東京大学大学院比較文学比較文化専攻修士課程修了。同博士課程、パリ大学比較文学博士課程を経て、高等研究所でカトリック史、エゾテリスム史を修める。

著書に『陰謀論にダマされるな!』（ベスト新書）、『大人のための - スピリチュアル「超」入門』（中央公論新社）、『フリーメイスン　もうひとつの近代史』（講談社）など多数。

著者のホームページ http://www.setukotakeshita.com/

編集　高橋聖貴
装丁・ブックデザイン　森 裕昌（森デザイン室）

叢書パルマコン・ミクロス m 03

コンスピリチュアリティ入門《にゅうもん》
――スピリチュアルな人《ひと》は陰謀論《いんぼうろん》を信《しん》じやすいか

2023年3月20日　第1版第1刷発行

著　者　横山茂雄／竹下節子／清 義明／堀江宗正／
　　　　栗田英彦／辻 隆太朗／雨宮 純
発行者　矢部敬一
発行所　株式会社創元社
https://www.sogensha.co.jp/
〔本　　社〕〒541-0047 大阪市中央区淡路町 4-3-6
Tel. 06-6231-9010 Fax. 06-6233-3111
〔東京支店〕〒101-0051 東京都千代田区神田神保町 1-2 田辺ビル
Tel. 03-6811-0662
印刷所　株式会社太洋社

ISBN978-4-422-70127-1 C0036